北京大学刑事法治研究中心
北京大学犯罪问题研究中心
北京市盈科律师事务所

共同出品

刑法之声

全国青年刑法学者在线讲座（二）

车 浩 主编
赵春雨 副主编

刑法新青年

NEW YOUTH IN CRIMINAL LAW

北京大学出版社
PEKING UNIVERSITY PRESS

"刑法新青年"总序
让青年学者的光芒被看见

1949年中华人民共和国成立以来,历经几代学者的艰辛探索,累积几代学者的卓越贡献,刑法学在构建理论和指导实践两个维度,均取得了长足进步,但近年来也都开始面临瓶颈。一方面,一些源于实践但未能提升的经验性知识难脱碎片化和常识性,不能满足理论体系化和纵深发展的内在需求。另一方面,中国社会每年有数百万起刑事案件,疑难复杂问题层出不穷,司法前线亟须理论驰援。然失之于粗疏的传统学说无力应战,解释力捉襟见肘,说服力常显不足。当代中国刑法学在前进中,逐渐抵达旧有研究范式的边界。

突破边界的希望在青年刑法学者身上。青年代表着活力和创新。青年时期的作品未必成熟,却是一个学者最有锐气和激情的探索,预示着一个学科临界知识的裂变,遥见个人未来学术巅峰的气象。立足于前辈学者积累的传统,受益于学术开放的新风,当代青年刑法学者起点更高,比较法的视野更加开阔,学术训练更加规范,是深耕概念体系和探索前沿法理、促进刑法理论纵深发展的先锋。

不仅在理论发展上,青年学者还被寄托了沟通实践的希望。刑法理论面对的,固然有所有时代共同面临的深刻的哲学和伦理问题,但与时俱变的实定法底色,决定了它更需要面对当下时代最紧迫的社会问题。在这个意义上,部门法理论有着独特的任务,它不能"躲进小楼成一统",成为仅供同道中人哲思之乐的逻辑游戏,更不是移植国外理论亦步亦趋的"留声机",它必须为本国的司法实践提供解决具体问题的理论方案。有更多机会接触到各国先进刑法理论与判例经验的青年学者,也有更大的责任推动理论的本土化与实务化。这不仅是中国刑法学实现学术自主的必由之路,也是青年刑法学者不能回避的学术使命和社会责任。

尽管青年学者有诸多重要角色和使命,当下学界的生态,却往往是青年学者处在"出头不易""不被看见"的窘境。大多数时候,他们的光芒都被遮蔽了。一方面,学者的研究成果多以论文形式面世,各种职称评定、学术评奖也常与论文挂钩,因此,论文发表对青年学者至关重要。但是,法学期刊版面有限、僧多粥少,发表殊为不易。对于要处理海量来稿的编辑而言,以声誉背书的名家稿件,确实会占据一些降低选检成本的优势。与之相比,尚未成名的青年学者的稿件,只能纯粹依靠论文水准比其他人明显高出一筹,才可能得到编辑的青睐,其难度可想而知,也常导致一些优秀的论文成为遗珠。

另一方面,各种会议、论坛、沙龙,是学者之间交流思想、切磋经验甚至华山论剑的重要机会,但是绝大部分青年学者在这些场合很难出头露面,而只能充当听众和分母。在学界与实务界的沟通上也是如此。无论是立法、司法活动还是律师、法务实务,往往将橄榄枝递向了名家大咖。青年学者很少有了解实践中的真问题和经验智慧的渠道。很多青年学者的文章被批评"翻译腔""不接地气""只会谈外国问题",其中也有接触实践的机会太少的原因。即使一些研究成果确实为实践中的难点提出了较之一些名家观点更有解释力的方案,但同样是因为知名度的原因而人微言轻,不被实务工作者得知或重视。在一定程度上,这又反过来进一步驱使青年学者远离本土实践,因为只有在那个更加趋向纯粹思辨的封闭的概念世界中,青年学者才能为自身及其研究找到存在的意义。

这种论资排辈的沉闷风气应该破除了。打造一个真正以青年刑法学者为主角的学术舞台,让学界和实务界更多地看见青年之光,这就是"刑法新青年"系列学术活动的追求。按照目前的想法,它包括"全国青年刑法学者实务论坛"与"全国青年刑法学者在线讲座"两个系列。线下的"实务论坛"定位在理论与实务的贯通,围绕实务争点,鼓励青年学者运用理论滋养实践需求,也用实践智慧反哺自身的学术研究。线上的"在线讲座"旨在展现青年学者最新的理论探索,鼓励青年学者把个人独思所得的成果,通过在线方式更广泛地传播,使得同道之间有更多相互砥砺的机会,腹心相照,声气相求。"刑法新青年"的这两个系列活动,虽然在理论和实务方面各有侧重,但是共同点在于,它们没有地域之别,也没有门户之见,是专门为全国青年刑法学者量身打造,为全国青年刑法学者一身专属的。

既然是青年学者的活动,就要有青年活动的样子。我寄希望于通过"刑法新青年"的系列活动,开辟"宽严相济"的会议新风。一方面,充分体现对青年学者的礼遇,让青年学者参加学术活动时感受到被尊重。论坛和讲座均采取邀请制,所有受邀者参加活动的费用,包括参加现场会议的交通和食宿费用,以及参加线上讲座的主讲和评论费用,都由邀请方负责解决。另一方面,从一开始就约定现场办会的规则:(1)所有参会者自行到会和离会,除年长的前辈或者特殊情形外,承办单位一律不安排接送事宜。(2)会场没有事先摆放座位顺序,而是由参会者入场前领取自己的座签,入场后随意就座。所有办过会的人都深知,这些细节实是令办会者头疼和费心的事务,有时看似安排得周到妥帖,实际上办会师生的精力都投入其中,很难再有时间坐下来听会学习。长此以往,办会负担令人生畏,学术会议也减弱了其中的学术性。因此,革新会风,不妨就从青年学者的会议开始。

帮助比自己更年轻的青年学者,让他们的光芒被看见,有此想法时,我刚过四十。虽然我也明白,在这个年龄未必适合做这种事情,因为把时间和精力投入自己的研究著述中,对一个学者来说才是最符合学术规划也收益最大的选择;况且办活动总是要协调各种关系,这对于不善社交的我来说也是个负担。不过,世事无常,回头去看,很多事情都难讲是理性构建、循序渐进的产物,而是自生自发、随缘流转的因果。尽管"青年"的年龄边界在当代观念中一再扩大,但我个人心态上早有浮生苦短之感。人生无根蒂,飘如陌上尘。及时当勉励,岁月不待人。立言杀敌,行乐积善,都当及时。我体会过青年学者刚出道时的不易,也曾受惠于前辈学者的厚爱提携,当因缘到来时,就不再犹豫。"天下事,在局外呐喊议论,总是无益,必须躬身入局,挺膺负责,乃有成事之可冀。"(曾国藩:《挺经》)

北京市盈科律师事务所襄助学术的热情,特别是对青年主题的高度认同,就是我决意起身立行的因缘。赵春雨律师是一位杰出的职业女性，正是在与她的交流中，实务论坛和在线讲座雏形初现。她的爽朗、细腻和大气，让双方的合作愉快顺畅。梅向荣主任的鼎力支持，也让我感受到盈科所的格局和诚意。盈科所青年律师人数众多，朝气蓬勃，恰好能够与"青年与实务"的主题呼应。我关于实务论坛和在线讲座的具体设计方案，以及全方位资助青年学者参加活动的希冀，得到了盈科所积极热情的回应和支持。没有盈科所的参与，在我脑海中的那些想法，至少还要继续徘徊更长的时间才能落地。这是值得感念的因缘际会。

感谢刑法学界的前辈老师。没有前人开风气和指引方向，再有活力的青年，也可能是在走回头路甚至南辕北辙。特别是陈兴良老师宽以待人、乐于奖掖的风范对我影响很大，创办青年主题的学术活动，也得到了他的鼓励和支持。感谢应邀与会的诸多学界同道，作为已经成长起来的学界中坚，愿意来为更加年轻的学者站台鼓掌，甘当绿叶陪衬红花，这是行胜于言的友爱传递。感谢应邀与会的诸多期刊编辑老师，他们的主持和点评，使得这些青年论坛和讲座，在某种意义上成为一场针对青年刑法学者及其最新研究成果的"选秀大会"。感谢来自司法机关和律师事务所的实务界的朋友，没有他们的积极参与，"实务论坛"就会名实不符，落入那种由理论空唱独角戏的传统会议的窠臼中。感谢北京大学出版社特别是编辑杨玉洁女士的友情支持，"刑法新青年"的文字成果，包括实务论坛与在线讲座两个系列，都将以精美的装帧陆续出版面世。

"刑法新青年"是一座由学界、实务界、期刊和图书出版界齐心协力共同打造的学术舞台。台下的观众，有资深的前辈和中坚，有各大期刊和出版社的编辑，有公检法律的实务专家，而舞台上的主角，一直都是青年刑法学者。谁都年轻过，谁也不会永远年轻。时光流转，代际更迭，我希望这个舞台能够在接力中持续下去，它将永远属于青年一代。

车　浩
2021 年 4 月 4 日
于京西见山居

目 录

第一讲　犯罪间重合评价的分则适用 / 001

第二讲　交通肇事罪中的逃逸问题 / 029

第三讲　虚开增值税专用发票罪中的"虚开" / 059

第四讲　教唆自杀归责的理论与实践 / 097

第五讲　权利的非法行使与财产犯罪 / 125

第六讲　财产罪中的非法占有目的 / 161

第七讲　诈骗罪中欺骗行为的认定要点 / 189

第八讲　盗窃与诈骗的区分 / 217

第九讲　寻衅滋事罪构成要件的分化 / 241

第十讲　中国刑法中的医疗过失 / 273

后　记　把"青年"和"实务"连接在一起 / 309

第一讲
犯罪间重合评价的分则适用

主讲人：曾文科（中国政法大学刑事司法学院刑法研究所副教授、副所长）
与谈人：石亚淙（中国政法大学法律硕士学院讲师）
主持人：董　坤（中国社会科学院法学研究所研究员，曾任最高人民检察院检察理论研究所编译部副主任、《中国刑事法杂志》编辑）

主持人·董坤

大家好！我是董坤，《中国刑事法杂志》的编辑，目前在最高人民检察院检察理论研究所工作，研究领域主要是刑事诉讼法和证据学。今天讲座的两位主讲人是曾文科老师和与谈人石亚淙老师，大家可能都已经较为熟悉了。主讲人曾文科老师是江西南昌人，中国政法大学刑事司法学院刑法研究所的副教授、副所长、硕士生导师，清华大学的法学学士、法学硕士，日本早稻田大学法学博士，在《法学研究》《清华法学》《华东政法大学学报》等期刊上发表学术论文多篇，独译前田雅英教授所著的《刑法总论讲义（第6版）》。与谈人是石亚淙老师，清华大学的法学学士、法学硕士，日本早稻田大学刑法学博士。大家可能会发现两位老师攻读学士学位硕士学位博士学位的学校都是相同的。博士研究生毕业后，石亚淙老师在中国社科院法学研究所又做了博士后研究，现在是中国政法大学法律硕士学院的讲师，石老师的工作语言为日文和中文，擅长日本法中日双语教学研究，从2011年起发表中文、日文论文若干篇，主要的研究领域为刑法基础理论、环境刑法。接下来有请曾文科老师，他讲座的题目是《犯罪间重合评价的分则适用》。

主讲人·曾文科

今天将要与诸位分享的题目看上去有点特别,不是传统的刑法学总论或分论问题,如果非要给个定位的话,或许可以说是"分则适用的类型化思考"吧。这样的思考并不是针对某个具体罪名,而是尽量把有关的分则条文都考虑进去,所以不同于典型的个罪探讨;同时,这种思考也不同于典型的犯罪论、刑罚论研究,并不是为了整理出通用于所有犯罪的结论,反而是将分则的诸多规定分门别类,试图找出总论中获得的统一结论在不同类型的分则规定中是否存在适用上的区别、界限甚至例外。在这一研究路径里,张明楷教授的《刑法分则解释原理》作出了杰出贡献。一直以来,我都认为这本书是张明楷教授最具特色的一本专著。当然,本人能力有限,难望其项背,但也试图能在这条研究道路上有所思考,有所精进。

车浩教授在本次活动开场时曾说道,"青年时期往往是一个人最有锐气和激情的学术创造期,很多学者一生当中最有想象力、创造力甚至最重要的作品,可能就是在青年阶段出现的"。今天我所要分享的内容或许不完全"对",或许在许多同人看来也并没有那么重要,但至少我个人认为还是比较有想象力的。即便最终只是一家之言的少数说,甚至成为学界、实务界批判的素材,但若能引发"曾文科的观点为什么是错的,错在哪里"等思考,那么今晚的分享便还是有价值的。下面进入正题。

一、问题的提出

其实,大家对犯罪间的重合评价本身并不陌生。我们常在诸如构成要件要素的理解、认识错误、共同犯罪、罪数等刑法总论问题中会涉及。

【案例1】甲造成了被害人死亡,但查不明甲主观上对死亡是故意还是过失时,如果将故意杀人评价为过失致人死亡,那么只要能够证明甲对死亡具有预见可能性,就可以成立过失致人死亡罪,同时也回避了诉讼法上择一认定的麻烦。

【案例2】乙以侵占遗忘物的故意转移了实际上由他人占有之物时,一般作为抽象的事实认识错误处理,如果将盗窃罪的构成要件评价为侵占罪的构成要件,则认定侵占罪既遂。

【案例3】丙以杀人的故意,丁以伤害的故意共同造成被害人死亡时,如果采取部分犯罪共同说,会得出丙、丁在故意伤害致人死亡的限度内成立共同犯罪的结论。此时,故意杀人的行为被评价为故意伤害致人死亡的行为。

将具有重合关系的重罪评价为轻罪时,往往起到不轻纵犯罪的效果。以往的讨论也大体止于刑法总论的相关问题,可是,能否将犯罪间的重合评价一概援用到分则条文的适用中,并非毫无疑问。尤其是将具有重合关系的重罪评价为轻罪反而使行为人处于不利地位时,往往会有违"轻罪应轻罚"这一朴素的法感觉,甚至表面上看有违罪刑法定原则。

例如,能否将一次数额较小的抢劫评价为盗窃,再与一次只是数额巨大的盗窃累计数额,达到数额特别巨大的程度,最终按一个盗窃罪(数额特别巨大)处理,而不按普通抢劫与盗窃(数额巨大)数罪并罚?又如,行为人一年内两次盗窃、一次抢夺时(累计三次数额也未达到数额较大),能否将抢夺评价为盗窃,从而按照多次盗窃追究行为人的刑事责任?再如,能否将绑架罪评价为非法拘禁罪,从而适用《刑法》第238条第2款的规定,对于"犯绑架罪,使用暴力致人伤残、死亡的",也一概拟制为故意伤害罪、故意杀人罪处理?

即便按照总论中我们获得的知识,认为抢劫罪、抢夺罪能评价为盗窃罪,绑架罪能评价为非法拘禁罪,对上述问题也并非当然都能得出肯定结论。这涉及犯罪间重合评价在分则适用中的界限问题,即将可重合的某个重罪评价为轻罪时,哪些情形下使行为人处于不利地位是合理的,哪些情形下则并不合适,划定这种犯罪间重合评价的适用界限时有无规则可循。

二、犯罪间重合评价的标准——以财产犯为例

在探讨犯罪间重合评价的适用界限前,首先需要说明满足何种条件时可以将两个不同的犯罪类型评价为"重合"。能否妥善解决抽象的事实认识错误(及共同犯罪)问题,是检验重合评价标准是否合理的试金石。以下主要以财产犯为例讨论犯罪间"实质重合"的标准。在财产犯中,一般将(数额较大的)盗窃罪与诈骗罪、敲诈勒索罪、故意毁坏财物罪视为互斥关系,即不可能将针对同一被害对象的同一行为既认定为盗窃罪,又认定为诈骗罪、敲诈勒索罪、故意毁坏财物罪。可是,在我看来,将盗窃罪与这三个罪评价为"实质重合",既有可能,也有必要。

(一)盗窃罪与诈骗罪的关系

一般认为盗窃罪与诈骗罪是对立关系。但从构成要件的角度来看,盗窃罪与诈骗罪完全有可能在盗窃罪的范围内评价为"实质重合"。

第一,虽然盗窃罪属于夺取型财产犯,诈骗罪属于交付型财产犯,但并不能因此得出二者不能重合的结论。例如,抢劫罪、敲诈勒索罪分别属于夺取型财产犯与交付型财产犯,但将抢劫罪实质评价为敲诈勒索罪,几乎没有障碍。无论是夺取型财产犯还是交付型财产犯,在"违背被害人的意志转移占有"这一点上都是一致的,都属于移转罪。此外,如果说诈骗罪通过引起被害人的意思瑕疵侵害了其处分、利用财物的自由,难道盗窃时直接违背被害人的意愿转移财物占有时,被害人还存在着处分、利用财物的自由吗?尤其是在三角诈骗的场合,其构造与盗窃的间接正犯极其相似,差别只在于被骗人是否具有处分被害人财产的权限或者地位。但无论被骗人的权限或地位如何,从被害人的角度来看,法益侵害及被侵害的方式都是一样的,此时至多只能说被骗人的处分财物的意思决定自由受到侵害,而被骗人又不是被害人,被骗人所遭到的"侵害"不能说是法益侵害。如此一来,可以说,诈骗罪实际上是将一类盗窃的间接正犯特别地规定为新的犯罪类型;移转罪中盗窃罪是基本犯罪,而诈骗、抢劫、抢夺等是派生出来的特别犯罪。

第二,从比较法的角度来看,《日本刑法典》第246条之二规定了使用电子计算机诈骗罪,该条款本质上规定的是盗窃财产性利益的情形。日本学者一般认为使用电子计算机诈骗罪与诈骗罪在构成要件上是重合的。既然盗窃财产性利益与诈骗财产性利益可以存在构成要件上的重合,那么盗窃财物与诈骗财物的情形也应当在构成要件上评价为实质重合。另外,在英美法上,根据弗莱彻教授的研究,《1916年英格兰盗窃罪法》"形成了英美盗窃罪的首个立法定义。定义中小心翼翼的措词反映了一百年来将盗窃罪带入各种行为模式的诉讼历程,而这些行为模式在其他法系中,或者不予处罚,或者作为诈骗罪或侵占罪对待。比如,'侵夺'一词显然从盗窃罪的定义中被删去了,以便包容任何这样的人:'在没有物主同意的情况下,诈骗性地或者在没有真诚作出权利主张的情况下,便取得并拿走任何可偷之物者……'""由于'侵夺'的消亡,盗窃罪不再是一种彰显秘密或强力取得的犯罪"。

第三,更重要的是,承认盗窃罪与诈骗罪在构成要件上重合,有利于解决抽象事实认识错误问题。

【案例4】A伪造加油卡去自动加油机器上刷卡加油,A误以为自动加油机器与自动售货机一样,无须人工确认,但实际上自动加油机器连接着办公室的电脑终端,每次刷卡后均须工作人员核实余额后点击确认键才能实现自动加油。

以"机器不能被骗"为前提,如果不承认盗窃罪与诈骗罪的重合,那么A只能认定为盗窃未遂与过失诈骗,这样的结论令人难以接受。只有承认两罪在"违背他人意志转移占有"这一点上可以重合,才能得出A构成盗窃罪既遂的合理结论。

第四,将诈骗评价为盗窃在实务中遇到的最大障碍或许是司法解释确定的追诉数额标准。有人会提出,本来诈骗1500元的不应当作为犯罪处理,通过将该行为评价为盗窃1500元,是否形成了间接处罚,架空了有关诈骗罪的司法解释?首先,司法解释对诈骗罪设立的追诉数额标准高于盗窃罪的追诉数额标准,这本身是否合理呢?如果认为诈骗罪除了侵害财物本身,还通过欺骗的方法侵害了被害人的意思决定自由,那么从法益侵害角度来看,诈骗罪的追诉标准本不应该低于盗窃罪。当然,追诉标准的确定除了考虑法益侵害性,还会考虑预防必要性的大小。但在电信诈骗愈演愈烈的当下,诈骗罪的预防必要性是否真的小于盗窃罪,有待重新检视。其次,即便按照司法解释认为诈骗1500元没有达到追诉标准,也不过是说这种行为不构成诈骗罪,并不能说该行为完全不可能构成其他犯罪。例如,强奸男性行为不构成强奸罪,但完全可以构成强制猥亵罪。最后,考虑到罪刑均衡的要求,对于诈骗金额在1000元以上不满3000元的,虽然可以按照盗窃罪定罪处罚,但量刑时不应该超过诈骗3000元时按照诈骗罪所科处的刑罚量。

(二)盗窃罪与敲诈勒索罪的关系

既然同为交付型财产犯的诈骗罪与盗窃罪,可以评价为实质重合,那么在原理上就不能否定敲诈勒索罪与盗窃罪也可在盗窃罪的范围内评价为实质重合。因为敲诈勒索罪中也包含了"违背他人意志转移占有"这一核心要素。可能存在的疑问是:一方面,盗窃罪与诈骗罪、敲诈勒索罪在侵害样态上并不相同;另一方面,在保护法益上也不同,盗窃罪保护的是财物的占有或所有权,而诈骗罪、敲诈勒索罪还同时保护处分财产的自由或者意思决定的自由,但我认为,这种质疑均不成立。

第一,侵害样态上的不同并不足以否定犯罪间的重合评价。如果两个罪除了保护法益,其他构成要件连侵害样态都一模一样,那么本来就不会形成两个犯罪构成要件。侵害样态的不同可能是由于两罪的构成要件完全不重合而引起的,也可能是由于其中一罪在包含了另一罪的所有要素后又具备有关行为样态的额外要素而引起的。诈骗罪、敲诈勒索罪的侵害样态之所以与盗窃罪不同,并不是因为不包含盗窃罪的要素,只是在盗窃罪的要素之外增添了要素,即"使被骗人或被恐吓人产生认识错误或畏惧心理从而交付财产"而已。

第二,当同一个犯罪规定了多个侵害样态,而这些侵害样态之间发生不一致时,并不理所当然地否定犯罪的成立。

【案例5】B教唆C以暴力的方式实施抢劫,结果C通过胁迫的方法压制了被害人的反抗并取得财物。

B当然成立抢劫罪既遂的教唆犯,绝不会得出暴力型抢劫与胁迫型抢劫不能重合评价的结论。将盗窃、诈骗、敲诈勒索规定在同一个条文中形成选择性罪名(如《治安管理处罚法》第49条规定的那样),还是像现行法这样将盗窃、诈骗、敲诈勒索分别规定在3个条文中,不过是立法技术上的差异,不能因规制的条文不同而断然否定重合的余地。

第三,在判断犯罪构成要件是否重合时,保护法益才是关键性标准。的确,认为诈骗罪、敲诈勒索罪在保护财物的占有或所有权的同时,还应保护财产处分的自由或者意思决定的自由,这种观点并非毫无道理。但比起财物的占有权或所有权,财产处分自由或意思决定自由终究只是次要的法益,并不起决定性作用。例如,暴力型抢劫与胁迫型抢劫除了在侵害样态上不同外,还分别保护身体/生命与意思自由这两类不同的次要法益,但并不会因此得出两种类型的抢劫不可重合评价的结论。另外,从根本上看,"意思决定自由"到底是不是我国诈骗罪、敲诈勒索罪的保护法益,也值得再商榷。与规定了胁迫罪、强要罪的德国、日本不同,我国没有哪个犯罪的保护法益是单纯的"意思决定自由"。法益不单纯是一种利益,必须是通过实定法确认予以保护的利益。既然刑法不单独保护意思决定自由,为什么可以将其以次要法益的身份纳入财产犯罪中呢?所以,德国、日本有关诈骗罪保护法益的学说并非当然可以援用至我国。

(三)盗窃罪与故意毁坏财物罪的关系

一般以是否具有"利用意思"区分盗窃罪与故意毁坏财物罪。此外,关于"毁坏"的含义,存在物理毁弃说与效用侵害说的对立。在此,我主要讨论效用侵害说。桥爪隆教授指出:"如果将财物的物理性破坏作为器物损坏罪的法益侵害内容,那么,由于盗窃罪中并不要求达到效用丧失的程度,所以也可能得出否定两罪重合的结论。但是,依照判例与通说,只要使财物陷入利用困难的状态就足以称为'损坏'了(效用侵害说),并不要求达到物理性损毁的程度……因此,虽然在哪个时点可以肯定'损坏'尚存疑问,但实际上在不具备不法领得意思的状况下使被害人丧失占有,侵害其利用可能性的行为,可以广泛地认定成立器物损坏罪。若以此为前提来考虑,则可以将盗窃罪评价为器物损坏罪的加重类型(基于不法领得意思而责任加重),于是可以在器物损坏罪的限度内承认构成要件重合。"

虽然我也赞成效用侵害说,但采用效用侵害说并不意味着必然肯定故意毁坏财物罪与盗窃罪存在重合。这里涉及如何理解"效用侵害"的问题。如果认为"效用侵害"是指被害人在一段时期内难以利用财物,从而减损了财物相对于被害人的效用或价值(效用侵害说①),那么从被害人因盗窃行为而丧失占有的那一刻起,便可以认定为该当了故意毁坏财物罪的构成要件;如果认为"效用侵害"是指被害财物自身的效用丧失或者显著减损(效用侵害说②),从而使被害财物未能按照其事物本性发挥作用,行为人盗窃财物后的利用行为恰好证明了财物自身的效用并未受到侵害,此时尚不该当故意毁坏财物罪的构成要件。下面,我们结合一个共犯的例子来看两种观点会有何不同。

【案例6】F教唆G毁坏被害人的财物,G却产生了利用意思,在将该财物盗窃到手后(时点1),发现该财物对自己并无用处,于是将其毁坏(时点2)。

按照效用侵害说①,由于G盗窃的行为本身使被害人在一段时期内难以利用财物,于是F在时点1就可以成立故意毁坏财物罪的教唆犯。与此相对,按照效用侵害说②,由于G盗窃的行为并没有当然地使财物自身的效用减损,所以只有到了时点2,F才成立故意毁坏财物罪的教唆犯。

我赞成效用侵害说①。第一,故意毁坏财物罪作为财产犯罪,所要保护的是个人法益,而非纯粹的财物本身。既然是个人法益,那么必须联系具体的被害人来考虑法益是否遭受损失。也就是说,故意毁坏财物罪的保护对象实际上是被害人,而不是被害财物本身。只要使被害人丧失了对被害财物的利用可能性,就可以说被害财物对于被害人的效用减损或丧失了,行为人是否具有利用被害财物的意思、事后是否实际利用了被害财物,都不影响以具体被害人为保护对象的故意毁坏财物罪的认定;而按照效用侵害说②,对于单纯毁坏无主物的行为也可能认定为故意毁坏财物罪,这种结论并不合理。

第二,虽然一般以是否具有"利用意思"来区分盗窃罪与故意毁坏财物罪,但并不意味着故意毁坏财物罪以"不具有利用意思"为成立条件。换言之,"不具有利用意思"在故意毁坏财物罪中只是用以区别盗窃罪的"界限要素",并不增加该罪的违法性或有责性。当查不明行为人在转移占有时是否具有利用意思的场合,不能得出无罪的结论,而应认定为至少可以成立故意毁坏财物罪。

第三,一般认为,隐藏财物的行为也构成故意毁坏财物罪。效用侵害说①与该结论一致,因为隐藏行为使被害人在一段时期内难以利用财物。但按照效用侵害说②,由于单纯的隐藏行为并没有使被害财物自身的效用丧失或减损,于是难以说明何以构成故意毁坏财物罪。

第四,按照效用侵害说①,盗窃罪与故意毁坏财物罪在后者的范畴内可以实质重合,所以盗窃罪是重罪,故意毁坏财物罪是轻罪。这种轻重评价也符合现行法对两罪法定刑的设置。而按照效用侵害说②,则需要寻找其他理由(如一般预防必要性)来说明为什么盗窃罪的法定刑高于故意毁坏财物罪的法定刑。我们来看个案例。

【案例7】在朱××故意毁坏财物案中,被告人朱××利用事先获悉的账号和密码,侵入被害人陆、赵夫妇在证券营业部开设的股票交易账户,然后篡改了密码,并使用陆、赵夫妇的资金和股票,采取高进低出的方法进行股票交易。按照股票成交平均价计算,用首次作案时该账户内的股票与资金余额,减去案发时留有的股票与资金余额,朱××共给陆、赵夫妇的账户造成资金损失 19.7 万余元。上海市静安区人民法院认为:"被告人朱××为泄私愤,秘密侵入他人的账户操纵他人股票的进出,短短十余日间,已故意造成他人账户内的资金损失19.7万余元。这种行为,侵犯公民的私人财产所有权,扰乱社会经济秩序,社会危害性是明显的,依照《刑法》第275条的规定,已构成故意毁坏财物罪,应当受刑罚处罚。"

试想,倘若朱××不是出于泄愤目的,而是存在使自己或第三人获利的目的,难道其行为就没有损害被害人资金和股票的效用吗?可见,当行为人存在非法占有目的时,我们习惯于用盗窃罪来评价,但这并不意味着故意毁坏财物罪的构成要件被排斥了。

总结上面所说的我们会发现,即便侵害财产的样态、方式不同,甚至所欲保护的次要法益也不同,但只要其中一罪并不欠缺另一罪的要素,在保护财产这一主要法益上一致,即满足主要法益同一性(或包容性)的条件,就有可能广泛地认定两罪间的重合。换言之,主要法益的同一性(或包容性)是判断犯罪间重合的决定性标准。当然,需要特别指出的,是承认盗窃罪与诈骗罪等的重合,并不意味着二者的区分就不重要了,也不意味着主张要把盗窃罪与诈骗罪合并为一个罪。即便认为二者重合,也仍然承认诈骗是一种"特殊的"盗窃,这种特殊性其实就是盗窃与诈骗的区分问题。但是,虽然二者有区别,我们却没有必要非把二者完全对立起来,理解为互斥关系,完全可以承认在特殊情况下,为了得出合理的结论,将诈骗罪评价为盗窃罪。

三、重合评价的适用界限

虽然在刑法总论的问题视野中,为了妥善解决抽象的事实认识错误等问题,不得不广泛承认许多罪名之间存在"实质重合",进而将重罪评价为轻罪;但在适用具体分则条文时,将重罪评价为轻罪后,使处罚从无变有或由轻变重时,并非都有合理性。下面我分为四大类情况分别讨论。

(一)涉及法律拟制时重合评价的适用界限

(1)当通过法律拟制将轻罪作为严重的犯罪来定罪处罚时,该法律拟制可以但不是必须适用于可实质评价为该轻罪的其他重罪。

例如,根据《刑法》第 238 条第 2 款,犯非法拘禁罪,使用暴力致人伤残、死亡的,依照故意伤害罪、故意杀人罪定罪处罚;同时,绑架罪可以评价为非法拘禁罪。那么,能否将"犯绑架罪,使用暴力致人死亡的"也拟制为故意杀人罪处理呢?我认为是可以的;否则,只能按照绑架罪(法定最高刑为无期徒刑)与过失致人死亡罪(法定最高刑为 7 年有期徒刑)数罪并罚,无论如何也不可能判处死刑。而在非法拘禁的场合,却能够拟制为故意杀人罪,最高可判处死刑,于是出现了犯重罪时比犯轻罪时处罚更轻的不均衡局面。另外,是否必须将"犯绑架罪,使用暴力致人伤残的"也拟制为故意伤害罪处理呢?考虑到故意伤害罪中出现普通重伤结果时法定刑最高为 10 年有期徒刑,不及绑架罪与过失致人重伤并罚重,此时不必拟制为故意伤害罪处理,否则也会造成罪刑不均衡的局面。所以,在"犯绑架罪,使用暴力致人伤残、死亡"的情形中,可以将"绑架罪和过失致人死亡罪或过失致人重伤罪的并罚"与通过法律拟制得出的"故意杀人罪或故意伤害罪"视为想象竞合的关系,选择处罚较重的方式处理。

又如,《刑法》第 269 条虽然没有将抢劫罪、敲诈勒索罪规定为前提犯罪,但抢劫罪、敲诈勒索罪可以评价为盗窃罪,并不欠缺盗窃罪的成立条件,所以,也可以拟制为抢劫罪来定罪处罚。

(2)当通过法律拟制将包含重罪在内的数罪作为一罪来处理(处罚轻)时,不能通过将该重罪评价为轻罪从而选择数罪并罚(处罚重)。

例如,根据《刑法》第 399 条第 4 款,司法工作人员收受贿赂、徇私枉法的,依照受贿罪与徇私枉法罪中处罚较重的规定定罪处罚;同时,徇私枉法罪可以评价为滥用职权罪。显然,按照滥用职权罪与受贿罪并罚,会比照徇私枉法罪与受贿罪中较重的一罪来处罚更重。但是,不可以将徇私枉法行为评价为普通的滥用职权行为,从而回避《刑法》第 399 条第 4 款的适用。既然立法者针对特殊法条规定了罪数处理上的优待(暂且不论该"优待"是否合理),那么将该当特殊法条的重罪评价为该当一般法条的轻罪从而回避该"优待"时,会使该"优待"毫无适用余地。如果允许将徇私枉法行为评价为滥用职权行为,进而与受贿罪并罚,实际上就完全架空了《刑法》第399条第4款。从法解释学的角度来看,应当相信立法者不会设置毫无用处的条款,若某种解释得出某条款形同虚设的结论,则有必要重新检视该解释的前提。

(二)涉及行为数时重合评价的适用界限

大家都知道,拐骗儿童罪与拐卖儿童罪并非对立关系,后者只比前者多了"出卖目的"这个要素,二者所欲保护的主要法益一致,完全可以把拐卖儿童的行为评价为拐骗儿童的行为。

【案例8】J以出卖为目的拐骗儿童后,因为一直没有找到买家,所以抚养了该儿童12个月后才将其卖出。

以拐卖儿童罪追究J的刑事责任,对此没有争议。一直存有争议的是,先拐骗儿童再将其出卖的,或者以其为人质勒索财物的,应当如何处理。

【案例9】K以抚养为目的拐骗儿童7个月后产生出卖目的,进而继续以实力支配该儿童5个月后将其卖出。

2010年3月15日"两高""两部"《关于依法惩治拐卖妇女儿童犯罪的意见》中提出:"以抚养为目的偷盗婴幼儿或者拐骗儿童,之后予以出卖的,以拐卖儿童罪论处。"按照该司法解释的规定,对K应当以拐卖儿童罪一罪处理。与此不同,张明楷教授提出:"拐骗儿童后产生出卖或勒赎目的,进而出卖儿童或者以暴力、胁迫等手段对儿童进行实力支配以勒索钱财的,应另认定为拐卖儿童罪或绑架罪,与拐骗儿童罪实行并罚",即对K以拐骗儿童罪与拐卖儿童罪并罚。

如果单纯比较按拐卖儿童罪一罪处理和按拐骗儿童罪与拐卖儿童罪数罪并罚处理这两种处理方法,后者处罚的确比前者更重。于是可能会有人认为,由于J一直都有出卖目的,而K只是后5个月才具有出卖目的,所以对J应当处罚更重。可按照上述学者的观点,对K数罪并罚后会比只按照拐卖儿童罪一罪处理的J处罚更重,这不合理。为了回避这种处罚上的不合理,于是支持司法解释的观点,认为对 K 也只能按照拐卖儿童罪一罪处理。

这种思路看上去似乎合理,实则不然。拐卖儿童罪与拐骗儿童罪保护的都是损害儿童的人身自由与身体安全,属于继续犯,所以,在量刑时实际控制儿童的时间长短是重要的考虑因素。如果按照司法解释的规定,要么对 K 按照拐卖儿童 12 个月处理,要么对 K 按照拐卖儿童 5 个月处理。第一种处理方法无视 K 在前 7 个月并没有出卖目的这一事实,将前 7 个月也作为拐卖儿童的时间计算,有违量刑时"以事实为根据"的基本原则。第二种处理方法则忽视了 K 在前 7 个月拐骗儿童的事实,没有对案件作出完整评价,使对 K 的处理与对单纯拐卖儿童 5 个月的行为人的处理一致,有违《刑法》第 3 条前段"法律明文规定为犯罪行为的,依照法律定罪处刑"的要求。另外,对于 J 按照拐卖儿童 12 个月来量刑,对于 K 则按照拐骗儿童 7 个月与拐卖儿童 5 个月数罪并罚,未必能说前者处罚轻于后者。

但是,根据具体案件中量刑的不同,按照拐骗儿童罪与拐卖儿童罪数罪并罚的确有可能比按照拐卖儿童罪一罪处理更重。假设,对 J 以拐卖儿童 12 个月判处 6 年有期徒刑,对 K 以拐骗儿童 7 个月、拐卖儿童 5 个月分别判处 2 年、5 年有期徒刑,则对 K 最高可判处 7 年有期徒刑。可是,对 J 应该科刑更重才合理。为使 J 与 K 处刑均衡,一种可能的解决方案是将 J 拐卖儿童 12 个月的行为分解为拐骗儿童 7 个月与拐卖儿童 5 个月,从而使案情与 K 的案情趋于一致。在理论上,的确可以将拐卖儿童 7 个月评价为拐骗儿童 7 个月,但这种做法使原来一个行为变成了两个行为,改变了作为犯罪评价对象的数量,并不合适。此外,应以何种比例从拐卖儿童的 12 个月中分解出一部分作为拐骗儿童对待,标准并不明确,在实务中缺乏可行性。

合理的解决方案是,在处理 K 的案件时应当考虑到 J 的案件,即在根据《刑法》第 69 条数罪并罚的规定确定 K 的量刑区间(5 年以上 7 年以下有期徒刑)后,要将 K 案件中的总和刑期(7 年)与 J 案件中的刑期(6

年)进行比较,取其轻者(6年)作为K最终量刑区间的上限。这种解决方案既能保证案件中的行为数不因犯罪间的重合评价发生变化,又能保障轻罪不被重判,在实务中具有可操作性,有利于形塑均衡合理的量刑标准。

总之,不能通过将重罪评价为轻罪使案件中的行为数发生变化,应当将重罪案件的量刑情况作为确定轻罪案件量刑区间上限的考虑因素。

(三)涉及犯罪数额(或数量)时重合评价的适用界限

数额有时是成立犯罪的条件,用以区分犯罪与一般违法行为;有时是量刑规则,决定是否升格法定刑。从与法益侵害的关系来看,数额有时直接体现了法益侵害的程度,如在财产犯罪中;有时仅仅是一种表征法益侵害程度的替代性结果,如在经济犯罪中。但无论哪种情形,犯罪数额都与法益侵害相联系,与行为样态并无太多关联。所以,将重罪的犯罪数额评价为轻罪的犯罪数额,从而按照轻罪的升格法定刑处理,并无障碍。

【案例10】N犯盗窃罪数额为29.9万元,又犯敲诈勒索罪数额为1000元。根据追诉标准,虽然不能追究敲诈勒索罪的刑事责任,但可以追究盗窃罪的刑事责任(法定刑为3年以上10年以下有期徒刑,并处罚金)。

可是如前所述,敲诈勒索罪与盗窃罪也不是对立关系,而是在后者的范围内实质重合。敲诈勒索1000元的法益侵害并不低于盗窃1000元的法益侵害。既然先盗窃29.9万元又盗窃1000元的情形中应当累计数额计算,认定为盗窃数额特别巨大,判处10年以上有期徒刑或者无期徒刑,并处罚金或者没收财产,那么,N先盗窃29.9万元又敲诈勒索1000元时,处罚不应当轻于前一情形。所以,可将敲诈勒索1000元评价为盗窃1000元,以犯罪数额30万元追究N盗窃数额特别巨大的刑事责任。下面,再来看一个真实案例。

【案例11】在侯某盗窃、诈骗案中,事实①被告人侯某将4个装有轮毂的箱子(被盗的4个轮毂价值人民币28000元)盗至自己租住的房间内;事实②被告人侯某谎称自己能够为徐某办理交警大队辅警的工作,并以给他人买烟、交纳培训费、购买训练服、给他人人情费等为由,先后骗取徐某共计人民币 8560 元。案发后被盗轮毂被扣押并发还失主桂某,取得其谅解;在审理中退赔被害人徐某的全部损失,并取得谅解。一审认定被告人侯某犯盗窃罪,判处有期徒刑 1 年,并处罚金人民币 14000 元;犯诈骗罪,判处拘役 4 个月,并处罚金人民币 4000 元,数罪并罚决定执行有期徒刑 1 年,缓刑 2 年,并处罚金人民币 18000 元。经检察院抗诉后,二审以盗窃罪与诈骗罪数罪并罚,决定执行有期徒刑 1 年(没有宣告缓刑),并处罚金人民币 18000 元。

本案中,检察院认为量刑畸轻,适用缓刑不当的一个理由是"被告人侯某的行为不属于犯罪情节较轻。被告人侯某的盗窃犯罪数额 28000 元已达入罪标准 10 倍之多,犯罪情节严重;诈骗数额为 8560 元"。其实,本案的犯罪数额不仅笼统地反映出"不属于犯罪情节较轻",而是在实质评价下,已经达到了"巨大"的程度。试想,倘若事实②变为盗窃了他人 8560 元财物,那么以盗窃罪一罪累计数额追究刑事责任,无疑已经达到了"数额巨大"的标准,不仅不适合宣告缓刑,而且应当按照升格法定刑处理。既然诈骗罪可以评价为盗窃罪,相比之下,没有理由因事实②构成了诈骗罪而让被告人受到更轻的评价与量刑上的优待。经济犯罪中也存在相同的问题。

【案例 12】O 先销售伪劣产品 18 万元,又销售不符合卫生标准的化妆品 15 万元且造成严重后果。

《刑法》第 149 条第 2 款规定:"生产、销售本节第 141 条至第 148 条所列产品,构成各该条规定的犯罪,同时又构成本节第 140 条规定之罪的,依照处罚较重的规定定罪处罚。"如果单看 O 销售不符合卫生标准的化妆品的行为,按照《刑法》第 148 条最高可判处 3 年有期徒刑,按照第 140 条最高只能判处 2 年有期徒刑,的确按照前者定罪处罚会更重。可是,按照销售伪劣产品罪与销售不符合卫生标准的化妆品罪分别追究两个行为的刑事责任时,数罪并罚后最高只能判处 5 年有期徒刑;而一旦将销售不符合卫生标准的化妆品的行为与之前销售伪劣产品的行为联系在一起来看,即将销售不符合卫生标准的化妆品的行为实质评价为销售伪劣产品的行为,那么可以销售伪劣产品 33 万元追究 O 的刑事责任,最高可判处 7 年有期徒刑。后一种做法才真正体现了"依照处罚较重的规定定罪处罚"。

(四)涉及预防必要性时重合评价的适用界限

立法者在设置法定刑时,除了考虑有责的法益侵害程度外,还要考虑某种行为类型的预防必要性的大小。例如,虽然同为盗窃这一"类"行为,但在犯罪学上仍可分出多个"种"行为方式。针对盗窃"类"行为,着眼于法益侵害程度,数额较大时,始得动用刑罚来应对。针对盗窃"种"行为,虽然没有达到数额较大程度,但某些盗窃"种"行为的预防必要性较其他的盗窃"种"行为更高时,立法者也可能将这些预防必要性大的"种"行为作为犯罪处理,配置与侵害法益达到值得动用刑罚处罚程度的行为相同的法定刑,不能将以主要法益为标准确立的犯罪间重合评价适用于涉及预防必要性的情形中,即不能因为重罪的保护法益包含了轻罪的保护法益而认为重罪的预防必要性也包括了轻罪的预防必要性。

【案例 13】S 在一年内盗窃价值 200 元财物,抢夺价值 300 元财物,敲诈勒索价值 400 元财物各一次。

不能以"多次盗窃"追究 S 盗窃罪的刑事责任。同理,不能将入户抢夺 200 元的行为认定为入户盗窃,也不能将携带凶器敲诈勒索 300 元的行为评价为携带凶器盗窃,更不能将在公共场所骗取他人随身携带财物 400 元行为的解释为扒窃,不能将这些行为"实质评价"为盗窃行为来定罪处罚。

四、结语

综上所述,主要法益的同一性(或包容性)是判断犯罪间重合的决定性标准。在适用分则条文的过程中,将重罪评价为轻罪有时反而会出现对行为人不利的情形。因此,一方面,要考虑针对轻罪的分则规定是出于法益还是预防必要性的考虑;另一方面,则要通过体系解释确保罪刑均衡。

以上就是今天想要与诸位分享的内容,其中肯定有许多思虑不周之处,恳请各位批评指正。

主持人·董坤

曾文科老师讲课的内容很紧凑,案例也很丰富,我作为非刑法专业的"学生",听完以后对整个犯罪间重合评价的分则适用有了较为全面的了解。其实曾老师对犯罪间重合评价的问题在刑法总则中的适用在开头也谈到了一些,但是他今天讲的内容主要是犯罪间重合评价的分则适用问题,讲了财产犯罪中的盗窃与诈骗、盗窃与敲诈勒索、盗窃与毁坏财物等之间的重合关系,这种重合关系的研究价值,我理解主要就是通过分则的适用(特别是财产犯罪的适用),以体系解释的方式确保罪刑均衡,这对于司法实践来说是有很大意义的。接下来有请与谈人石亚淙老师与谈。

与谈人·石亚淙

各位听众朋友,大家晚上好! 我是来自中国政法大学法律硕士学院的石亚淙。

我想按照自己的理解,梳理一下文科今天报告的主题所涉及的内容。这中间可能也会有一些我自己的概括提炼,如果有曲解文科意思的地方,等会儿还请文科指正。在此梳理过程中,也提出自己的疑问和思考中的困惑,求教于各位先进。

一、犯罪重合的条件

生活事实是复杂的,刑法为了不遗漏地规定犯罪,为了从不同维度规定犯罪,为了给不同的犯罪画像以区分,难免会发生规定上的重合。这种重合并不等同于法条竞合那种重合,或者说法条竞合只是犯罪重合的一种,是一种条件非常严格的犯罪重合。但是,这里说的犯罪之间的重合是一种比法条竞合更广义的犯罪重合,是一个找各犯罪之间公约数的过程。

为了论述方便,下面我就以两个罪为例进行叙述,实际上这种重合完全可以发生在多个犯罪之间。两个罪之间有重合关系,通常需要满足下面的条件。

(一)法益间的关系

两个罪的保护法益之间有交集。这个交集,可以是包容关系,就是一个罪的保护法益是另一个罪的保护法益的真子集,也可以是相互交叉,甲罪保护的法益是 a 和 b,乙罪保护的法益是 b 和 c,那么他们在 b 上就有交集,也可以是完全一样,这个时候两个罪的法益就是它们的交集。

(二)犯罪要素间的关系

这里用犯罪要素称谓成立犯罪所需要的全部要素,包括构成要件要素和责任要素。

其一,法益侵害没有轻重之分的情况下,两个罪的要素上有差别,但差别可以忽略。比如同一犯罪中的不同手段行为,文科举例抢劫里的暴力和胁迫行为,这个差异就可以忽略,强奸罪的手段行为,也是暴力、胁迫或者其他手段之间的差异也不重要。很多选择性罪名就是这样,比如制作淫秽物品和复制淫秽物品,以为自己是制作,实际是复制,我把这种情况权且称为横向重合。或者一个罪的要素能包含另一个罪的要素,这里判断能否包含时,是在去掉表面的构成要件要素之后判断的,比如故意杀人和过失致人死亡中比较故意和过失时,过失中的"没有预见"这个要素,我把这情况权且称为纵向重合。

其二,法益侵害有轻重之分时,法益侵害重的犯罪能包含法益侵害轻的犯罪的所有要素,这种包含关系也是在去掉表面的构成要件要素后判断的,比如脱离占有物侵占罪中,无人占有相较于盗窃罪中的他人占有,就是个表面的构成要件要素,去掉无人占有这样的要素,可以认为盗窃罪的要素中包含了脱离占有物侵占的全部要素。这种情况下,就不存在两个罪的要素上有差别但差别可以忽略的情况了。因为我理解这种情况既然法益侵害有轻重,那么要素上的差异性就不可忽略了,也就是只有纵向重合,没有横向重合了。

在各犯罪中,如果他们侵害的法益能找到交集,犯罪要素也能找到交集或者可以抹去差异,也就是存在一种"基本款"犯罪,另外的犯罪都是在它上面添加要素成立的,或者是对它的要素进行可忽视细节的变形成立的,那么,这些犯罪就存在重合。这个基本款犯罪,就是这些犯罪的公约数。理论上,就存在将其他犯罪评价为该基本款犯罪的可能性。如同我们去买车,通常有一款标配的车或者说低配的车,这个车就是基本款。其他豪华款、运动款都是在基本款的基础上再增加一些东西,如自动巡航、全时四驱、座椅通风等。

说到这,再说一句法条竞合。我觉得,法条竞合就是在上述纵向重合的基础上,把法益在质和量上都限制为具有包容关系。

我的问题:

1. 盗窃罪和诈骗罪到底是不是有重合的关系

盗窃罪和敲诈勒索罪的重合中存在的问题也是类似,就以诈骗罪为例说了。先分析一下文科报告中提到的几点理由。

(1)夺取型犯罪和交付型犯罪能不能重合的问题。文科报告里面举了一个抢劫罪和敲诈勒索罪的关系的例子。说抢劫罪虽然是夺取型的,敲诈勒索罪是交付型的,但是,并不影响将抢劫评价为敲诈勒索。我原来也一直觉得抢劫当然能评价为敲诈勒索,因为一个是完全压制他人的,一个是不需要完全压制他人的。但是,现在我觉得,只有那种胁迫性抢劫,就是作用于人的意思、让人产生恐惧心理而完全不敢反抗的那种抢劫,才和敲诈勒索有重合,才能评价为敲诈勒索。如果是那种不能反抗型的抢劫,就像我把张飞五花大绑,拿走他身上的银子,这时候他完全不带怕的,只是物理上没办法反抗,我觉得这种抢劫无论如何不能评价为敲诈勒索。也就是说,夺取型犯罪和交付型犯罪之间不存在谁包容谁的关系,是并列的两种类型的行为,而这两种类型的行为的差异,还是重要的,是不能抹去的。所以盗窃罪和诈骗罪既不是纵向竞合,也不是横向竞合。

(2)不认为盗窃罪和诈骗罪有重合的话,在处理认识错误上会有问题。以为是盗窃,实际是诈骗。日本有个根据真实案例改编的案例。被告人住酒店,酒店大堂有一台电脑设备处理check in事务,他就在上面动手脚,输入已经支付酒店费用的信息,其实电脑背后有人,这个人要审核一下支付信息,才办理check in,被告人没有诈骗故意。这个时候没办法认定为诈骗罪。这的确是个问题。我在想有没有可能把这种情况认定为脱离占有物侵占。文科举的例子里面的汽油,实际上是非基于本意脱离了加油站占有,由行为人取得了。

2. 盗窃罪和故意毁坏财物罪是不是有重合关系

盗窃罪:排除意思+利用意思

故意毁坏财物罪:排除意思

盗窃罪多了对物的利用处分的动机,责任非难比较重。

但是从事实角度而不是从规范角度分析法益侵害程度的话,故意毁坏财物罪是不是比盗窃罪法益侵害要重?故意毁坏财物可以分为两种情况:一种是排除了还能利用,如藏匿;另一种是排除了不能再利用,如完全物理毁坏,或者把鱼放走,完全不可能再利用。

感觉第一种情况,可以认为盗窃只是比毁坏多了利用意思,二者的法益侵害是一样的。所以,可以纵向重合,公约数就是故意毁坏财物。但第二种情况,是盗窃比毁坏多了利用意思,但毁坏比盗窃多了财物的完全毁损,从法益侵害性上说故意毁坏财物似乎更重。那这个时候,故意毁坏财物还是不是那个标配款?还是不是公约数?能不能一概说盗窃和故意毁坏财物罪就是重合的,盗窃罪绝对比故意毁坏财物多出一些要素?他们是纵向重合?

二、犯罪重合的意义

肯定上述重合关系的存在,当然就能解决很多问题,比如主客观不一致问题,如认识错误问题;比如主体间不一致的问题,如共犯问题;再比如文科今天重点讲的这些情况,重罪去借用轻罪的法律拟制,重罪评价为轻罪实现法益侵害结果的累加;等等。

当我们细分会发现上面这些问题又可以分为两类:一类是只能把重罪评价为轻罪的情况,比如说认识错误,共犯的行为共同。这种情况就像木桶原理,木桶有一块短板,你或者不往里面装水,你要装水就只能装到短板那个位置。另一类是为了处罚上的合理,在既可以用重罪评价,也可以用轻罪评价的情况下,选择一个更合理的。就是说木桶并非有一块短板,只能装到短板的地方,而是我可以选择。这时候就像你有块布,既够做成长裤,当然也够做成九分裤,那是要做成长裤还是九分裤呢,可以根据情况,选择最合适的那个,或者选择符合法理的那个。我觉得文科今天报告、讨论的问题,主要是第二种情况。

在面对一个犯罪事实时,通常用最能完整评价它的那个法条去评价所有的违法事实。也就是说,一般情况下,一个行为能用多个法条评价,且至少存在一个法条能完全评价这个行为时,我们就要选择那个能完全评价这个行为的法条,也就是一般情况下,这块布能做成长裤,就不要做成九分裤。

但是实际处理起问题来,往往是复杂的,并非所有情况下,都要去评价所有的事实,并非把所有的事实都评价了,就一定能收到良好的效果。

为了处罚体系上的公平公正,不让重罪处罚得比轻罪还轻,也会裁减掉一些事实,不去评价。比如有时候我们会把抢劫评价为盗窃,然后适用事后抢劫的规定,让处罚更合理。这么做的底层逻辑其实是"举轻以明重"。

但是,这也仅仅是一种抽象意义上的结论,落实在具体场合,处理起来就又复杂了。我们之前用车打比方,说豪华款的汽车一般能评价为标配款的汽车。但是,现在4S店在搞活动,如果买标配款的车就送礼包,这时候我还能说我买了豪华款的车，豪华款的车不比标配款的车少什么，所以你也要送我礼包吗？我觉得就不能这么绝对了。如果送礼包的目的是多销售这个标配款的车，是促销这款标配版的车，此时，就不能说豪华款的车也要送这个礼包。这也是文科报告中有关犯罪重合所讨论的第三层次的问题：犯罪重合在分则中适用的限制，也就是举轻以明重的限制。

三、犯罪重合在分则适用中的限制：举轻以明重的限制

（1）给重犯罪以特殊优待时，不能通过将该重法条解释为轻法条而回避这个优待。其实这个本质和特别法条中有减轻构成要件的情况相同。《刑法》第280条第1款规定，伪造、变造、买卖国家机关的公文、证件、印章的，处3年以上10年以下有期徒刑；第3款规定，伪造、变造、买卖可以用于证明身份的国家机关证件的，处3年以上7年以下有期徒刑。此时，就不能说用于证明身份的证件也是国家机关证件，所以要适用第1款，处3年以上10年以下有期徒刑。

买了标配款车的都要在4S店办理保险，但是买豪华款车的就不用在4S店买保险了，这时候就不能通过把豪华款车解释为标配款车，也让豪华款车在4S店买保险。

（2）在有关轻罪的规定，是出于预防必要性考虑时，不能将重罪解释为轻罪，从而去适用有关该轻罪的规定。报告中提到的我国刑法分则中出现多次的问题，不能把数额累积也达不到盗窃成立标准的一次盗窃罪、一次抢夺罪、一次敲诈勒索罪认定为三次盗窃，从而适用多次盗窃的规定。还是举之前提到过的车的例子，如果买标配款的车就送礼包，如果送礼包的目的是多销售这个标配款的车，此时，就不能要求豪华款的车也送这个礼包。因为送礼包就是为了多销售标配款车，买其他款车没有这个待遇。

我的问题：

1. 重罪结果评价为轻罪结果的局限性和负面影响

将重罪结果评价为轻罪结果有意义的情况是：重罪结果和轻罪结果

能累加,且轻罪有基于这种结果的升格法定刑,轻罪的升格法定刑可能重于重罪,否则,将重罪结果评价为轻罪结果也没太大意义。比如故意伤害罪。一是会认为连续伤害数人的,伤害人数是不宜累加的;二是比较轻一级的伤害的法定刑无论如何不会高于重一级伤害的法定刑。此时就没有必要把重伤结果评价为轻伤结果。

我国司法解释对数额的规定,文科认为造成了处罚上的问题,有时候定重罪还不如轻罪累积数额判罚得重。为了解决这个问题,将重罪评价为轻罪。但这是否会导致没有完全评价,因为一些其他机能无法发挥,类似想象竞合时必须有犯罪明示机能。如果将抢劫评价为盗窃,那么宣告抢劫罪时应该有的机能,是不是就缺少了?

数额升格的情况,是不是也有特殊预防必要性的考虑?数额越大,法益侵害越重,特殊预防必要性是不是也会越高?比如盗窃,即便数额达不到,多次盗窃的,也成立犯罪。在数额达到的情况下,多次盗窃的,特殊预防的必要性仍然在。这时候这个数额累加后升格的法定刑,其实也包含了特殊预防必要性也升高了的考虑。这种情况下,把不同犯罪数额累加,难以与犯一个罪的时候同等视之。

2. 不能改变行为数的问题

如何理解不能改变行为数和量刑公平上的冲突。有时候行为数的改变和法益侵害结果的累积实际上是没有本质区别的。比如,抢劫罪数额为 2 万元,又犯盗窃罪数额为 29 万元,把抢劫 2 万元的行为评价为盗窃 2 万元的行为,以累计数额 31 万元追究盗窃数额特别巨大,实际上也可以理解为通过改变行为数,实现了法益侵害结果的累加。所以,这里的不能通过将重罪评价为轻罪而使案件行为数发生变化,指的其实是不能使案件行为数由少变多。至于案件行为数由多变少的,则不是完全不可以,尤其是法益可以累加的情况。

由少变多是不是一定不可以呢?比如,一天深夜,我甲,抢劫了他 1 万元;又看见了乙,又抢了他 1 万元;看见丙,还是抢了他 1 万元;看见丁,偷了他 29 万元。我们说抢劫罪里多次抢劫处罚比较重,所以成立门槛高,上述三次抢劫行为实际是要看成一次抢劫行为。那就是说这一晚上,我实施了一次抢劫,一次盗窃,这时候,能不能把抢劫的2万元和盗窃的29万元组合,剩下1万元还算抢劫,认定为抢劫和盗窃数额特别巨大的数罪并罚,就是说把一次抢劫拆成两个行为?

如果财产犯罪还是不好拆,那么举绑架和非法拘禁的例子。我绑架了张三12个月,前6个月我都没打他,后6个月我开始对他实施暴力,此时,能不能将绑架张三12个月,分解为绑架他人6个月加非法拘禁他人6个月,非法拘禁他人6个月中使用暴力致人伤残了,绑架罪和故意伤害罪数罪并罚?

主持人·董坤

感谢石老师!我发现石老师刚才问了好多问题,而且有些问题我也特别感兴趣,但是时间有限,所以有些问题曾老师可以私下与石老师交流。按照石老师前面提及的,其中有几个问题我也很感兴趣。

第一个是刚才石老师提及的抢劫案,就是在中关村大街我抢劫了三次,随机地抢劫路人三次,每次各1万元,然后盗窃了29万元的财物,主要是第二次抢劫的1万元评价为盗窃的话变成30万元,构成盗窃罪数额特别巨大,另外两个抢劫就单独评价,这样的话刑罚会更重。但有人可能就有疑问,为什么你抢劫两次抢的钱一样,一个评价为抢劫,一个评价为盗窃呢?

第二个是曾老师前面还提到了盗窃罪与故意毁坏财物罪的区别,两者可以进行重合性评价。实践中,可能盗窃或故意毁坏财物的行为在某一个预备或实行阶段就被办案人员或者路人发现了,比如说我把财物从被害人家里拿出来,然后走到大街上,可能还没走出小区,就被发现抓获了。这个时候你如何认定我到底是盗窃还是毁坏财物?按照您刚才介绍的,盗窃和毁坏财物是包容评价关系。两者是 a 和 $a+b$ 的关系,那这个时候对于犯罪的认定只能从犯罪嫌疑人、被告人的主观角度来说,完全凭借他的口供(当然还可以从客观事实进行推论,但有时很难),这个认定如果按照刑法重合关系来进行评价的话,会不会有放纵犯罪的这种嫌疑。这是我从诉讼法研究人员的角度提的一个小问题。

主讲人·曾文科

今天的报告内容一开始是基于自己的突发奇想,能参考的文献也不多,自己瞎琢磨,所以肯定有很多思虑不周全的地方。的确经常有人批判这种实质理解就是一种重罚主义,但在我看来却是在追求罪刑均衡。通过玉琼老师刚刚的点评梳理,其实也深化了我对自己研究的体系化理解。

虽然我今天的报告里面主要谈了财产犯罪相关的问题,但是脑子里面不断地在想,如果是其他类型的犯罪会怎么样?包括我看下面评论区也有同学提问,说老师你的这种重合评价与表面的构成要件要素理论到底有什么关系?我也会一直在思考这样的问题。刚刚亚淙老师的分析我是比较赞成的,在我们评价重合的时候,还可以再进一步地把它分成很多种类型,比如横向的或者是纵向的。在财产犯罪里面我更倾向于把它表述为有点像表面的构成要件要素那样,诈骗罪、敲诈勒索罪不缺乏盗窃罪的要素,那么你就可以重合评价为盗窃罪。但是确实有一些别的犯罪,比如拐卖妇女和拐卖儿童之间,主观上想拐卖妇女,但客观上拐卖到手的却是一个儿童,这个时候怎么办?这个时候不可能把妇女评价为儿童,也不可能把儿童评价为妇女,但如果只定一个拐卖妇女未遂好像也不太合适。最后还是不得不承认拐卖妇女和拐卖儿童之间有重合,最终定拐卖儿童既遂,但拐卖妇女与拐卖儿童之间不存在表面的构成要件要素。所以这个时候可能涉及亚淙老师所说的,如果法定刑一样甚至就是个选择性罪名时,那么就不必严格要求二者之间只是"界限要素"的区别,只要法益基本一致,就可以评价为重合。亚淙老师的点评给我带来了很多的启发,尤其后面提到如何去避免信息减缩、评价不足的问题等。

涉及行为数的问题,也是董坤老师刚刚提出来的,稍微做一点回应。

在我深夜连着抢劫两次或三次的例子,我觉得这种连续犯的行为还是一个行为,不能去拆分它,要么把它全都评价为盗窃,就按盗窃罪来定;要么还是分开来,盗窃定盗窃,抢劫定抢劫,然后数罪并罚。同样,在亚淙老师举的绑架过程中使用暴力的例子中,不管暴力是在第几个月发生的,只要是在继续控制他人人身自由的过程当中,就还是一个绑架行为。大体可以说,在所谓的本来的一罪中,都属于一个行为,不能再去拆分。

刚刚董老师还提出了一个很重要的诉讼法上的问题,主观的非法占有目的如何去认定的问题,这确实也是一个做刑法研究的时候经常会忽略的地方。按照我个人的观点,像这种从别人家里面抱出一个东西来,走在半路上就被抓了,这个时候你肯定得讯问他,他的口供确实起了很重要的作用。这个时候通过他的口供,还要结合其他一些客观要件,主要需要判断他是不是出于所谓的报仇泄愤这样的心理。关于非法占有目的中利用意思的判断,现在基本上采用一种排除法,除了纯粹的毁弃意图或者纯粹的报复意图、泄愤意图外,剩下的基本上都可以被评价为利用意思了。主张把盗窃罪评价为包含故意毁坏财物罪,实际上正是想解决这种问题,即如果无论如何你都确定不了他到底主观上是怎么想的,你就是严刑拷打他也不说,他也能扛得住,这个时候你怎么办?这个时候要是定盗窃罪证明不了有利用意思;要是定毁坏财物罪,也证明不了他有毁弃意思;要是把他放了,这明显就是放纵犯罪人了。所以,你能查明也好,查不明也好,本来我就认为故意毁坏财物罪不需要有利用意思,只要客观上毁坏了财物,主观上明知自己在毁坏这个财物,那就可以定毁坏财物罪了,不会轻纵犯罪人。

亚淙老师还提出了一些更为深刻的问题,这些问题需要再进一步去思考,逐步完善对犯罪评价的相关理解。今天我的回应就到此。

主持人·董坤

下面简要对今天的讲座作个总结。非常感谢主讲人和与谈人给大家奉献了一场精彩的讲座,我作为一个研究刑诉法的门外汉今天能近距离地学习刑法非常荣幸,同时也引发了我对刑法进一步学习的兴趣。

感谢石老师的精彩与谈,她在曾老师授课的基础上把犯罪之间重合评价的分则运用这个主题又进行了扩展,如在横向和纵向上的一个知识的扩展,确实有启发性,值得让人进一步去思考。另外,对于曾老师授课间谈到的一些具体问题,比如说盗窃罪与诈骗罪之间的区分和重合,两个罪名间的重合关系到底是表面的、假性的重合关系,还是一种真性的重合关系,也提出了一些质疑,这也为我们对分则个罪之间重合关系的认定提供了新的思考方向。

第二讲
交通肇事罪中的逃逸问题

主讲人：邹兵建（南开大学法学院副教授）
与谈人：孙运梁（北京航空航天大学法学院教授）
与谈人：王华伟（北京大学法学院助理教授）
主持人：白岫云（《中国法学》编辑）

主持人·白岫云

各位听众晚上好，今天我们开始分论部分第二讲——《交通肇事罪中的逃逸问题》。我们请来了南开大学法学院的青年才俊邹兵建副教授为我们主讲。同时，我们也请来了两位与谈人：一位是北京航空航天大学法学院的孙运梁教授，他也是北航法学院的刑事法研究中心主任；另一位是北京大学法学院的王华伟助理教授，他也是德国弗莱堡大学（德国马普刑事法研究所）的博士和北京大学法学院的博士。主讲人和两位与谈人有一个共同特点，都是在北京大学法学院取得了博士学位，是同门师兄弟。现在我们有请邹兵建副教授为我们主讲交通肇事中的逃逸问题。

主讲人·邹兵建

尊敬的主持人白岫云老师，尊敬的与谈人孙运梁教授、王华伟博士，各位学界和实务界的同人，各位同学，大家晚上好！很高兴通过在线讲座的形式，向大家汇报一下我对交通肇事罪中逃逸问题的一些粗浅理解。

交通事故是日常生活中常见多发的一类事故。在2014—2018年的5年间，我国平均每年发生20万起交通事故，平均每年有6万人死于交通事故；而在发生交通事故后，肇事者逃逸的比重也很高。通过在中国裁判文书网上检索,我发现在所有的交通肇事罪一审判决书中,出现了"逃逸"一词的判决书占据45%左右。讨论交通肇事逃逸问题,绕不开最高人民法院于2000年出台的《关于审理交通肇事刑事案件具体应用法律若干问题的解释》(以下简称《交通肇事解释》)。对于这个司法解释,学界有很多批评的声音。考虑到我们讲座的受众主要是司法实务界的同人,我在这里不会太多地分析学界对这个司法解释的批评意见,而是以这个司法解释作为我们考虑问题的一个规范依据。也就是说,这场讲座要回答的问题是:在尊重刑法规定和司法解释的前提下,怎样处理交通肇事罪中的逃逸问题。

一、逃逸的分类

逃逸的基本含义是逃跑,它不一定与交通事故有关。我们这里讨论的是发生交通事故后的逃逸,我把它称为"交通事故逃逸"。交通事故逃逸不仅会出现在刑法之中,而且也会出现在行政法之中。我把它们分别称为"刑法逃逸"和"行政法逃逸"。那么,刑法逃逸和行政法逃逸是什么关系呢?从外延的角度来看,行政法逃逸与刑法逃逸是包含和被包含的关系。如果行为人的行为构成刑法逃逸,那么也一定会构成行政法逃逸;但是,如果行为人的行为构成行政法逃逸,那么他不一定能构成刑法逃逸。从内涵的角度来看,刑法逃逸的成立门槛要比行政法逃逸的成立门槛更高。从客观层面来看,刑法逃逸以行为人的行为成立交通肇事罪为前提,而行政法逃逸没有这个要求。从主观层面来看,刑法逃逸中的故意要求行为人认识到自己造成了重大交通事故;而行政法逃逸中的故意只要求行为人认识到自己造成了交通事故。

当然,我们重点关注的还是刑法逃逸。刑法逃逸可以分为作为交通肇事罪加重构成要件要素的逃逸,以及作为交通肇事罪基本构成要件要素的逃逸,我把它们分别称为"加重逃逸"和"入罪逃逸"。其中,加重逃逸又可以进一步分为对应于3—7年法定刑的普通加重逃逸和对应于7—15年法定刑的因逃逸致人死亡。

说到底,处理交通肇事罪中的逃逸问题,无外乎就是要回答两个问题:第一个问题是行为人是否成立刑法逃逸?在回答这个问题的过程中,要严格区分刑法逃逸和行政法逃逸,避免将行政法逃逸升格认定为刑法逃逸。如果第一个问题的答案是肯定的,接下来需要回答第二个问题,行为人的刑法逃逸到底是入罪逃逸、普通加重逃逸,还是因逃逸致人死亡?只有回答好这个问题,才能对被告人进行精准量刑。不过,由于时间有限,我们这场讲座主要讨论第一个问题。

二、刑法逃逸的成立前提

刑法逃逸以行为人的行为成立交通肇事罪为前提。在司法实践中,法院在判断有逃逸情节的案件是否符合交通肇事罪的客观构成要件时,存在一些误区,将很多原本不构成交通肇事罪的行为认定为交通肇事罪。问题主要出在行为要素的判断和刑法因果关系的判断上。

(一)违反交通运输管理法规

行为人违反交通运输管理法规,既可以出现在事故发生之前,也可以出现在事故发生之后。不过,作为交通肇事罪的行为要素,违反交通运输管理法规需要与交通事故的发生有因果关系,因而必然要出现在事故发生之前。所以,《刑法》第133条规定的"违反交通运输管理法规",不包括逃逸。这意味着,在逃逸案件中,只有当行为人除了逃逸之外,还有另外一次违反交通运输管理法规的行为,他才有可能构成交通肇事罪。我把刑法逃逸的这个特点称为"两次违规性"。这一点构成了刑法逃逸与行政法逃逸的一个重要区别。但是,在司法实践中,有很多不符合"两次违规性"的逃逸案件被错误地认定为构成交通肇事罪。

【案例1】2014年4月9日凌晨1时许,被告人尹某某驾驶一辆农用运输车在国道上由东向西行驶。被害人徐某无证驾驶无号牌二轮摩托车由西向东行驶,撞到公路上的隔离墩后倒地向东滑行,与尹某某所驾驶的农用运输车发生剐撞,致车辆损坏,徐某受伤(重伤二级)。事故发生后,尹某某驾车逃离现场。法院认为,被告人尹某某违反交通运输管理法规,驾驶机动车发生交通事故,致一人重伤,负事故主要责任,且在事故发生后逃离现场,其行为已构成交通肇事罪,判处有期徒刑10个月,缓刑1年。

在本案中,行为人并不符合"两次违规性"的要求,但是法院依然给行为人定了罪。为什么会出现这种现象呢?有两个可能的原因:一是有一部分司法者没有意识到刑法逃逸需要满足"两次违规性"的要求,从而以行为人逃逸为由认定其违反了交通运输管理法规。二是还有一部分司法者虽然意识到了刑法逃逸需要满足"两次违规性"的要求,但是在具体判断的过程中,以事故的发生反推行为人驾车时操作不当,这实际上是一种结果归罪的思路。

(二)刑法因果关系

交通肇事罪的客观构成要件包含了两层因果关系:第一层因果关系,是违反交通运输管理法规与重大交通事故之间的因果关系;第二层因果关系,是重大交通事故与被害人的伤亡结果或公私财产遭受的损害之间的因果关系。在司法实践中,第二层因果关系的认定没有太大的问题,但第一层因果关系的认定较为混乱。有很多欠缺第一层因果关系的逃逸案件,被法院认定为构成交通肇事罪。

【案例2】2019年5月18日1时11分许,被害人梁某某醉酒(血液中酒精含量为238.3mg/ml)驾驶与其驾驶证载明准驾车型不符的二轮摩托车,追尾撞上了被告人王某某醉酒(血液中酒精含量为92.7mg/ml)驾驶的停在路边的小轿车。梁某某受伤,经抢救无效死亡,王某某弃车逃逸。经查,王某某的小轿车属于逾期未审验的车辆。法院认为,被告人王某某违反交通运输管理法规,醉酒驾驶机动车发生交通事故,致一人死亡,负事故主要责任,且交通肇事后逃逸,其行为已构成交通肇事罪,判处有期徒刑3年,缓刑3年。

在本案中,行为人除了逃逸外,还有两个违规行为:一个是醉酒驾驶,另一个是车辆逾期没有审验。根据被告人供述可知,车辆逾期未审验是因为行为人之前有违章没有及时处理,车辆本身没有任何问题,因而它与事故的发生没有刑法因果关系。关键的问题在于,行为人的醉酒驾驶与事故的发生有没有刑法因果关系?可能有人会说,行为人喝了酒,按规定就不能开车。如果他不把车开出来,被害人当然就不可能追尾撞上他的车,所以,行为人的醉酒驾驶和事故的发生有刑法因果关系。我认为,这种分析思路是不准确的。判断行为人违章驾驶的行为与事故的发生有没有刑法因果关系,不仅要问如果行为人没有开车,会不会发生相同的事故,而且还要问如果行为人在完全遵守交规的情况下开车,会不会发生相同的事故。这个问题实际上是在考察,行为人对交规的违反有没有增加危害结果发生的风险。在本案中,行为人醉酒驾驶违反了交规,但是它并没有增加车辆停在路边时被追尾的风险。所以我认为,本案欠缺第一层的刑法因果关系,不构成交通肇事罪。

需要追问的是,为什么法院会将违章行为与事故发生之间没有因果关系的案件认定为构成交通肇事罪呢?说到这里,就不得不提《交通肇事解释》第2条的规定:"交通肇事具有下列情形之一的,处三年以下有期徒刑或者拘役:(一)死亡一人或者重伤三人以上,负事故全部或者主要责任的;(二)死亡三人以上,负事故同等责任的;(三)造成公共财产或者他人财产直接损失,负事故全部或者主要责任,无能力赔偿数额在三十万元以上的。交通肇事致一人以上重伤,负事故全部或者主要责任,并具有下列情形之一的,以交通肇事罪定罪处罚:(一)酒后、吸食毒品后驾驶机动车辆的;(二)无驾驶资格驾驶机动车辆的;(三)明知是安全装置不全或者安全机件失灵的机动车辆而驾驶的;(四)明知是无牌证或者已报废的机动车辆而驾驶的;(五)严重超载驾驶的;(六)为逃避法律追究逃离事故现场的。"

这一条是对交通肇事罪入罪门槛的规定。其中,第2款第6项的内容就是逃逸。《道路交通安全法实施条例》第92条第1款规定:"发生交通事故后当事人逃逸的,逃逸的当事人承担全部责任。但是,有证据证明对方当事人也有过错的,可以减轻责任。"据此,只要行为人逃逸了,交警就会认定行为人对事故负全部责任或主要责任。可见,逃逸不仅属于六种严重违章的情形之一,而且还会使行为人对事故负全部责任或主要责任。因此,在司法实践中,法院会得出一个结论:发生交通事故后,若被害人受重伤且行为人逃逸,那么行为人构成交通肇事罪。这个做法完全架空了交通肇事罪的构成要件,从而将很多原本无罪的案件错误地认定为构成交通肇事罪。

为此,学界批评《交通肇事解释》第2条混淆了行政责任和刑事责任,架空了交通肇事罪的构成要件。我认为,学界的批评意见只说对了一半。对的一半在于,按照学界通常的理解,《交通肇事解释》第2条确实有问题;错的一半在于,学界通常的理解并不是唯一可能的理解方案。学界通常认为,《交通肇事解释》第2条的主体内容是对交通肇事罪全部成立条件的解释。按照这种理解,《交通肇事解释》第2条的内容显然是不完整的。但是,如果将它的主体内容理解为仅仅是对交通肇事罪的结果要素,即"致人重伤、死亡或者使公私财产遭受重大损失"的解释,那么,它的内容就没有什么问题了。为此,需要对《交通肇事解释》第2条中的"交通肇事"作出合理解释,将其解释为"违反交通运输管理法规,因而发生重大事故"。如此一来,"交通肇事"一词就包含了交通肇事罪的行为要素和因果关系,而《交通肇事解释》第2条的主体内容则是对交通肇事罪的结果要素的解释。这种解释方案可以一方面维持《交通肇事解释》的效力,另一方面避免架空交通肇事罪的客观构成要件。

三、刑法逃逸的本质

关于刑法逃逸的本质,学界存在逃避法律责任说和逃避救助义务说两种基本观点的对立。在这两种观点的基础上,学界还发展出了逃避法律责任或救助义务说、逃避法律责任和救助义务说。《交通肇事解释》第3条规定,刑法逃逸是指行为人在发生重大交通事故后为逃避法律追究而逃跑的行为。由此可见,司法解释采用了逃避法律责任说。但是,司法解释的立场在司法实践中并没有得到统一的贯彻。

我个人支持逃避法律责任说，理由如下。首先，将行为人履行了救助义务但是逃避了法律责任的情形认定为刑法逃逸，并不意味着要将其与没有履行救助义务的刑法逃逸一视同仁。刑法逃逸可以分为履行了救助义务的刑法逃逸和未履行救助义务的刑法逃逸。显然，前者的不法程度低于后者，法院在量刑时应当考虑这一点。其次，发生交通事故后，被害人的伤亡结果与行为人刑事责任的有无及大小密切相关。在行为人没有逃避法律责任的场合，从理性的立场出发，行为人一般都会对被害人实施救助。所以，行为人留在事故现场但不救助被害人的案件，尽管不能说没有，但毕竟数量很少。另外，即便不将这种情形评价为刑法逃逸，行为人仍然会因为自己没有积极救助被害人而受到更重的刑事处罚。最后，按照逃避救助义务说的观点，只要被害人当场死亡，行为人就不会构成刑法逃逸，更不会构成因逃逸致人死亡。这容易引发一种道德风险，使行为人认为"撞伤不如撞死"。逃避救助义务说的本意是更好地保护被害人，但是适用这种学说的效果可能适得其反，这是需要我们慎重思考的。

四、刑法逃逸的客观要件

（一）何谓"逃跑"？

在通常情况下，逃跑表现为逃离事故现场。不过，刑法逃逸中的"逃跑"不是一个事实性的空间概念，而是一个规范性的概念，其本质是逃避法律责任。除了逃离事故现场外，刑法逃逸中的"逃跑"还包含下列情形：①行为人将被害人送到医院后再从医院逃跑；②行为人在事故中受伤被送往医院治疗，后擅自离开医院；③行为人藏匿在事故现场附近；④行为人在事故现场或医院但隐瞒自己的肇事者身份；⑤行为人让他人顶包。

【案例3】2019年5月2日10时许，被告人岳某某驾驶一辆小轿车与贾某某骑行的人力三轮车相撞，致乘坐在三轮车上的王某某当场死亡，贾某某受伤。事故发生后，岳某某找车主刘某顶包，并由刘某拨打电话报警和求助。法院认为,岳某某有逃避法律追究的故意,实施了指使他人顶替的行为,但在肇事后没有逃离现场,没有延误对被害人的抢救治疗,也没有影响交警部门对事故责任的认定,因而只构成交通肇事罪,不构成交通肇事后逃逸。

在本案中,法院认为行为人并没有逃离事故现场,所以不构成逃逸。应当说这种认识是片面的。在肇事者让人顶包的案件中,无论肇事者本人是否离开了事故现场,都构成刑法逃逸。

(二)刑法逃逸的"未遂"与"中止"

在有些案件中,行为人逃离事故现场没多远就被他人控制住,或者行为人逃离事故现场很快又主动返回事故现场。对于这两类案件该如何处理?表面上看,它们分别构成刑法逃逸的未遂和中止。但是,未遂和中止是针对故意犯的完整的构成要件而言的。刑法逃逸只是一个提升不法程度的情节,不属于完整的构成要件。所以,刑法逃逸只有成立与否的问题,而没有未遂或中止的问题。那么,在上述两类案件中,行为人是否成立刑法逃逸呢?我认为,刑法逃逸之所以能够成为重要的加重处罚情节,是因为它提升了行为人的不法程度;反过来说,只有当行为人的逃离行为既没有提升客观不法,也没有提升主观不法时,才能认为该逃离行为不构成刑法逃逸。行为人逃离事故现场没多远就被他人控制住的,逃离行为所提升的客观不法比较有限,但是它提升的主观不法仍然很明显。所以,它仍然构成刑法逃逸。而行为人逃离事故现场很快又主动返回的,逃离行为所提升的主观不法被主动返回的行为抵消,故关键要看逃离行为是否增加了客观不法。如果行为人逃离后很快返回,既没有耽误对被害人的救助,也没有影响交警对事故责任的认定,那么就不构成刑法逃逸;反之,如果不符合上述条件,就会构成刑法逃逸。

【案例4】被告人王某某于2018年11月21日9时26分许,驾驶小型轿车在国道上超速行驶,因未注意观察路面情况,未能确保安全,与被害人李某所驾驶的电动三轮车发生碰撞,致李某当场死亡、电动三轮车乘坐人王某跌倒受轻伤。事故发生后,王某某驾车驶离现场,于距离事故现场约960米处停车报警,并原地等候交警。法院认为,王某某在驾车离开的那一刻起,已经构成交通肇事逃逸,不论其逃离现场多远或逃逸的时间有多久,也不论其逃逸后有何举动,均不影响对其逃逸行为性质的认定。

在本案中,行为人逃离事故现场960米便停车报警并在原地等待,主观不法没有明显增加。本案有两个被害人:一个当场死亡,无法施救;另一个人只是受轻伤,不需要急救。所以,行为人虽然没有返回事故现场,没有积极救助被害人,但也没有明显增加客观不法。所以我认为,没有必要将本案中的行为人认定构成逃逸。

五、刑法逃逸的主观要件

成立刑法逃逸的故意,需要同时满足两个条件:其一,行为人明知自己造成了重大交通事故;其二,行为人具有逃避法律责任的目的。

(一)明知自己造成了重大交通事故

明知自己造成了重大交通事故,意味着行为人不仅知道自己造成了交通事故,而且还知道该交通事故属于重大交通事故。在司法实践中有一种观点认为,只要行为人知道自己造成了交通事故,就足以肯定其有刑法逃逸的故意。我认为,这个观点违反了主客观相统一原则,将行政法逃逸的故意和刑法逃逸的故意混为一谈,是不可取的。判断行为人是否明知自己造成了重大交通事故,需要注意以下几点:

第一,明知自己造成了重大交通事故,主要是指明知自己开车撞了人。根据法益性质的不同,可以将重大交通事故分为人身损害型重大交通事故和财产损害型重大交通事故。在司法实践中,财产损害型重大交通事故几乎没有被追究刑事责任的。在这个背景下,明知自己造成了重大交通事故,主要是指明知自己造成了人身损害型重大交通事故。依据《交通肇事解释》第2条的规定,构成人身损害型重大交通事故要求至少造成一人重伤。另外,在司法实践中,交通肇事主要是指行为人开车造成交通事故。所以,明知自己造成了人身损害性重大交通事故,主要是指明知自己开车将人撞成重伤或死亡。不过,考虑到一旦开车撞到人,很容易导致重伤以上的结果,而且被害人被撞后需要及时救治,伤情不够稳定,很难准确判断其到底是轻伤还是重伤。所以,在绝大多数案件中,可以把明知自己开车将人撞成重伤或死亡,简化为明知自己开车撞了人。不过,如果行为人虽然知道自己撞了人,但是有足够的理由认为被害人只是受了轻伤,那么应当否定其明知自己造成了重大交通事故。

【案例5】2002年7月24日凌晨6时许,被告人钱某某驾车因操作不当撞到前方公路上的一名行人(身份不明),致其受伤。钱某某下车察看并将被害人扶至路边,经与其交谈,钱某某认为被害人的伤情比较轻微,故驾车离开现场。当天下午,被害人因腹膜后出血引起失血性休克死亡(经了解,被害人若及时抢救可以避免死亡。)二审法院认为,发生交通事故后,钱某某仅看到被害人背部有皮肤擦伤,看不出被害人有其他伤情,且被害人当时能够讲话、能够在他人搀扶下行走,所以认为被害人不需要抢救治疗,故驾车离开,可见他主观上没有为逃避法律追究而逃跑的故意,因而钱某某只构成交通肇事罪,而不构成交通肇事后逃逸。

在本案中,行为人通过观察被害人、与被害人交谈等方式,判断被害人只是受了轻伤,因而没有将被害人送医院便直接离开。由于行为人并不知道自己造成了重大交通事故,所以他没有刑法逃逸的故意,不构成刑法逃逸。

第二,明知自己撞了人既包括知道自己肯定撞了人,也包括知道自己可能撞了人。这涉及对"明知"的理解。"明知"一词很容易被理解为"明确地知道"。按照这种理解,明知自己撞了人,就是指知道自己肯定撞了人。我认为这种理解是片面的。一方面,从学理上看,"明知"一词来自《刑法》第14条对故意的认识因素的规定,而故意可以分为直接故意和间接故意,其中,间接故意中的认识就是一种可能性认识。如果认为故意的认识因素只包括确定性认识,那么就会将间接故意排除在故意的成立范围之外,这显然是有问题的。另一方面,从司法适用的效果来看,如果认为明知自己撞了人是指知道自己肯定撞了人,那么,行为人在认识到自己可能撞了人但对此不太确定的情况下,只要不停车检查,而是直接开车离开,就可以因为并不确定自己是否撞了人而不构成逃逸。这无疑是在纵容甚至变相鼓励行为人在发生交通事故后逃逸,从而完全背离了刑法设立逃逸制度的初衷。

第三,判断行为人是否明知自己撞了人的时点,不是交通事故发生时,而是行为人离开事故现场时。虽然这两个时点前后可能相差不过几分钟甚至几十秒钟,但对它们作出区分仍然有重要的意义。一方面,行为人有可能在两个时点上的认识因素不一致;另一方面,就算是行为人在两个时点上的认识因素完全相同,但他在这两个时点上的意志因素也有可能不一样。前面已经说道,逃逸是指行为人在发生重大交通事故后为逃避法律追究而逃跑的行为。既然如此,判断行为人有没有刑法逃逸的故意,当然也要以行为人在事故发生后也就是其离开事故现场时的认识因素和意志因素为准。

第四,如果行为人在离开事故现场时并不知道自己撞了人,但是此后通过一些线索发现自己可能撞了人,那么从这一刻起,他的行为举止将决定他是否会构成刑法逃逸。如果他第一时间主动投案,那么就不会构成刑法逃逸;如果他抱着侥幸心理,假装没有发生任何事,甚至破坏证据或藏匿起来,那么就构成逃逸。

第五,行为人在知道自己造成了交通事故但不确定自己是否撞了人的情况下,没有下车检查而是直接驾车离开,应当认为其明知自己造成了重大交通事故。如果行为人在知道自己造成了交通事故,但不确定自己是否撞了人的情况下,没有停车检查,而是直接开车离开事故现场,说明行为人对自己可能撞了人抱有一种侥幸和放任的态度,那么就应当认为其明知自己造成了重大交通事故。

【案例6】2019年6月5日21时许,余某某酒后驾车在行车道内持续向右偏离并进入人行道,车辆右前方撞到被害人宋某,致其当场死亡。后余某某驾车撞到道路右侧护墙,校正行车方向回归行车道,未停车而直接驶离现场。5分钟后,余某某将车停在地下车库,并绕车查看,发现车辆右前部损坏严重,右前门附近有斑状血迹,便取出毛巾擦拭车身上的血迹。随后,余某某步行前往事故现场,发现被害人已死亡,便离开事故现场,进入一家足疗店。次日凌晨5时,余某某自动投案。

本案的一个争论点是余某某第一次离开事故现场是否构成刑法逃逸。这取决于余某某在第一次离开事故现场时是否明知自己造成了重大交通事故。从法院查明的案件事实来看,余某某第一次离开事故现场时知道自己造成了交通事故。在这种情况下,他没有停车检查,而是直接开车离开事故现场,足以表明其对自己可能开车撞了人持一种侥幸、放任的态度,亦即其明知自己造成了重大交通事故。因此,余某某第一次离开事故现场构成刑法逃逸。

第六,行为人知道自己造成了交通事故,但是由于精神恍惚或过度紧张而完全没有考虑自己是否撞了人,没有停车检查而是直接驶离事故现场,应当将其评价为明知自己造成了重大交通事故。驾驶行为虽然是一种日常行为,但是它包含了高度的风险。因此,社会对驾驶者提出了很高的要求,要求驾驶者不仅要具备合格的驾驶技能,而且还需要保持高度谨慎。这种谨慎不仅体现在开车时要严格遵守交通规则上,而且还体现在一旦发生交通事故,要立即停车并下车检查,以确认自己是否撞到人。行为人在知道自己造成了交通事故的情况下,由于精神恍惚或过度紧张而完全没有考虑自己是否撞了人,直接驾车驶离事故现场,不仅表明行为人不是合格的驾驶者,而且还从本质上反映出其对刑法规范及其保护的他人生命法益持一种漠视的态度。所以我认为,尽管从事实维度上看,行为人没有认识到自己可能撞了人,但是从规范维度上看,应当将其评价为明知自己造成了重大交通事故。这是一种规范责任论的立场。不过,在这种情况下将行为人评价为明知自己造成了重大交通事故,并不意味着其一定成立刑法逃逸。如果行为人能够在几分钟内回过神来,然后第一时间赶回事故现场,积极救助被害人,还是有机会不被认定为刑法逃逸的。

(二)为了逃避法律责任

一般而言,行为人在明知自己造成了重大交通事故的情况下,仍然离开事故现场,就足以说明其有逃避法律责任的目的,除非其有离开事故现场的正当理由。在司法实践中,行为人离开事故现场的正当理由主要有两个:①害怕被打;②自己受伤或车上有人受伤需要及时救治。

需注意的,是离开事故现场的正当理由需要满足紧迫性的要求。例如,事故发生后,被害人亲友很快赶到事故现场并且情绪非常激动,行为人为了躲避殴打而离开事故现场就具有正当性。但是,如果被害人的亲友不太可能在短时间内出现,或者被害人的亲友虽然到达了事故现场,但是没有过激的言行,行为人为了避免被殴打而离开事故现场,不具有正当性。

另外,行为人虽然有正当的理由离开事故现场,也应当以其他方式表明自己并不逃避法律责任,否则仍然会构成刑法逃逸。例如,行为人造成重大交通事故,被害人当场死亡,行为人自己也受了重伤。为了去医院救治,行为人开车离开了事故现场,但是在去医院的途中,拒接交警打来的电话,或者虽然接了交警的电话,但是拒绝告知自己将去哪所医院,这种情形仍然会构成刑法逃逸。

【案例7】2018年8月11日21时,被告人鲁某某无证驾驶一辆二轮摩托车,与在人行横道上行走的被害人李某某发生碰撞,导致李某某受重伤(二级),鲁某某亦受伤。经认定,鲁某某承担事故的全部责任。事故发生后,鲁某某弃车逃离现场,前往一家医院进行治疗。公诉机关认为,鲁某某构成交通肇事后逃逸。鲁某某的辩护人认为,鲁某某离开事故现场是为了去医院治疗,不构成逃逸。法院认为,鲁某某在医院处理伤口后离开医院,没有及时到案,直到第二天才主动投案,说明其有逃避法律追究的目的,因而构成交通肇事后逃逸。

在本案中,行为人在事故中也受了伤,为了前往医院接受治疗而离开事故现场,但是他在治疗结束后,没有第一时间主动投案,仍然表明其有逃避法律责任的目的,所以仍然构成刑法逃逸。

以上就是我报告的主要内容,谢谢大家!

主持人·白岫云

感谢兵建副教授!他很谦虚,实际上他给我们作了一个非常精彩的讲座。他立足于目前立法及司法解释的规定,通过7个比较典型的案例,为我们梳理了交通肇事逃逸中的关键问题。比如说,他认为逃逸成立必须要以两次违法性和两层因果关系来判定;关于逃逸的本质,他倾向法律责任说;关于逃逸构成的客观要件和主观要件,他认为要以规范责任论为前提来判断逃逸的主观责任。在客观要件方面,他为我们例举了5种客观情况来辅助说明他的观点,内容清晰、简括。

交通肇事逃逸中的诸多问题,在理论界争议较多,这是因为立法的粗疏以及司法解释存在的一些不合理之处。当然兵建教授也谈了一些学界的争议问题,但是主要还是立足于司法解释。

下面有请我们的第一位与谈人——北京航空航天大学法学院的孙运梁教授,请他就兵建副教授的讲座谈谈他的看法。

与谈人·孙运梁

谢谢白老师!兵建教授的讲座条分缕析,言简意赅,体现了刑法教义学的研究方法,在短短的时间里,将交通肇事中的刑法逃逸问题讲解得很清楚,给了我们很多启发,尤其是对司法实务上如何认定交通肇事罪中的逃逸问题而言,具有很好的参考价值和很强的指导意义。下面我谈谈我的几点体会。

一、清晰的类型化

类型化对我们法学研究来讲是一种非常重要的方法,在某种意义上,法学理论研究就是一种类型化的工作。例如,德国的考夫曼教授认为,法学研究的一个重要方法就是类型化,类型化的程度决定着研究的深度。兵建教授的研究作出了一系列的类型化,我总结了5点:

第一,将交通肇事后的逃逸区分为行政法逃逸和刑法逃逸。

第二,将刑法逃逸区分为入罪逃逸和加重逃逸,又将加重逃逸划分为普通加重逃逸与因逃逸致人死亡。这样认定交通肇事罪中的逃逸就分为两步,首先看是否成立刑法上的逃逸,其次看属于哪一种具体的逃逸。

第三,将违反交通运输管理法规划分为事故发生前的违反交通运输管理法规与事故发生后的违反交通运输管理法规,并认为《刑法》第133条中"违反交通运输管理法规"属于事故发生前的违反交通运输管理法规。这样就将第133条的"违反交通运输管理法规"与"逃逸"区分开来。

第四,将因果关系区分为两个层次:一个是违反交通运输管理法规与重大交通事故之间的因果关系;另一个是重大交通事故与伤亡后果之间的因果关系。他认为,司法实践中出现问题的是第一个因果关系认定的缺失。

第五,将刑法逃逸区分为履行了救助义务的刑法逃逸和未履行救助义务的刑法逃逸。

从类型化程度来看,兵建教授的理论研究是很深刻的。

二、精巧的解释

兵建教授的精巧解释,充分发挥了刑法教义学研究方法的功能和特色。

第一,2000年《交通肇事解释》第2条对于交通肇事罪的定罪具有至关重要的作用,但是学界对该条的批评较多。基于教义学的立场和方法,兵建教授认为,可以对该条中的"交通肇事"作出合理解释,将其限定为对交通肇事罪结果要素的解释,这样一来,学界的批评也就消解了。

第二,关于逃逸的本质,主要有两种学说,即逃避法律责任说和逃避救助义务说。兵建教授赞成逃避法律责任说。我个人觉得兵建的观点是有说服力的。我也补充一点,逃避救助义务说由于是张明楷教授主张,所以在实务中、在理论界的影响很大。但是,逃避救助义务说为了追求目的解释的合理处罚结果,脱离了文义解释的边界,有违反罪刑法定原则的嫌疑,比如事故发生后,行为人没有离开现场,但是也没有救助被害人,按照逃避救助义务说,行为人就构成刑法上的逃逸,这已经超出了逃逸的可能含义,也不符合国民的一般理解。所以说我是赞成兵建教授的观点的,即逃逸的本质是逃避法律责任。

第三,事实与规范的维度是我们目前刑法学研究非常重要的研究方法,无论是在刑法的因果关系上,还是在刑法分则具体罪名的构成要件解释上。周光权教授写了一系列关于规范研究论文,我本人也写了很多客观归责理论的研究论文,这些实际上都基于事实和规范的角度。例如,兵建教授主张从规范层面认定逃逸,而不限于逃离事故现场,只要是逃避法律责任的情形,都可能解释为逃逸。比如,事故发生后让人顶包的,就是逃逸。这实际上是一种规范解释。又如,行为人在知道自己造成了交通事故的情况下,由于精神恍惚或过度紧张,完全没有考虑自己是否撞了人的问题,便直接驾车逃离事故现场。从事实维度上看,行为人没有认识到自己可能撞了人,但是从规范维度上看,应当将其评价为明知自己造成了重大交通事故。从某种意义上讲,刑法学研究就是一种规范的价值判断,这需要我们重视。

第四,所谓逃逸未遂与中止的问题,其实是逃逸是否成立的问题。对此,应当从客观不法与主观不法两个角度,判断逃离行为是否成立刑法上的逃逸。

三、实证的方法

第三个令人印象深刻的是兵建教授采纳的实证方法,很多北大法学院毕业的同学都受到了这种实证研究方法的影响,北大白建军教授号称"实证第一把刀",他使用 SPSS 进行法学研究的方法是非常令人耳目一新的,也确实给人很多启发,在《中国法学》上也发表了很多有分量的实证研究文章。

关于交通肇事罪逃逸的文献很多,绝大多数是学理上的探讨,大量结合案例的研究不算多。兵建教授收集整理了 3457 份有关交通肇事逃逸的一审判决书,从统计学上讲,这个样本足够大,从中归纳出的一些现象、法律适用问题,也就具有普遍性,所以说这个研究还是很有现实指导意义的。

四、值得商榷之处

当然,按照点评的惯例,不能只说优点,也要说点值得商榷的地方:

第一,按照兵建教授的观点,在钱某某交通肇事案中,被告人不构成刑法逃逸,因为被告人有足够的理由认为被害人只是受了轻伤,所以,应当否定其明知自己造成了重大交通事故。我以前写文章的时候使用过这个案件,被告人驾驶的是一辆载货卡车,撞伤被害人之后,被告人下车将被害人扶到路边,与其简单交谈,自认为被害人没有大的伤害,所以驾车离去。当天被告人再次路过此处,发现被害人仍在此处路边坐着,但是没有前去查看救助。

我觉得行为人的主观认识不能只根据行为人的供述来认定,更可靠的是根据客观情况来认定。大型卡车撞人,当天再次看见被害人还在原处,这些证据能够否认被告人所说的他认为被害人没有大碍,起码事故发生后被告人应当带被害人去医院检查受伤情况,但是被告人只是简单察看了一下就驾车离去。一审法院认定被告人构成交通肇事后的逃逸,观点是妥当的。

第二,兵建教授认为,明知包括明确知道和可能知道。我个人认为,明知就是明确地知道。对明知本身的界定与对明知内容的界定是不一样的。明知就是明确知道,但是明知的内容可以包括两种:一种是危害结果肯定会发生,另一种是危害结果可能会发生。当然,我同意兵建教授的结论,即明知自己撞了人既包括知道自己肯定撞了人,也包括知道自己可能撞了人,但我不赞成他对明知本身的理解。

这是我提出的两点商榷意见,我的点评到此为止,非常感谢白老师,也非常感谢兵建教授带来了一场非常精彩的思想启蒙。

主持人·白岫云

刚才运梁教授对兵建副教授的观点进行了比较全面的概括和总结,并就他们之间相同的观点作了进一步引申。虽然他们在一些细小的问题上有一些不同看法,但是总的来说他对兵建副教授的讲座给予了充分的肯定,谢谢运梁教授。现在有请下一位与谈人——北京大学法学院的博士后研究人员王华伟。

与谈人·王华伟

感谢车浩老师和赵春雨主任提供了这么宝贵的学习机会,感谢邹兵建老师邀请我来参与这场讲座的点评,感谢白老师的主持,感谢孙老师的评论。

一、深刻印象

第一,邹兵建老师对交通肇事逃逸司法案例的体系化梳理。邹老师整理了3000多份交通肇事判决书,从中提炼,发现了许多司法实践对交通肇事逃逸理解的误区,对司法实务具有极强的指导意义。

第二,邹兵建老师在报告里对交通肇事逃逸作了条分缕析,进行了非常精确的教义学分析。例如,交通肇事应当具有两次违规性,交通违规行为与重大事故之间应当具有因果关系,逃逸的本质究竟是逃避法律责任还是逃避救助义务,逃逸的客观要件和主观要件,乃至逃逸是否具有未完成形态等,都进行了非常深入细致的教义学阐述,其法教义学研究的功底可见一斑。

二、几点体会

第一,关于逃逸本质的问题,邹老师还是比较赞同逃避法律责任说,这也契合司法解释的立场。但是,我个人觉得,从实质的合理性上来看,可能不履行救助义务的观点空间更大。

从立法设置的初衷来看,行为人单纯为了逃避法律责任而逃跑,似乎不会提升整个行为的应罚性,绝大多数犯罪也没有这样的立法设置。逃逸之所以提升行为的应罚性,主要还是由于不救助会导致被害人状况进一步恶化,以及对他们的潜在危险如二次事故。

当然,这里就会碰到一个逻辑上的问题,如果当场就将被害人撞死,似乎就无法构成逃逸了,因为被害人已经没法被救助了。邹老师认为,这里面可能会有认为撞伤不如撞死的道德风险。但是,二者还是不一样的。在撞死的场合,构成交通肇事罪所需要具备的其他条件相对较低,只需要违反交通规则且负主要或全部责任即可。而在仅仅撞成重伤的场合,仅有违反交通规则且负主要和全部责任还是不能构成犯罪的,还需要加上逃逸、酒驾、毒驾等额外情节,才构成交通肇事。

另外,从解释论上来说,逃逸的本质可以理解为不履行救助义务或导致法益侵害的风险提升、扩散。例如,在违反交通规则、负主要责任而撞死了人以后,行为人明知道不采取一定的措施有进一步引发二次事故的风险,但仍然放任逃跑的,甚至确实引发了二次事故的,也有解释为肇事后逃逸的空间;反过来说,如果行为人已经当场撞死了被害人并妥善地处理了现场,消除了引发二次事故的风险,也可以考虑不认定其构成肇事后逃逸。

第二,关于逃逸的未完成形态问题。邹老师认为,刑法逃逸只有成立与否的问题,而没有未遂或中止的问题。亦即,逃逸只是一个提升不法程度的情节,不属于完整的构成要件,所以,不能适用未遂和中止的规定。但是,在这种类似于结合犯或者加重犯的结构中,应当承认未遂存在。其实这一点很好理解，一个类似的例子是，在抢劫罪基本犯既遂的情况下，对于8种加重情节中的7种，学界普遍都认为存在未遂。交通肇事基础上的逃逸，也是不同但类似的逻辑。事实上，在逃逸得逞和逃逸未得逞的场合，被害人所处的危险境地并不一样，行为人整体的不法程度（客观的不法程度）是有明显差异的。逃逸未得逞的场合，将其仅仅认定为基础的交通肇事行为，在刑法评价上是不完整的。例如，在德国刑法里面，基础构成要件行为既遂、加重构成要件未遂的场合，通常会作为基础构成要件行为既遂和加重构成要件未遂的想象竞合犯来处理。这种理解是否妥当可以再探讨，但是其基本目的在于实现对行为的完整评价；反过来说，此时直接认定为交通肇事后逃逸的既遂，对行为人来说也不公平，毕竟该不救助对被害人造成的客观的、进一步的法益侵害还没有实现。

第三，关于逃逸的主观要件，邹老师提出了非常有新意的见解。他指出，如果行为人在离开事故现场时并不知道自己撞了人，但是之后通过一些线索发现自己可能撞了人的，从发现自己可能撞人时起，其行为仍然可能构成逃逸。另外，明知自己撞了人既包括知道自己肯定撞了人，也包括知道自己可能撞了人。这里其实想必大家都会联想到前段时间讨论非常激烈的余金平案中的实体法问题。

但是，在离开现场相当长的距离和时间以后才发现撞了人，此时还能否构成交通肇事逃逸，我本人还是持怀疑的立场。因为在罪名的结构上看，肇事后逃逸类似于一种结合犯或加重犯，对于这类罪名，通常要求两个行为之间具有较为紧密的时空关联。恰恰是基于二者之间较为紧密的时空关联，立法者才把它们捏合在一起，放置在一个罪名里面；否则，就会按照两个独立的行为和罪名来进行分别认定。如此理解的话，逃逸行为在客观上应当和肇事行为具有较紧密的联系，这才有可能将二者评价成交通肇事罪一个罪名。在主观上，也应当是在肇事现场或没有远离肇事现场时产生了逃逸的主观想法，而且，尽管逃逸在本质上被理解为逃避救助义务或防止风险的进一步扩大，但是，在语义上还是具有"从一定的空间或场合逃离"的含义。因此，在行为人已经行驶了相当长的距离和时间,回到家中才发现撞了人,而不返回履行救助义务的,就不应理解为肇事后逃逸。甚至我们可以设想一些更极端的例子,行为人在北京市海淀区违反交规发生了事故撞伤人了而不自知,开车几百公里回到天津市的家中才发现撞了人,此时他不是返回海淀救人,仍评价为肇事后逃逸就不太合理。

另外,将知道自己可能撞了人,也包括在交通肇事后逃逸之内,还是可以进一步再探讨的。间接故意中当然包含了可能性的认识。但是它的结构通常是对自己行为具有明确认识,但是对行为与结果之间的引起关系具有可能性和或然性的认识。而在行为犯的构造中,其只存在行为,没有具体的后果,逃逸就属于这种情形。如果认为对行为要件也只需要一种可能性的认识,那么这和过失犯的边界就很难区分了。应当注意的是,知道自己引发了交通事故,或知道可能引发了交通事故,和知道可能撞了人,也还不具有必然的关系,可以再进一步探讨。

以上是本人学习邹兵建老师报告的一些心得体会,请大家批评指正,谢谢大家。

主持人·白岫云

谢谢华伟老师的精彩与谈。刚才华伟老师针对兵建副教授的观点阐述了一些不同看法,特别是在逃逸本质的认定上面,他倾向救助义务说。实际上他们两位的观点代表了学界对交通肇事逃逸本质认定的两种对立观点:一种是法律责任说,另一种是救助义务说。在交通肇事逃逸是否存在未遂或中止的构成上面,华伟也提出了与兵建副教授不同的看法。在主观责任要件构成与逃逸语义学的解释空间方面,他也进行了不同的阐释。华伟老师还结合在德国留学期间的考察,为我们介绍了一些德国刑法学界在主观要件认定上的一些习惯性做法。

听了两位与谈人的与谈,我想兵建副教授是不是想做一个回应?因为时间关系,可能兵建副教授讲座的时间有些局促,讲的问题很多,所以没有充分发挥。目前看时间还比较充裕,我们欢迎兵建副教授做一个回应。

主讲人·邹兵建

谢谢白老师,谢谢运梁师兄和华伟师弟。运梁教授和华伟博士一个是我师兄,一个是我师弟。可能是因为有这层关系,他们与谈的时候都很温和。实际上我的这个研究是很粗糙的,里面有很多问题值得商榷。他们可能发现了很多问题,只是挑了其中一部分来讨论。他们说的很多观点我都觉得很有道理,回头我还要好好思考这些问题,我挑几个问题来回应一下。

第一个问题是钱某某案该如何处理。运梁师兄给我们补充了一个案件事实,钱某某后来又再次路过了事故现场,发现被害人仍然坐在路边。据此,运梁师兄认为钱某某有刑法逃逸的故意。我认为,这个案件事实到底意味着什么,不好判断。如果钱某某第二次路过事故现场时,发现被害人还在那个地方,状态已经非常不好了,那么他可能就有刑法逃逸的故意。如果被害人虽然一直在那个地方待着,但是和之前的状态没有明显的区别,恐怕就不能认为钱某某有刑法逃逸的故意。运梁师兄说,既然出了交通事故,被害人受了伤,行为人就应该带被害人去医院检查。但是在日常生活中,发生交通事故后,行为人可能还是会先根据日常生活经验来判断对方到底是受重伤了还是受了轻伤,然后再决定是否带对方去医院。

第二个问题是对明知的理解。运梁师兄不同意我说的"明知不等于明确知道"。他认为,应当区分知道的程度和知道的内容,明知就是"明确知道",它界定的是知道的程度,而不是知道的内容。应当说这个区分是非常精细的。如果说要把知道分为知道的程度和知道的内容的话,那么我赞同运梁教授的观点。但是我感觉如果作这种区分,在司法实践中容易引起混淆,因为知道的程度的确定性和知道的内容的确定性很容易被混为一谈。

华伟师弟和我的分歧主要体现在对逃逸本质的理解上。他认为，逃逸之所以会成为交通肇事罪的加重处罚理由，是因为在交通肇事的场合有需要被救助的人。但是，如果按照这种逻辑，在行为人过失致人重伤的场合，也有需要被救助的被害人，那么，为什么逃逸不会成为过失致人重伤罪的加重处罚事由呢？所以我觉得这个理由可能是站不住脚的。

主张逃避救助义务说的学者认为，保护被害人的法益是刑法逃逸的规范保护目的。在交通肇事的场合，被害人的法益毫无疑问是值得保护的，但是，通过什么样的方式去保护被害人，是值得思考的。并不一定要通过"没有救被害人就构成刑法逃逸"这种方式来保护被害人的法益。这种方式可能是线性思维，过于简单。其实我们完全可以通过采用惩罚行为人逃跑的方式来保护被害人。只要行为人不逃跑，他的命运和被害人的命运就息息相关，行为人自然就有动力去救被害人。我觉得这可能是一种更精巧的设计。我们常说"隔山打牛"，这种方法就可以达到隔山打牛的效果。打的仍然是牛，但未必要直接打牛。

Q1：为什么说逃避救助义务说容易引发道德风险？

设想这样一种情境：行为人醉酒驾车、超速行驶，突然发现前方有一个人，这个车辆不可避免地会撞上被害人。在日常生活中，遇到这种情形，行为人肯定会本能地踩刹车。我们做一个思想实验，按一下暂停键，给行为人一个选择的机会，行为人可以踩刹车，也可以不踩刹车。假设踩刹车时被害人则会受重伤，不踩刹车被害人会当场死亡。那么，行为人要不要踩刹车？要不要逃跑？

如果我们采用逃避救助义务说，行为人应该怎么选？第一种情形，如果行为人踩了刹车，而且没有逃跑，其醉酒驾驶、超速行驶，导致被害人受重伤，对事故负全部或者主要责任，同时，又有一种严重违章的情形（酒后驾车），所以行为人构成交通肇事罪的基本犯，处3年以下有期徒刑。第二种情形，如果行为人踩了刹车后逃跑了，假设行为人逃跑后没被抓到的概率是20%，那么他有20%的机会完全逃避法律责任。当然，他还有80%的概率被抓到。在被抓到的情况下，行为人会构成加重逃逸，至少适用

3—7年有期徒刑的法定刑幅度,甚至有可能构成因逃逸致人死亡,处7—15年有期徒刑。如果不踩刹车,被害人当场死亡。如果行为人没有逃跑,构成交通肇事罪的基本犯,处3年以下有期徒刑。如果行为人逃跑,有20%的概率不被抓到,还剩下80%的概率被抓到。被抓到后怎么办?由于被害人当场死亡,行为人的逃跑不会构成逃逸。所以行为人依然只是构成交通肇事罪的基本犯,处3年以下有期徒刑。

把上面的这些情况作一个对比,可以得出结论:在行为人醉酒驾驶、超速行驶不可避免地会撞上一个人的场合,如果按照逃避救助义务说去理解刑法逃逸的本质,那么对于行为人而言,最符合他利益的选择就是不踩刹车并且撞人后逃跑。逃避救助义务说的本意是为了更好地保护被害人的法益,但在司法实践中适用这个学说,可能会鼓励行为人不踩刹车并且在撞人后逃跑,这和这个学说的本意完全相悖。所以我说逃逸救助义务说容易诱发道德风险。

与谈人·王华伟

其实首先我得坦诚一点,我对这个问题真的没有很深入的研究,我对这个问题的理解完全建立在兵建教授给我们阐述的非常详细的报告的基础上,再来对该问题进行一些分析。

肇事后逃逸的本质到底是什么?兵建老师刚才还是倾向于从逃避法律责任的角度来阐述,当然从听众朋友提出的疑问来看,似乎倾向于支持逃避救助义务说。刚才兵建老师提出了一个论点,我觉得很有意思,我们可以很轻松地来讨论一下这个问题。

兵建老师说,如果肇事后逃逸的规范保护目的是救助被撞的被害人,所以把它规定成一个加重处罚情节,那为什么其他的犯罪行为比如故意伤害把人打伤了而逃跑不救助的,不是一个加重的情节呢?这个问题我觉得应该分情况来讨论。

如果行为人把他人打伤了而不救助,也不见得一定只能按照基本的故意伤害情节来定罪处罚,还是要看具体的语境。比如行为发生在一个非常偏远而荒芜的地方,周边缺少医疗资源和其他物质条件,且没有任何人经过,如果在发生争执的过程中行为人将他人打伤,对方倒地动弹不了,甚至还流着血,此时行为人的伤害行为就可能构成一个先行行为,产生救助义务和保证人地位。如果行为人故意不予救助,这样的情节会成为加重其刑事责任的重要理由,有可能构成故意伤害致人重伤或死亡,甚至也可能变成不作为的故意杀人。所以,并不是说犯了一个罪以后,对被害人不救助的行为就一定不会提升行为人的刑事责任,还是要看具体所处的情境。

那么回过头来看,在交通肇事逃逸的情景下,刚才兵建老师认为可以从发生学的角度去讨论,我觉得很有启发性。从这种发生的场景来看,交通肇事后不救助而逃逸的,为什么要规定成一种加重的处罚事由,我觉得还是有其特点的。

这或许跟交通肇事所发生的场景有关系。交通肇事发生在道路上,通常没有其他行人,被撞者被救助的可能性总的来说并不高,行为人如果不救助,不仅会导致被害人本身的身体健康状态进一步恶化,如从轻伤变成重伤、从重伤变成死亡,而且还可能会引发其他司机的二次事故。例如,如果行为人在道路上把他人撞伤在地,不做任何的标识,不进行救助,本身就可能导致被害人因得不到及时医疗护理而死亡,甚至可能导致其被后面的车再次碾压,同时也给后面的车带来发生交通事故的高度风险。因此,这个时候实际上对交通肇事的行为人而言就会产生一种积极救助的作为义务,他如果不履行这样的一种义务,导致被害人的伤亡后果,以及进一步扩大的关联性损害的风险非常之高,这是行为发生的一个典型场景。也就是说,在公共道路这样一种的特殊语境下,交通肇事后不进行救助而发生伴随性法益侵害风险的概率是很高的。由于这种经验性的认知和理解,立法者把这种情形进行类型化,然后放在了刑法条文里面,规定成一个加重的处罚情节。

试想,即使没有交通肇事后逃逸这个规定,假设我们的刑法条文只有交通肇事罪的基本构成要件和刑罚幅度，在肇事者不救助的情况下，按照我们的刑法理论，行为人其实也有可能构成其他的一些相关犯罪，甚至是包括不作为的故意杀人。所以，这是我对于不履行救助义务说的某种辩护，但是这个辩护我没有经过特别详细的论证，只是临时想到了这样的一些角度供大家来批判和思考。

主讲人·邹兵建

Q2：行为人故意不踩刹车从而撞死人，是交通过失犯罪，还是已经超出了交通过失犯罪范围，而有故意犯罪之嫌疑？

行为人在有机会踩刹车而没有踩刹车，导致原本只会受重伤的被害人当场被撞死的情形下，从法理上看，当然涉嫌构成故意杀人罪。但是，由于行为人在一刹那的认识状况很难被查明，行为人的杀人故意是很难被证明的。行为人可以等到车辆结结实实地撞上被害人以后再踩刹车，事后辩解说自己当时没有反应过来。你能说他是故意杀人吗？可能没办法证明这一点。仅从法理上说，有意不踩刹车的构成故意杀人罪，这当然是没有问题的。但是，由于在司法实践中，很难证明行为人是有意而不踩刹车，所以适用逃避救助义务说，有可能会产生一个相反的效果。既然司法实践中有这种可能性，我们就要承认它。

Q3：如何看待学说与司法解释和司法实践的分歧？今后在立法和司法解释方面应该有一个什么样的研究方向、完善方向？

法教义学的研究一定是"戴着镣铐跳舞"，不可能脱离规范的要求。但是，对于刑法教义学的研究而言，这里面的"镣铐"包不包括司法解释，可能不同的学者有不同的看法。有的学者认为，刑法教义只包括刑法本身，不包括司法解释；有的学者认为，刑法教义既包括刑法，也包括司法解释。后面这种立场接近司法实务者的立场，我今天采用的就是这种立场。这也是因为我觉得《交通肇事解释》的内容没有太大的问题。当然也不能说这个司法解释一点问题都没有，问题多少还是有一些的，但我觉得还是应该想方设法尽量通过解释的方法去化解这些问题,而不是推翻这个司法解释。因为一旦推翻司法解释,很容易造成司法实践的混乱,导致同案不同判。我认为,除非司法解释有特别明显的问题,无论如何都解释不通,否则不能抛开司法解释。如果两种学说有争论,但是没有哪种学说明显占据绝对的优势,各有各的道理,那么我觉得司法实务者应该采用司法解释的立场,这样有助于确保司法实践的统一。

与谈人·孙运梁

其实我跟兵建教授还有华伟,都是陈兴良教授的学生,所以受陈兴良教授的影响还是很大的,也就是说在我们目前的法治阶段,还是要强调形式理性,强调尊重罪刑法定原则。也就是说,我们还是要多尊重刑法典的规定和司法解释。细究起来,司法解释问题是很多的,但它是相对合理的,它是从大量的实际调研中总结出来的一些规范性的指导文件。

交通肇事的司法解释是 2000 年颁布的,到现在已经 20 年了。实际上它是很有生命力的,对我们司法实践统一执法、司法,对交通管理部门侦查,检察院审查起诉,还有法院的审判,确实是起到了很大的作用,所以说它是一种实践理性的提炼,它不是一个纯粹理性。

当然纯粹从学理上看待司法解释的话,你能挑出来很多毛病,如第 5 条第 2 款规定,"交通肇事后,单位主管人员、机动车辆所有人、承包人或者乘车人指使肇事人逃逸,致使被害人得不到救助而死亡,以交通肇事罪的共犯论处"。理论界对此批评就很多,认为既然交通肇事罪是过失犯罪,那过失犯罪怎么会有共犯?但是这个问题可以从教义学上来解释。这样的话,虽然司法解释有很多的问题,但是我们还是要尊重它。不能说《刑法》、司法解释出了问题,我们就不尊重、不执行它了,这其实是对罪刑法定更严重的破坏。

在现在这个阶段,在法治发展的初级阶段,在全民尚未形成法治信仰的时期,我觉得陈兴良教授所主张的"形式解释优先,形式正义优先"这种观点,更符合我们现在的法治阶段。现在中央提出要全面依法治国,提升国家的现代化治理能力和治理水平,其中的重要抓手就是法治,所以从中央到社会层面都已经意识到了法治的重要程度。

我们已经颁布了大量的法律,制定了大量的司法解释,我们现在应该很好地去执行它,而不是说一味地去批评它。就像刚刚颁布了《民法典》,然后有些学者指出《民法典》这也不行、那也不行,甚至标点符号都错了,那你说我们还有法治精神吗?所以我觉得司法解释实际上是一种准立法性质,我们要完全去遵守它,当然我们可以通过一些解释的方法使它得到合理的运用。

这样的话我觉得就像刚才白老师所说的,有听众提出了这个问题,说如何看待学说和司法解释、司法实践的分歧。这个分歧是必然的,因为学者的很大一部分使命就是对法律条文,对于司法解释、司法实务的做法,提出一些自己独特的看法。但是学者很多时候是在进行一种逻辑上的推导,逻辑推导的结论能不能在实务上得到实际的运用,这是有疑问的。为什么说现在很多学者抱怨自己写的很多文章,法官、检察官也不看,或者自己提出了很多理论,司法实务界也不去采用?这就说明还是问题意识不强。如果说问题意识很强,即带着司法实务中的一些疑难问题去研究你的理论,使你的理论除了逻辑性以外,还有实用性的话,这样的文章、这样的理论我觉得是更有价值的,也就是说,能够从一种事实经验的层面,提高到一种理论学说的层面上。就像兵建教授今天的这种研究,我觉得除了逻辑性以外,它有很强的实用性,很强的指导意义,司法实务部门也愿意看,因为他们看了以后确实对于办案有作用。

我觉得学界与司法实务部门存在观点分歧是很正常的,要正确地看待这种情况。二者的这种分歧正好能够促进理论和实务的互动,可以形成一个双赢的结果。

主持人·白岫云

交通肇事问题在我们日常生活中常见多发,尤其是听了兵建副教授的讲座以后,我们知道了我国平均每年有6万人死于交通事故,而交通肇事逃逸占45%的比例,是非常惊人的。司法实践中,对交通肇事逃逸的处理问题很多,所以我们研究这个选题是非常有价值的。兵建通过分析3000多个交通肇事逃逸的案例,对交通肇事逃逸的一些重要问题进行了精细的梳理,提出了自己的解决思路,如对认定交通肇事逃逸成立的前提进行了两个标准的划定,即两次违规性说和两层因果关系说,对交通肇事逃逸的本质问题也阐述了自己的看法。这些思路对司法实践处理交通肇事逃逸中的疑难问题一定会有所助益。

法律责任说与救助义务说是学界对严惩交通肇事逃逸目的的两种主流观点,虽然是同门师兄,但是,在问题的争议上是坚持真理,坚持自我的观点,难能可贵。

感谢讲座人邹兵建副教授为我们带来这样精彩的讲座,同时也感谢两位与谈人的精彩与谈和他们观点纷呈的回应。最后,我想还要感谢我们的主办单位北京大学刑事法治研究中心、北京大学犯罪问题研究中心和北京市盈科律师事务所以及协办、承办单位为我们搭建这样一个平台,为我们青年刑法学人提供这样一个展示自我、服务司法的机会,对司法实践中的疑难问题进行深入的、发散性的研究,但愿这样的活动,这样的讲座我们多多举行。

我们今天的讲座圆满结束,谢谢各位,祝各位晚安。

第三讲
虚开增值税专用发票罪中的"虚开"

主讲人：陈金林（武汉大学法学院副教授）
与谈人：马春晓（南京大学法学院副教授）
主持人：王　充（吉林大学法学院教授、《当代法学》副主编）

主持人·王充

各位朋友，大家晚上好！

这里是全国青年刑法学者在线讲座。我是今天的讲座主持人——吉林大学法学院的王充，欢迎大家参与本次网上学术交流活动。今天是分论部分的第三讲，题目是《虚开增值税专用发票罪中的"虚开"》。

《刑法》第205条规定的虚开增值税专用发票罪，目前是所有涉税犯罪中发案率最高的，在司法实务中存在非常大的争议，争议的核心问题是对第205条第3款规定的"虚开"应该如何理解和把握。我之前在网上查了一下相关的论文资料，发现围绕这个问题的讨论相当多的都是从事司法实务工作的检察官或者法官撰写的论文，可见实务界对此问题的关注。当然学界也很早就关注到了这个问题，北京大学的陈兴良老师在2004年就在《法商研究》发表过一篇《不以骗取税款为目的的虚开发票行为之定性研究》；清华大学的张明楷老师也在他的教科书中对这个问题发表了自己的看法。最近一段时间学界又发表了两篇非常有影响的论文，一篇是陈金林教授的《虚开增值税专用发票罪的困境与出路》，另一篇是马春晓博士的《虚开增值税专用发票罪的抽象危险判断》。这两篇论文从新的视角观察和分析了虚开增值税发票罪这一个老问题，是目前学界有关这个问题研究的最新成果。今天我们非常荣幸地邀请到武汉大学法学院的陈金林副教授和南京大学法学院的马春晓副教授作为主讲人和与谈人，和大家分享他们对于这个问题的看法,在这里我代表各位网友对两位学者的慷慨分享表示感谢!

我简单地介绍一下两位学者的情况。今晚的主讲人陈金林博士是武汉大学法学院副教授,武汉大学经济犯罪研究所所长,攻读博士期间曾经留学德国马普所,主要的研究领域是经济刑法和刑事立法。他出版专著《积极一般预防理论研究》,并且在《中外法学》《清华法学》《法律科学(西北政法大学学报)》等国内知名法学刊物发表论文、译文20余篇。今晚的与谈人马春晓博士是南京大学法学院副教授,博士在读期间师从南京大学法学院的孙国祥教授,在清华大学从事博士后研究期间合作导师是周光权教授,春晓博士长期致力于经济刑法、客观归责理论以及刑法分则教义学的研究,先后在《环球法律评论》《政治与法律》《中国刑事法杂志》等法学学术期刊发表论文10余篇,主持国家社会科学基金后期资助项目、中国博士后科学基金资助项目等研究课题,曾经获得第四届全国刑法学优秀博士论文二等奖等奖励。两位学者长期致力于经济刑法问题的研究,我们相信他们今晚的分享一定能够带给我们很多的启发和思考。

下面我们就把时间交给主讲人陈金林教授。

主讲人·陈金林

今天的主题不是刑法学中的重点,也算不上理论研究中的热点,但这并不意味着它不重要。据统计,虚开增值税专用发票罪是对企业家适用频率最高的罪名。现实中,不乏颇具争议的有罪判决。因此,这个并未获得理论界充分重视的罪名,事实上是不少个人或企业的"痛点"。如果现实的"痛点"没能成为理论研究的"重点",涉案当事人就会陷入"便纵有万般委屈,更与何人说"的境地。因此,我也想借用全国青年刑法学者在线讲座这个品牌的热度,为这个"痛点"争取更多的关注。

一、背景

为了让这个有些冷门的话题好理解一些,有必要简单解释一下增值税专用发票以及增值税,并回顾一下虚开增值税专用发票罪的立法历史。

(一)增值税专用发票与增值税

增值税专用发票是发票的一种。发票分为普通发票和专用发票,区分的标准是看发票是否具有抵扣税款或退税的功能:能够进行税款抵扣或退税的是专用发票,其他的是普通发票;而增值税专用发票是专用发票中的一种,可以用来抵扣增值税,这是它的独特之处。

增值税是以商品(含应税劳务)在流转过程中产生的增值额作为计税依据而征收的一种流转税。我国自1979年开始试行增值税,现行的增值税制度是从1994年开始推行的,其运行是建立在发票管理制度的基础之上的,即"以票控税"。增值税的征缴按照如下公式进行:

增值税应纳税额 = (销项额–进项额)× 税率

原则上,税务机关直接以销项额作为缴纳增值税的基础,除非纳税人能证明自己有进项额。其证明的方式是凭增值税进项发票到税务机关进行抵扣。在这一制度框架内,增值税进项发票承载着税控功能,对市场经营者具有特殊的价值,这就是虚开增值税专用发票行为入罪的社会背景。

(二)立法背景及其设定的"典型犯罪人"

在以票控税制度实行初期,发票管理水平不高,发票防伪功能差,犯罪成本(包括犯罪投入和被惩罚的风险)极低,因此虚开行为泛滥,给国家造成了巨额的税收损失。针对这一社会现象,全国人大常委会于1995年通过了《全国人民代表大会常务委员会关于惩治虚开、伪造和非法出售增值税专用发票犯罪的决定》,增设虚开增值税专用发票罪,其法定最高刑为死刑,并对犯罪集团的首要分子作了从重处罚的规定。

1997年刑法修订时,该罪被纳入"危害税收征管罪"中,删除了有关犯罪集团首要分子从重的规定,增加了单位犯罪的处罚,其他地方基本上没作太大的改变。2011年《刑法修正案(八)》删除了其中包含死刑的条款,由此形成了当前虚开增值税专用发票罪的有效的规定。

在立法当时的社会背景下,虚开增值税专用发票罪的正当性很少面临质疑,因为当时该条文的适用对象是车浩教授所述的"典型的犯罪人",也即以虚开增值税发票为业、为诸多企业提供虚开的专用发票并造成重大税收损失的犯罪人。当时的立法特别强调对犯罪集团的首要分子从重处罚,就是对"典型犯罪人"的标示。以此为基础,就不难理解立法为该罪的罪刑设置。在这里,我们可以将该罪的刑罚与伪造货币罪作横向对比。伪造货币罪在 1995 年的最高刑为无期徒刑,1997 年刑法修正过后,伪造货币罪的法定最高刑也是死刑。而增值税专用发票的防伪功能远不及货币,且其可能造成的损失远高于货币:一张货币最多 100 元,一张增值税专用发票能造成的损失则可能是它的上万倍。因此,至少对于立法预想的"典型犯罪人",虚开增值税专用发票罪罪与刑的设定都不存在明显的不合理之处。

在罪的层面分析,之所以为这种情形设置独立的罪名,而不是作为逃税罪的预备犯罪处罚,是为了减轻稽查部门的证明负担。虚开增值税专用发票与增值税的非法抵扣之间有着高度的逻辑关联,但这种关联很难在个案层面得到证明,因为在以增值税专用发票为核心的产品、以税收抵扣为利润源头的非法市场内,形成了伪造、买卖、虚开、居间、接受、抵扣等诸多环节,每个具体的行为人都只承担某个环节的工作,具体个人的行为与税收损失之间的因果关系很难得到细致入微的证明;而且,个体间的交往通常是匿名的,往往具有标准化的行为模式,彼此之间很少就行为意图进行沟通。因此,具体行为与税收损失之间的因果关系和各不同参与人之间的共同故意难以在司法层面得到证明。在这种背景下,立法直接为虚开行为设置独立的罪名,以绕开因市场分工和格式化的匿名参与带来的证明难题。

而之所以设置这么重的刑罚,是因为立法设想的"典型犯罪人"具有严重的社会危害性和预防必要性。在立法当时,偷税还受制于纳税人的应缴税额这一外在限制,而典型的虚开增值税专用发票则几乎"上不封顶",尤其是以虚开增值税专用发票为主业甚至唯一目标的空壳公司。

(三) 小结与挑战

通过对立法背景的回顾,我们大体上可以得出以下几个结论:

(1)虚开增值税专用发票罪是为了保护国家的税收利益(一种法定之债);

(2)虚开增值税专用发票罪是为了防止通过非法抵扣导致国家税收减损,抵扣需要通过税务机关的验证;

(3)虚开增值税专用发票罪与国家税收利益之间存在逻辑关联,但这种关联并未转化为构成要件要素;

(4)针对典型的犯罪和"典型犯罪人",虚开增值税专用发票罪的罪刑设置并没有不合理之处。

不过,条文既可能适用于"典型犯罪人",也可能被适用到非典型犯罪人。而在非典型的情形下,究竟如何认定"虚开",争议就非常大了,在这里可以举几个简单的案例:

【案例1】甲公司为了少缴增值税,让A为自己开具了一张价税合计为100万元的增值税进项发票,但在申请抵扣时被税控系统轻易识别为伪造发票。

【案例2】乙公司为了在银行申请贷款,通过与B公司互相开具等额增值税进项发票的方式,虚构经营业绩。

【案例3】丙公司购买一批100万元的货物,但由于供货商C不能开具增值税专用发票,乙于是找到了一个以开票为业的空壳×公司,让×公司为自己开具了价税合计为100万元的增值税专用发票。

【案例4】丁公司卖了价税合计为100万元的货物给对方,但只给对方开具了价税合计为10万元的增值税专用发票。

这些情形是否构成虚开增值税专用发票,一直存在激烈的争议。因此,有必要在一般的意义上找到认定"虚开"的方案。而这一方案,必须同时兼顾以下三个方面的问题:(1)犯罪成立范围的适当控制;(2)妥当解释该罪刑罚设置,也即为什么该罪刑罚比逃税罪更重,免责事由比逃税罪更窄;(3)能在侦查机关的证明负担与市场主体自由之间保持平衡。接下来,我们可以带着这种标准,审视当前有关"虚开"认定的不同观点。

二、税收管理意义上的"虚开"及其向刑法领域的转化

在税收管理的意义上,判断"虚开"的通常标准是"三流一致",即票流、货物流、资金流在同一主体之间流动,这种理解方式的理论体现是传统的通说。传统通说将"虚开"的本质理解为对发票管理制度的侵犯,并因此将虚开增值税专用发票罪界定为行为犯。

(一)优势

这样一来,就能以增值税专用发票的行政管理规则("三流一致")作为认定犯罪的标准,大幅降低税务稽查部门侦查取证的难度,维持打击犯罪的力度,全面保护国家税收利益。

通过发票管理制度这一独立的犯罪客体(或法益),也能在表象层面解决虚开增值税专用发票的刑罚设置问题,因为它的法益不同于逃税罪(税收管理制度),也就不需要以逃税罪为标准检验其法定刑或出罪事由的设置。

(二)缺陷

不过,传统通说并未全面解决困扰虚开增值税专用发票罪的问题,同时还埋下了新的"病灶",导致其面临的某些问题雪上加霜。

1. 无法适当控制犯罪的范围

发票管理制度并不能为虚开增值税专用发票提供外在限制,而是让其完全沦为纯粹的形式犯。所谓发票管理制度,即开具发票时应遵循的规则,也即"应当如此开票"的要求。因此,完全没有抵扣可能性的虚开、如实代开这类被普遍性地认为不宜一律定罪的行为类型,根据传统通说都应当认定为犯罪。

以案例1为例,尽管因发票管理水平提升,这类行为已经难以继续危及国家的税收利益,传统通说还是无法为其提供出罪的通道,因为伪造增值税专用发票或出卖、购买、虚开伪造的增值税专用发票仍违反了发票管理制度。因此,这种观点看不到这么多年来发票管理水平的进步,还是在以二十多年前的社会现实为基础认定犯罪。

同样,即便有真实进项交易发生,国家就对应的进项交易额并无征税的基础,按照通说的观点,违反发票管理的规定的行为也会触犯虚开增值税专用发票罪。1996年最高人民法院《关于适用〈全国人民代表大会常务委员会关于惩治虚开、伪造和非法出售增值税专用发票的决定〉的若干问题的解释》认为,"进行了实际经营活动,但让他人为自己代开增值税专用发票"也属于虚开增值税专用发票,就是在这种理论支撑之下得出的结论。

2. 过度压缩市场主体的自由空间

将发票管理制度作为本罪的法益,犯罪认定的实质标准就是发票管理的规定("三流一致"的要求)。这虽然有助于减轻税务稽查部门的负担,却过度压制了市场主体的自由。只要市场主体开票时不服从行政管理,就符合传统通说设定的实质要求,哪怕市场主体是为了规避未必合理的行政管理规定(如案例3),也会构成犯罪。

3. 不能合理解释刑罚的设置

引入发票管理制度这一法益,也不可能真正消除虚开增值税专用发票罪与逃税罪在刑罚设置上的不平衡。传统通说只是在通过这一法益将虚开增值税专用发票罪与逃税罪隔离,从而以遮挡参照物的方式掩盖该罪刑罚设置的不合理,是一种典型的"鸵鸟政策",无异于一名不看成绩排名而维持良好感觉的考生。

三、经营者所理解的"虚开"及其理论转化

从市场经营者的角度来看,既然立法禁止虚开增值税专用发票的最终目的是防止通过没有事实根据的抵扣来逃税,市场经营者就会认为,只

要我没有抵扣税款的目的,就不应处罚我的虚开行为。有学者将这种直觉转化成了解读"虚开"的学说,即目的犯说。这一学说的代表,主要是陈兴良教授和最高人民法院的姚龙兵法官,最高人民法院也将没有骗取税款的目的作为限制虚开增值税专用发票罪成立范围的理由之一(另一理由是未造成税收损失)。

目的犯说有助于排除部分不具有可罚性的情形,如案例 2,因此能在一定程度上限缩该罪的适用范围。

此外,由于理论上认为目的、动机等主观要素具有增加责任刑的可能性,逃税等目的也能在一定程度上缓解有关该罪刑罚设置的质疑。

不过,目的犯说提出的方案不完全合适,不彻底,也不周全。

1. 出罪不足与过度出罪

该方案难以有效排除部分原本不应处罚的行为。例如,案例 1 就与国家税收利益没有任何联系,但行为人具有骗取税款的目的。

目的犯说也可能排除原本具有可罚性的行为,过度限制处罚的范围。一方面,对于为他人虚开或介绍他人虚开的行为,很难证明行为人具有逃税甚至帮助他人骗取税款的目的,因为在虚开增值税专用发票罪发生的典型情形中,上、下游行为人之间很少以发票的用途作沟通。另一方面,由于目的犯的成立以目的与实行行为同时存在为前提,行为人虚开时不具有骗取税款的目的(如以虚构经营业绩为目的虚开),行为完成后产生非法抵扣的故意并进行抵扣的,不成立犯罪。但虚开的增值税专用发票对国家税收利益的危险并不限于行为发生时,而是持续性的,目的犯的构造无法适应这一特征,会造成处罚漏洞。在已经给国家税收利益造成典型危险的情形下,行为人不能因为自己没有骗取税款目的而觉得自己受处罚很委屈。因为如果接受这种方案,就会让国家税收利益得不到充分的保护,国家会因此而受委屈。

在这里,可以看一个案例 2 的变体:

【案例 2-1】乙公司为了在银行申请贷款,找到了具有剩余出项的 B′公司为自己开具了增值税进项发票价税合计 100 万元,虚构经营业绩。申请贷款依然未能成功,乙公司为了降低损失,以虚开的发票为凭证申请了税款抵扣。

将犯罪目的扩张为牟取非法利益也难以完全弥补前述漏洞,因为即便行为人以与税率相同的比例给开票人支付开票费(债务的转移需要债权人的同意),或开票人免费为他人虚开增值税专用发票(如为了在公司之间建立良好的合作关系),也都能构成国家税收利益被非法抵扣的典型危险,属于以虚开增值税专用发票罪处罚的行为。

当处罚必要性达到一定程度后,可认为可罚性已经"饱和",此时,即便坚持不以虚开增值税专用发票罪处罚,惩罚也会转移到其他犯罪之上,如北京市第二中级人民法院(2019)京 02 刑终 113 号事判决书。以非法购买增值税专用发票罪处罚骗税目的难以证明的犯罪,这种转移让刑罚转移到了更少受人关注的罪名之上,这其实让放在虚开增值税专用发票罪中处罚更危险,因为本罪好歹还已经引起了一定的学术关注,虚开增值税专用发票则完全处于学术关注的死角。

2. 未能妥当平衡行为人的自由与稽查部门的负担

该方案可能导致司法机关负担过重。犯罪目的是主观的构成要件要素,须结合案件事实作符合性判断。由于实践中已经出现了为数不少的不以非法抵扣为目的的虚开,证实受票人在开票时具有骗税目的的难度已然很高,更不用说几乎不与下游行为人就发票用途作沟通的上游行为人了。

同时,这种方案过度扩张了行为人的自由空间。立法原本是为了禁止虚开增值税专用发票非法抵扣税款的典型危险,对这种危险有认知并实施了广义虚开行为的人,就已经满足了可罚性的要求。而目的犯说却以行为人个人的目的为出罪根据,让行为人能以自己没有骗税目的、在虚开时没有骗税目的、对自己或他人事后非法抵扣税款仅持过失心态等理由逃避惩罚。

3. 不能合理解释刑罚设置

目的犯说也难以合理解释虚开增值税专用发票罪的刑罚设置,因为骗取税款的目的在逃税罪中已经实现,即便将骗税或牟利的目的作为虚开增值税专用发票罪的主观超过要素,它能支撑的刑罚也应低于前者。因此,将该罪理解为目的犯并不能如其代表者所期待的那样带其脱离罪责刑不相适应的泥潭。对于事后出罪事由上的不平衡,目的犯说也不能作出合理解释。

四、折中的方案:实质预备犯的引入及其运用

(一)抽象危险说的现状及其评析

1. 抽象危险说的现状

以张明楷教授为代表的部分学者主张在抽象危险犯的意义上理解"虚开",要求虚开增值税专用发票的行为具备造成国家税收损失的一般性、类型性的危险。今天的与谈人马春晓博士以及上海交通大学凯原法学院的周铭川副教授,对抽象危险说进行了具体化,认为虚开增值税专用发票罪属于实质预备犯这一抽象危险犯的亚类型,并以此为基础限定"虚开"的范围。从抽象危险犯到实质预备犯的迈进,是具有重大意义的一步,今天的与谈人春晓博士对推动这一步作出了重大贡献。

2. 对抽象危险说的评析

抽象危险说有助于在一定程度上缓解虚开增值税专用发票罪引发的窘境:(1)能将某些事实类型(如完全没有抵扣可能性的虚开行为)排除在该罪的范围之外,限缩犯罪的成立范围;(2)与立法者设置该罪的本意相符,也即一方面保持虚开增值税专用发票罪与国家税收利益的逻辑关联,另一方面又不要求在个案中确定虚开行为与税收非法抵扣之间的事实联系。

不过,目前的抽象危险说也难以全面地解决虚开增值税专用发票罪面临的问题:(1)有关出罪的具体范围未能形成一致的意见,抽象危险说阵营中也有极不合理的犯罪化(如认为数额低于真实交易的开票行为构成犯罪)和非犯罪化(认为数额高于真实交易的开票行为不构成犯罪)。(2)未明确犯罪成立实质标准的证明责任,因此可能导致行为人的自由和

稽查部门证明负担之间的失衡。例如,谁负责审核是否存在真实交易？谁来证明某一行为究竟是单向虚开,还是对开或环开的一部分(如声称计划中的对向虚开行为还未来得及实施)？如果不就这些问题作出融贯且合理的回答,就会给某些犯罪人留下逃避刑事责任的通道,同时严重增加税务稽查部门的负担,削弱法益保护的力度。(3)抽象危险说未能对虚开增值税专用发票罪的刑罚设置作出合理回应,将虚开增值税专用发票罪定性为国家税收利益的抽象危险犯,其法定刑也不应重于作为实害犯的逃税罪,免责事由也不得窄于后者。其原因在于,当前的抽象危险说未能提出一套系统性的限定抽象危险的方案,也未能挖掘这一理论模型可能蕴涵的其他潜能。

(二)待发掘的潜能

抽象危险犯不仅仅是一种犯罪类型,围绕它发展出来的理论蕴涵多方面的潜能,这些潜能有助于解决虚开增值税专用发票罪带来的难题。

1. 法益通约的潜能

借用抽象危险犯,逃税罪和虚开增值税专用发票罪就能被"通约"至国家税收利益这一具体法益之下,两者的区别在于行为对法益的侵犯方式不同。这样一来,虚开增值税专用发票罪、逃税罪、拒不支付劳动报酬罪就能统一到对债权的侵犯这一范畴之下,而虚开增值税专用发票属于对债权的抽象危险犯,其他两个犯罪属于实害犯。这种"通约",对于犯罪之间均衡性的测量具有非常重要的价值,这在后面会有体现。

2. 犯罪限定潜能以及必要性

抽象危险犯是指具有侵害法益的一般危险性的行为,其成立不需要实害结果或具体的危险。因此,其处罚门槛远比具体危险和实害犯低。正因如此,必须从其他方面找到限制处罚的依据;否则,就会造成不平衡。

在这里,一定要防止一种倾向,也即将抽象危险犯作为犯罪类型的"回收站",把不能构成实害犯和具体危险犯的行为,统统纳入抽象危险犯的范畴。同时,又将抽象危险犯作为逃避正当性追问的庇护所,只要具备一般的危险,就要求处罚。

既然抽象危险犯对法益的作用程度远低于另外两种犯罪类型,就有必要追问处罚这种行为类型有没有正当根据。而这种追问,蕴涵限制刑法适用范围的潜能。这种追问,应当以行为对法益的作用方式为切入点。通过细致分析行为对法益的作用方式,我们可以将抽象危险犯分为具体危险性犯、累积犯、实质预备犯三种亚类型。与今天的话题直接相关的是实质预备犯。所谓实质预备犯,是指行为所产生的效果可能被第三人或行为人自己用来侵害法益的行为。

对于实质预备犯,可以从不同的侧面对其处罚的正当性进行追问,这种追问同时产生了限制其处罚的根据。

首先需要追问的是,为什么一个仅仅在统计学上跟法益侵害有关联的行为,就要处罚。因为统计学只能确保关联性,而无法保证因果性。结合实质预备犯的定义,可以回答说,你的行为产生的效果是可以被用来侵犯法益的,不完全是因为你的行为满足了某种外观,而是因为它具有侵害法益的潜能。这样一来,行为被他人或行为人事后用来侵犯法益的适格性,是处罚实质预备犯的最低条件。适格性的验证,应以行为发生时的社会条件为背景,以个案中的行为是否能与直接的法益侵害行为组合共同造成法益损害后果为内容。引入适格性的验证之后,那些单纯在形式上符合立法所描述的行为类型但事实上不具备法益侵害潜能的行为,就不能被当作实质预备犯处罚了。

不过,这种回答并不充分。与实害结果或具体的危险相比,适格性仍只是逻辑的而并非现实的可能性,其覆盖范围实在是太宽了。领带也具有勒死人的潜能,玩具枪也可能因为其塑料子弹上附着的新冠病毒而致人死亡。因此,有必要引入行为的典型性来限制实质预备犯的成立范围。在此,应借鉴客观归责理论的内容。尽管实质预备犯的成立本身不需要结果要件,但由于其正当性建立在行为可能与下游行为结合导致法益损害这一基础之上。因此存在一个"预想"的因果链条,这一"立法者观念中的因果链"也应受客观归责理论的限制。在这里,具有重要价值的是规范保护目的理论,据此,只有当行为"可能"引起的法益侵害过程处于规范所意图禁止的范围之内时，才能将其纳入处罚的范围。引入这一要素之后，那些以罕见、例外或超越上游行为人预期的方式、利用上游行为损害法益的可能性，就不应被当作实质预备犯的可罚性基础了。

此外，既然实质预备犯只能借助第三人或行为人将来的直接侵害行为才能侵害法益，提前处罚实质预备行为的必要性就会成为问题。这涉及上游行为人和潜在的下游行为人之间的责任分配，如果上游行为对下游行为的作用微不足道，则在两者之间没有现实犯意联络的前提下，单纯因为下游行为利用上游行为的潜在可能性处罚上游行为人，显然不合理，责任应当排他性地由下游行为人承担。但如果上游行为对直接法益侵害的作用非常明显，以至于显著地降低了下游行为人直接侵犯法益的难度，则其与下游行为人的地位就不再存在明显的失衡，在帮助犯或预备犯的范围之外独立地处罚上游行为就具备了正当性。为了确保这一要求，实质预备犯的处罚还必须引入显著性的验证，即行为能显著地降低下游行为直接侵犯法益的难度。

可见，将抽象危险犯的概念具体化之后，结合实质预备犯的正当性问题，能在抽象危险犯一般性危险的限制之外，引入适格性、典型性和显著性的验证，以体系化的方式确保行为与法益之间的关联，更有效地限制犯罪的成立范围。

3. 证明负担的分配机能

适格性、典型性和显著性有助于确保实质预备行为与法益之间的逻辑关联，但这种关联仍停留在抽象层面，并未如结果犯那样转化为案件事实。不过，在通常情形下，认识到行为前述属性并继续该行为的人，实际上已经表现出了一定程度的"自私"或"傲慢"，即认为相对于其他实施同一行为的主体，自己有风险认知和控制能力上的优势。事实上，行为人之所以(尚)未引发损害后果，多是因为"幸运"，而非真正控制了风险。因此，这种"自由"原则上不值得保护，更何况，对其保护意味着刑法只能固守结果犯这种传统的犯罪类型，意味着其他公民只能忍受法益保护不力的后果。为了避免出现这种局面，就应当允许立法通过制定抽象危险犯作出如下推定：在行为满足适格性、典型性和显著性的验证之后，立法者对风险认知和控制的能力与意愿优于个人。基于这种推定，立法者决定概括性地剥夺公民继续实施这类行为的自由，直接将违反"三流一致"等形式标准的行为初步视为犯罪。

对于风险认知与控制能力确实高于一般人的人而言，立法者的这种选择可能确实不当地压制了其自由。因此，有必要允许行为人通过反证推翻立法的推定，不过，其反证的内容不是主观的目的或者行动上的努力，也并非行为未导致具体的危险或损害后果，只能是行为法益侵害潜能的彻底排除。换言之，任何想要实施通过适格性、典型性和显著性验证的行为且不受处罚的人，都负有完全排除法益损害潜能的义务。

五、具体结论

（一）"虚开"的范围与证明负担的分配

1. 适格性验证

既然设置虚开增值税专用发票罪是为了禁止足以造成国家税收利益损失的非法抵扣行为，则所虚开发票进行抵扣的适格性就是成立该罪的最低要求。因此，虚开增值税专用发票罪的侦查应以查证虚开发票的抵扣联为核心，没有抵扣联的虚开、虚开同时销毁抵扣联或彻底使抵扣联丧失抵扣可能性的行为当然不构成本罪。

适格性应结合行为时的环境作同时代的判断，不能通过行为时税控系统一般验证程序的虚开，也不能以本罪处罚。在这里，应注意立法时和行为时的发票管理水平差对适格性判断的影响：虚开增值税专用发票行为人入罪时，发票防伪功能低下，虚开伪造的增值税专用发票也具有抵扣的可能性，因此，《刑法》第 208 条第 2 款规定虚开伪造的增值税专用发票也构成虚开增值税专用发票罪；如今，税款抵扣通常以发票通过税控系统的验证为前提。因此，只有能够通过税控系统一般验证程序的伪造增值税专用发票才有构成增值税专用发票类犯罪的可能性。如果所涉的伪造增值税专用发票不能通过税控系统一般的验证程序，则围绕它的伪造行为本身、购买、贩卖、虚开都因不符合适格性而不构成犯罪。

因此,案例1不构成犯罪。

2. 典型性验证

立法禁止虚开增值税专用发票,是为了防止潜在的行为人以增值税非法抵扣的方式不缴纳或者少缴纳增值税。因此,以非法抵扣以外的方式威胁国家税收利益的行为,即便与增值税专用发票的虚开具有某种关联,也无法通过构成要件典型性的验证,因为防止这类结果并非《刑法》第205条的目的。

根据这一原理,因此,案例4不构成本罪。

3. 显著性验证

虚开的发票必须能明显降低下游行为人直接侵犯国家税收利益的难度,而这种效果建立在增值税专用发票抵扣功能的基础之上。虚开能通过税控系统一般验证程序且具有抵扣功能的增值税专用发票或其他具有扣税功能的发票,能满足显著性的要求。

4. 通过反证的出罪

前述验证完成以后,虚开增值税专用发票的行为原则就具备了给国家增值税利益造成损害的典型危险。不过,行为人依然可通过反证而排除虚开增值税专用发票罪的成立,其具体方式包括:

(1)开票行为与真实交易存在对应关系。虚开增值税专用发票罪是针对国家税收利益的抽象危险犯,国家的增值税征收权建立在"增值"的基础上,而"增值"是应税交易销售额和进项交易额之差。因此,如果有真实的进项交易存在,国家就这部分交易对应的金额就没有征税的权利,自然也不享有所谓的税收利益。这种以税收权为最终立足点的犯罪判断,实际上已经在一定程度上为司法实践所承认。《刑事审判参考》总第57集[第447号]判例的裁判要旨就指出,购进货物时应当取得增值税专用发票而未索要,销售货物后没有按照增值税征管规定纳税,从而偷逃应纳税款的,在计算偷税数额时,应当减除按照增值税征管规定可以申报抵扣的税额。既然如此,如果案例3中的行为人能证明有真实的交易与违规开具的票据对应,国家就没有收缴增值税的基础,也就不能以本罪处罚。

(2)行为人在实施行为的同时采取有效措施彻底排除了所开发票被用来非法抵扣税款的可能性,如能够被评价为一个行为整体且能成功实现相互控制的对开或环开。其中,同一个行为整体对对开、环开中各开票环节之间的时间间隔提出了要求,具有明显时间间隔的对开或环开不应出罪;否则,虚开增值税专用发票罪的行为人都会以自己的行为仅是计划中的"对开"或"环开"行为的一个环节作无罪的辩解,实现相互控制的条件是为了防止虚开的行为人以"对方或其他参与方违背承诺未实施对向的行为"进行辩解。

案例2能否认定为犯罪,应以前述标准进行判断。

只有行为人能反证开票行为有真实的交易基础或虚开时已采取措施彻底消除其被用来抵扣税款的可能性,才能排除犯罪的成立。虚构经营业绩或者其他抵扣税款之外的目的,或下游行为人"不会抵扣税款"的承诺,或对开、环开等事实类型本身,都不是出罪的充分理由。

(二)刑罚设置的合理解释

1. 辐射效果对法定刑的影响

将虚开增值税专用发票罪理解为对国家税收利益的实质预备犯,也不能直接解决其刑罚设置不平衡的问题。不过,由于虚开增值税专用发票罪往往是诸多逃税行为的"总阀门",与逃税罪并非一对一而是一对多的关系。这一现实正是立法者为其设置重刑的潜在实质根据。按照立法者的预想,虚开增值税专用发票罪集合了多个显著降低逃税难度的预备行为,且其累积上限并无外在制约(与此不同,逃税罪受制于纳税人的应缴税额),因此其刑罚设置更严厉。考虑到这一点,就不应在抽象的层面批判其法定刑重于逃税罪,而是避免虚开×万元(税额)增值税专用发票的刑罚重于×万元的逃税。这就要求确立定罪量刑标准时考虑"辐射效果"这种隐性的立法根据。

此外,刑罚的设置也未必要绝对地服从正犯重于共犯、实行行为重于帮助行为的抽象排序。对于以市场化的分工—配合展开的系统性法益侵

害而言,共犯与正犯的关系可能发生变异,甚至刑法评价的基点都可能发生转换。在市场领域,能准确反映行为作用与地位的,是行为在市场中的平均定价。当前,虚开增值税专用发票的对价通常在税额的 1/2—1/3 之间,则税额相同的虚开和逃税行为对国家税收损失的作用比在 1∶2 到 1∶3 之间,其追诉起点与量刑标准比就应当是 2∶1 到 3∶1。根据这一原理,虚开增值税专用发票罪的追诉起点至少应当是 10 万元的税额。由于介绍他人虚开收取的介绍费通常仅占开票费用的 1/10 左右,介绍他人虚开这种行为类型的追诉标准至少应该是 100 万元税额。因此,无论是最高人民检察院、公安部《关于公安机关管辖的刑事案件立案追诉标准的规定(二)》[以下简称《立案追诉标准(二)》](虚开税款数额 10 万元以上或造成税款损失额 5 万元以上),还是 2018 年最高人民法院《关于虚开增值税专用发票定罪量刑标准有关问题的通知》(虚开税额 5 万元),都未能真实地反映两种行为的权重,违反了责任原则。

2. 事后反悔的余地

将虚开增值税专用发票罪理解为针对国家税收利益的抽象危险犯,有助于依托危险犯的中止缓解抽象危险犯与实害犯有关事后出罪事由设置的不平衡。将《刑法》第 24 条的"犯罪过程"理解为多数个体通过现代社会的分工-合作体系侵害法益的完整过程,则在法益实害结果出现之前,都应有中止的余地。因此,只要行为人在税务机关介入之前,主动采取措施彻底消除了自己所虚开发票造成的抵扣国家税款的潜在危险,就应当免除其刑罚;对于虚开的增值税专用发票已经流向第三人的场合,要求行为人采取有效措施消除下游的其他人利用该发票抵扣税款的可能性,例如在受票方抵扣前将虚开发票作废。当然,通过这种方式只免除本罪的刑罚,不涉及其他法律责任。

再看案例 2 可能出现的情形:如果乙与 B 之间在能被评价为一个行为整体的范围内实现了"对开"(或者加入第三人"环开"),形成了闭合回路,就不至于形成非法抵扣的风险,不构成犯罪;如果是事后才形成"闭环",则相当于典型的风险已经实现,但在结果出现前采取措施消除了风险,应当免除处罚;如果被查处时未能成功形成闭环,则构成虚开增值税专用发票罪。

(三)总结

具体而言,可对虚开增值税专用发票罪作如下限定:

(1)因不能通过适格性的验证不构成虚开增值税专用发票罪的情形:没有抵扣联的虚开,行为时消除其抵扣功能(如销毁抵扣联)的虚开,不能通过行为时税控系统一般验证程序的伪造发票之上的虚开,排他性地针对不具有抵扣资格者的虚开。

(2)因不能通过典型性的验证不构成虚开增值税专用发票罪的情形:低于真实交易额的虚开。

(3)可通过反证出罪的情形:有证据证明有真实交易基础的虚开,或有证据证明行为时已采取有效措施彻底排除虚开发票非法抵扣危险的对开、环开。

(4)通过犯罪中止免除刑罚的情形:虚开行为完成后、非法抵扣前采取有效措施彻底排除虚开发票非法抵扣的危险。

(5)虚开增值税专用发票罪追诉标准的调整:根据当前的案发状况,虚开增值税专用发票罪中普通行为模式的入罪标准至少应是10万元的虚开税额,介绍他人虚开的追诉标准至少应是100万元的虚开税额。

最后,有必要观察一下最高人民法院限定虚开增值税专用发票罪的方案——对于虚开增值税专用发票,2015年最高人民法院研究室《〈关于如何认定以"挂靠"有关公司名义实施经营活动并让有关公司为自己虚开增值税专用发票行为的性质〉征求意见的复函》尝试以存在实际经营活动、没有骗取税款的故意且未造成税款损失排除该罪的成立;最高人民法院(2016)最高法刑核51732773号刑事裁定书主张以"不具有骗取国家税款的目的,未造成国家税款损失"作为排除该罪成立的理由。

如果需要没有骗税故意且没有税收损失才能出罪,其限制的意义非常有限。在定罪量刑标准上,《立案追诉标准(二)》(虚开税款数额10万元以上或造成税款损失额5万元以上),与2018年最高人民法院《关于虚开增值税专用发票定罪量刑标准有关问题的通知》（虚开税额5万元），都未能与逃税罪保持均衡。

在规范层面，可通过司法解释对虚开增值税专用发票罪的认定作如下规定：

虚开增值税专用发票，是指违规开具可用于非法抵扣税款的增值税专用发票的行为，虚开的增值税专用发票的抵扣联应具有通过税控系统一般验证程序的可能性。有证据证明所开发票有真实的交易基础的，不构成虚开增值税专用发票罪。行为人虚开后采取措施消除所开发票非法抵扣的危险的，应当免除处罚。介绍他人虚开税额在100万元以上的，应予以追诉。

而以上所有的这些努力，都是为了防止虚开增值税专用发票罪与值得保护的法益、其他具有相同本质的犯罪以及治理技术的进步隔绝或脱离，在税收利益的保护和市场主体的自由之间找到妥当的平衡点，让真正承受委屈的人能够挪去他们肩上的重担，让过度主张委屈的人承担应有的责任。

我的报告就到这里，谢谢大家！

主持人·王充

谢谢金林教授非常精彩的观点分享。

虚开增值税专用发票罪是伴随着1994年我国的税制改革而出现的一个新型涉税犯罪，当时很多税务专家曾经设想了围绕增值税专用发票可能发生的各种犯罪类型，但他们无法想到围绕增值税专用发票的犯罪会呈现出从最初的以伪造增值税专用发票为主到中期的以盗、抢增值税专用发票为主到最后以虚开增值税专用发票为主这样的一个发展变化过程。在这个变化过程中，《刑法》规定的"虚开"并没有发生任何的改变，但社会生活的变化导致了人们对于"虚开"产生了不同的认识，这也正是金林教授对该问题研究的意义所在。

金林教授在分享过程中提出对于虚开增值税专用发票罪来说存在三个问题,即该罪的成立范围问题、罪刑设置以及税务征收机关与市场经营主体之间利益平衡问题等,当然后两个问题都是和前犯罪的成立范围问题密切相关的。对于虚开增值税专用发票罪的成立范围而言,最核心的问题就是对作为实行行为的"虚开"的认定,金林教授在报告中认为对于"虚开"行为的认定要和虚开增值税专用发票罪的保护法益联系起来考虑。从1995年到现在,虚开增值税专用发票罪的保护法益有没有随着时代的变化而发生了一些新的变化呢,我觉得这是一个需要思考的问题。

在司法实务中,过去把虚开增值税专用发票罪作为行为犯来把握,只要实施了虚开的行为就可以认定为成立该罪,这就导致虚开行为与该罪的保护法益之间的法益关联性非常薄弱;随后,陈兴良老师还有实务界的人士提出应该将这个罪作为一个目的犯来把握,可以通过主观目的来限定它的成立范围;之后,张明楷老师提出要把该罪作为抽象危险犯来把握。但是,这几种认识都存在着这样或者那样的解释上的问题,因此,金林教授认为应该从实质的预备犯的意义上来理解和把握该罪。我们知道在刑法中对于未遂的处罚是例外、对于预备犯的处罚是例外当中的例外。也就是说,这种认识仍然存在着与法益之间关联性非常薄弱的问题,这与此前行为犯的理解和把握并没有太多的差别。正是基于这样的考虑,金林教授提出了可以通过各种举措来强化它与保护法益之间的关联性,从而赋予市场经营者、市场主体一定的出罪的可能性。我觉得这是报告当中非常有意义、有价值的地方。

应该说目前对于这个问题我们达成了一定的共识,那就是对于虚开行为的认定一定要与该罪的保护法益联系在一起来思考。对于这一点,我想后边作为与谈人的春晓博士也会赞同,但是,他会从不同的视角对这个问题提出自己的一些看法。

下边我们就有请清华大学法学院的马春晓博士给我们带来精彩的与谈,有请春晓博士。

与谈人·马春晓

我和金林老师在文章中神交已久,我们都致力于经济犯罪与经济刑法的研究,我拜读过他的很多研究成果,我们共同关注行政犯、法益、抽象危险犯等宏大的研究主题,并就今晚讨论的主题如何认定"虚开"这种"螺蛳壳里做道场"的主题各自发表过论文。

金林老师非常谦虚地说,今晚的讲座主题不是刑法学的重点,也不算研究的热点,充其量是现实中的"痛点"。按照我的理解,为什么是实践的"痛点"?既是由于实务中认识相对混乱,控辩审之间的分歧很大,更是因为税收是市场经济的关键要素,所有的市场主体都与之相关,因而每一起涉税案件的处理,都关系着一个企业生死存亡,对应着这个企业里的成百上千的员工与他们背后的家庭。周光权老师今年春节时发表了一篇文章,题目是《凡刑辩艰难处皆为刑法学痛点》,很多人对此都有共鸣。虚开增值税专用发票案件在司法实践中所体现的痛点,也折射出学理上很多论证不够深入的问题,因此,实践的痛点也正是理论的痛点。

有句话叫"一滴水也能反映太阳的光彩",虚开行为认定并不是一个简单的判断;相反,它的背后涉及一系列重要的教义学法理。我今晚的评析包括三点内容:第一部分是进一步说明虚开问题背后的法理,这一部分其实可以作为更好地理解今晚讲座的背景资料和辅助资料;第二部分是阐述我和金林老师对虚开问题的共识与不同;第三部分是延伸地谈两句关于如何拉近理论和实践距离的想法。

一、"虚开"背后的法理问题

虚开问题的背后对应着经济犯罪(或者说行政犯、法定犯)的一系列的基础法理。北京大学的储槐植老师早在 2007 年便极具前瞻性的眼光,提出一个重要的命题,就是"要正视法定犯时代的到来"。这样的声音对于刑法理论而言是振聋发聩的。因为我们长期以来的教义学理论是以自然犯的原型来建构的。但是步入现代社会,面对"有组织地不负责"的风险样态,行政犯成为国家管理社会的主要手段,而支撑行政犯的理论却是极为薄弱的。因而,实务认定的需求和理论储备的供给之间便存在着较大的张力。

有学者梳理过,目前10个《刑法修正案》,60%以上的修订都是关于行政犯的,关于自然犯的修订极少,行政犯的频繁修订便涉及接下来我想交流的第一个问题。

(一)经济犯罪(行政犯)的流变性

经济犯罪与经济社会的发展变化是密切相关的。由于经济社会的不断发展,国家对于市场经济的行政管理目的、手段与政策也会频繁地发生变化,使一些原本没有被规定为犯罪的经济行为被纳入刑法规制之中,如发放高利贷行为,一些原本被认定为经济犯罪的行为被法律所出罪,如团队计酬模式的传销行为。简而言之,经济活动的合法与非法、罪与非罪的界限具有较强的政策性,与经济社会生活的发展变化密切相关。

虚开增值税专用发票罪的司法认定充分体现了这一点。在1994年分税制改革、增值税专用发票制度设立之初,由于发票管理水平较低,发票防伪功能也差,通过极低犯罪成本开具的虚假发票都可以任意抵扣国家税款,所以那个时候"一张增值税专用发票比人民币还值钱"。1995年全国人大设立"虚开增值税专用发票罪",设定最高刑期为死刑,便体现出"重典治乱"的政策导向,而且本罪名针对的对象就是"典型的犯罪人",他们疯狂的虚开行为导致刚刚建立的增值税发票制度处于崩溃边缘。因此,当时的立法和判决的正当性都是没有问题的。更重要的是,国家通过铁血的打击,我们的增值税发票制度得以真正地确立,为现代市场经济的运转和完善夯实了基础。

但是,随着经济社会的发展,以及发票监管制度逐步实现从"以票控税"到"以信息控税"的转型,特别是"金税工程三期"系统实施后,过去那种"作坊式"的虚开行为已经难以奏效了。换言之,随便印出一张假发票已经不能抵扣国家税款了,必须能通过税务机关验证的真票才行。而与此同时,经济生活中出现了出于各种目的的虚开行为,既有为了抵扣、偷逃税款的典型虚开情形,也有为了虚增业绩、夸大实力、获取地方优惠政策而虚开等情形。这便意味着当时刑事政策针对的目标在现在的经济生活中发生了重大变化,如果司法还按照"发票管理制度"的客体以及形式上"三流一致"标准来认定犯罪,就不行了,这样是要办错案子的。近年来,最高司法机关强调的主观上必须具有"抵扣税款的目的",客观上必须造成损失,都可以视为司法在新时期调整了打击面。当这样调整在学理上是否存在问题,在逻辑上是否自洽,这就是今晚讨论的主题。

(二)经济犯罪(行政犯)的法益

刚刚讲到发票管理制度,这就涉及第二个问题,即经济犯罪或者行政犯罪侵害的法益是什么?"现代刑法是法益刑法"的命题已经得到理论与实务的公认了,但是,分歧在于如何理解法益,特别是经济犯罪的法益,我认为这个问题是经济刑法最为基础的问题。我和金林老师观点的分歧有一部分在于法益观的理解,我这里先介绍原理,在第二大部分我再阐释不同。

学理上除了少数学者认为经济犯罪欠缺法益侵害性,只是单纯的规范不服从之外,大多数学者主张经济犯罪还是侵犯法益的,不能脱离法益标准判断经济犯罪,总体上有以下三种观点:

一是一元论,也叫作彻底还原论,就是从极端的个人主义角度看待法益,所有的法益都必须能够彻底还原成个人法益才行,特别是经济犯罪涉及的这些集体法益,也叫超个人法益、公法益或制度法益,必须还原成个人的生命,健康、财产等才具有正当性。这一观点在理论上是有力说,但面临的质疑是那些集体法益,如环境利益、国家安全、市场经济秩序按照彻底还原的标准无法还原。

二是缓和的一元论,主要是德国学者罗克辛提出的,他认识到刚刚说的这些环境利益、经济秩序等是没有办法彻底还原成个人法益的,但是又需要承认这些集体法益的正当性,在现代社会生活中国,刑法要保护它们。因此,他主张一种缓和方式的还原,比如他认为环境法益关系到我们世世代代人的利益,所以是适格的法益。国内学者中孙国祥老师也同意这种观点,他主张分析集体法益时把人的因素嵌入集体法益中去,承认刑法保护集体法益的正当性。这种折中的理解近年来受到很多学者的支持,也是目前较为主流的观点。

三是二元论的观点,即主张个人法益和集体法益都是独立的存在,集体法益的正当性并不来自于对个人法益的还原,毋宁说是否还原其实讨论的是一个超越刑法层面的宪制命题。在刑法这样的中观语境下,个人法益和集体法益的正当性均是已经提前被证立的。当然,二元论也并不是放弃对集体法益的限制,它也注重从人的本位、价值内涵角度理解集体法益,从实体性等角度限缩集体法益;同时,它还进一步提出一个命题,就是法益理论不是万能的,它是有限度的,不能动辄以法益的解释认定或者否定犯罪,这样的解释其实是武断的,它将构成要件给架空了。法益之外的限定原则同样重要,刑法的任务不只是法益保护,而是辅助性的法益保护。

(三)经济犯罪(行政犯)的"宠儿":抽象危险犯

基于辅助性的法益保护,我们需要把目光从仅仅关注法益转移到还要关注保护法益的构成要件上来。这也是我们今天不再指望单纯通过法益就能完全解释虚开增值税专用发票的问题,而是关注这个罪名构成要件的构造,即抽象危险犯。

抽象危险犯并非经济犯罪所独有,但是经济刑法却极为"宠爱"抽象危险犯,究其原因在于,抽象危险犯可以满足国家对经济风险控制需求,前置性地保护重大的经济利益;可以发挥刑法规范对市场主体经济行为的形塑功能,发挥行为规范的指引功能。同时,在程序上适当降低国家追诉经济犯罪的诉讼证明标准,降低打击经济犯罪的难度,提升打击经济犯罪的力度。

关于抽象危险犯的判断,我们长期受日本刑法学的影响,特别是日本占据主流地位的结果无价值论的影响,将所有的犯罪被理解为结果犯,只是抽象危险犯中的结果是构成要件的不成文要素而已。因此,抽象危险犯与具体危险犯的区分,只是危险程度上量的不同,而不存在类型构造上质的不同。这样的理解限制了我们对抽象危险犯的进一步认识和探索,也限制了运用抽象危险犯解决问题的潜能的发挥。

但是从德国刑法学的角度来看,抽象危险犯的定位并非如此,它被视为所有犯罪类型的兜底,或者用金林老师的形象比喻,是一个"回收站",它是实害犯和具体危险犯之外的所有剩余的犯罪类型的集合,这就是学理上的"消极的抽象危险犯"的概念。抽象危险犯不再被理解为结果犯,而是行为犯。从行为类型与法益的关联关系的角度来看,又可以将抽象危险犯划分成具体危险性犯、实质预备犯和累积犯。

而虚开增值税专用发票罪对应的抽象危险犯模型是实质预备犯,这样理解的话,相对于以往学理上的理解,又前进了一步。金林老师今晚讲座的核心观点,就是从实质预备犯的角度,提出适格性、行为的典型性和提前处罚的必要性三个标准,从规范和实质层面限缩虚开行为的成立。这一点,和我之前文章中提出的观点是完全一致的。

我还有一点补充的是,《刑法》第205条第3款虚开的4种情形中,为他人虚开和为自己虚开两种情形是典型的预备行为实行化,但是让他人为自己虚开和介绍他人虚开又叠加了共犯行为正犯化,是对预备行为的双重前置,因此,在刑法规定中,"虚开"行为具有更为复杂的样态。

(四)经济犯罪(行政犯)认定的从属性与独立性

讲到规范和实质地认定经济犯罪,还涉及一个学理问题,即在法秩序统一原则的视域下,经济犯罪的认定是应当坚持从属性还是独立性。学理上借鉴日本观点有从属性、相对从属性、独立性和相对独立性四种观点,观点背后对应着日本缓和的违法一元论和违法相对论的不同理解;借鉴德国观点有质的区别说、量的区分说和质量区别说等。观点之多以及观点之间的分歧,套用电视剧《亮剑》里的一句话就是,"整个晋西北打成了一锅粥了"。

但是,最基本的共识还是有的,就是行政犯的成立要考虑行政法律、法规的规定,也要考虑刑法对法益的辅助性保护,在判断上要体现一定程度的独立性,要同时关注质和量的两种因素。

从以上内容中可以发现,金林老师今晚的这个讲座虽然切口极小,但背后牵涉了一系列重要的原理。这些学理问题都是当前刑法理论研究最前沿的问题,所以,在此意义上,今晚的讲座涉及的不仅是实践的"痛点",更是理论的"痛点"。

二、基本的共识与不同的解释思路

我和金林老师的共识在于,对于使用形式犯、目的犯、具体危险犯、一般危险意义上的抽象危险犯等思路解释虚开行为都是持怀疑态度的,认为这些标准在体系性思考的考量上都存在左支右绌的问题,我们都是主张用实质预备犯的概念解释虚开增值税专用发票罪,对虚开行为的抽象危险是否存在进行规范的、实质的判断。所不同的在于解释思路,主要包括如下三点。

(一)选择(缓和的)法益一元论还是法益二元论

金林老师选择的是前者,因此他批评"税收管理制度"是一种"伪法益",他着力从构成要件的角度限制虚开行为的成立,对实质预备犯的成立条件作了极为精细的展开,他的论证我都认可。但就法益观而言,我是承认二元论的,我认为要从集体法益的角度去理解税收管理制度,尽量找寻其中实体性的要素,尽量往人的价值的方向去解释集体法益,关注集体法益内涵的变迁。例如,虚开增值税专用发票罪的集体法益内核就发生了重大的变化,为构成要件的解释提供一种目的性的聚焦,同时注重对于构成要件类型和构成要件要素的实质化判断。简言之,我提倡一种"双管齐下"的思路,不能忽视集体法益潜能的发挥。

(二)对客观归责理论及其方法论的不同理解

在客观归责及其方法论上,金林老师认为这是一个用于结果归属的理论,无法用来解释实质预备犯(抽象危险犯)的问题。而我则认为客观归责理论不仅仅是关系结果归属的理论,也是实质的不法理论,因此要重

视它的理论穿透力和理论射程。我文章的观点也是运用很多学者认为属于结果犯领域的客观归责理论,用它的方法论来解决抽象危险犯这种行为犯的问题,这也是一次理论的尝试。关于抽象危险的判断,绝不只是事实层面的行为、目的或经验层面的盖然性判断,必须根据犯罪构造与风险创设的方式进行规范判断。本罪属于抽象危险犯中的实质预备犯,其之所以被刑法归责,在于虚开行为创设了值得被刑法处罚的抽象危险。在"为他人虚开、为自己虚开"两种由行为人支配危险流程的情形中,应当以风险是否外溢为归责标准;在"让他人为自己虚开,以及介绍他人虚开"两种由他人支配危险流程的情形中,还应遵循共犯从属性原理,以他人行为造成风险外溢为归责前提。

我认为,虽然解释的方法上有分歧,但是方法论上我和金林老师是完全一致的,就是主张一种规范的、实质判断,合理限定虚开的范围。

(三)一体式的还是分解式的解决问题

金林老师是主张分解式的标准,通过适格性、典型性、处罚必要性分别解释不同类型不应当被认定为虚开的犯罪行为,同时考虑程序法上的反证和借鉴德国立法中的悔罪情形的特殊情形,我认为这样的论证思路是精细的也是正确的教义学进路。

我的解决方案考虑之时,更看重理论与实践的互相拉近,在判断标准上,我想考虑一种让司法人员更加容易接受的观点和标准,因此我主张一体式的界定标准。其好处是判断更便捷,但是坏处是精细化程度的考虑上需要有所放弃,毕竟有所得必有所失。

最后需要说明的是,我和金林老师只是解释思路上的分歧,在实务判断的结论上,其实差别很小,对于案件的处理结论,也是相对一致的。

三、拉近理论和实践距离的思考

我在开始的时候提到经济犯罪的法益、抽象危险犯、行政犯罪的从属性和独立性都是我们在刑法转型过程中继受的德日教义学知识。但是,教义学的前提是一国的法律规定,我国和德国、日本在犯罪和行政犯罪的规定上都有很大的不同。比如我国行政犯的概念不同于德国意义的概念,而是倾向于日本的理解;但是我国犯罪的概念又和德国、日本都不一样,它们是定性的,我们是既定性又定量。所以,日本缓和的违法一元论在不法层面讨论对犯罪成立的限定,以及德国量的区别说讨论的问题,绝大多数在我国其实是罪量的问题,通说认为它是整体的构成要件要素。与此同时,我国抽象危险犯的成立也是以一定程度的罪量为基础的,因此,德国、日本对于抽象危险犯的限定方法也不可以直接拿来就用,而需要结合中国实定法的规定,建构起我国的标准。对此,陈金林老师和我都作了一些探索。

在教义学中国化的过程中,还要注重理论的平易化。有学者说过,现代社会领域中的犯罪愈加发达,我们才需要用愈加复杂的理论去解释和应对。这么说是很有道理的。以前消灭敌人使用冷兵器或者使用火器就行了,现在必须要使用精确制导的导弹。打造兵器和制造导弹的学理显然是不一样的。不过,制造导弹毕竟是科学家的事情,使用导弹的战士并不需要完全了解制造的原理,但是,需要熟练地掌握操作的原理。因此,我们的理论要平易化,要提倡"转译"方法,将复杂的制造原理"转译"为简便的操作方法,将复杂的理论提炼出相对简单的方法论,这样可以进一步拉近理论和实践的距离,有效地改变我们当前理论和实务"两张皮"的现状。

很荣幸和金林老师一起就虚开问题发表不同解释方向的论文,今天又在线上一起交流。每篇文章都有自己的使命,每个作者也都有自己的思路。我的小文章提出从抽象危险犯转向实质预备犯,并运用客观归责的方法论尝试一体化地解决虚开的问题,主要是从实体法角度考虑的。而金林老师则是围绕实质预备犯的成立标准,分不同的标准限缩虚开的成立,并考虑了程序法以及刑罚设置的问题,看问题的视角更全面,论证也更精细。

但是,这并不否认我们都有共同的问题意识和学术使命,就是通过解释,让我们这个世界变得更好。法律人的技艺就在于这其中的论证,尤其是在这个抗击新冠病毒肺炎疫情、保护生产经营的特殊时期,通过学理的论证推动司法机关更为妥善处理一起企业涉税案件,这个社会就会少一些等待吃饭的嘴,而是多一些创造财富的手。

谢谢大家!

主持人·王充

好,谢谢春晓博士!

春晓博士从法益问题、犯罪类型问题一直谈到了中国刑法教义学问题,他向我们展示了这一代刑法学者的学术追求和学术实践,也展现了他们非常深厚的学术功底。今天无论是作为主讲人的陈金林教授还是作为与谈人的春晓博士,他们都是围绕着一个非常微小的问题,运用自己所掌握的刑法理论进行细致的分析,试图去填补理论和实务之间的鸿沟,这是这一代刑法学者需要完成的历史责任,只有完成了理论和实践之间的沟通,才有可能在刑法理论和实践的互动过程中推进具有中国特色的刑法教义学的发展与完善。在这个意义上,我觉得两位学者今天的报告非常精彩,他们正在用自己实际的研究工作来推动这一伟大进程。

有很多网友向金林教授提出了问题,我们请金林教授针对网友提出的问题,择其要者做一个回应。

主讲人·陈金林

好的,王老师。因为有些问题实际上有关联性,我作一个整体的回应。

Q1:出售增值税专用发票罪应该怎么理解?没有造成税收损失的虚开行为,如果出票方收取了好处费,就可以构成出售增值税专用发票吗?

第一个问题说到有关出售增值税专用发票罪的理解,这还是要放到我们国家税收制度的发展历程中进行理解。在1995年这一类犯罪入刑的时候,发票管理水平跟今天有很大的差别。当时拿到空白的增值税专用发票具有非常重要的意义,因为税务机关很大程度上是在通过空白的发票来进行发票管控,如果有税务机关印制的空白发票,税务机关就认为开票行为已经满足了开票要求中非常重要的一步。在当时的背景之下,空白的增值税专用发票非常有意义,它在整个虚开链条中的地位也比较高,所以当时在虚开增值税专用发票罪之外,也规定了出售增值税专用发票、伪造增值税专用发票这一系列的犯罪。

但从今天的角度来看,由于发票的载体意义已经大为降低,比如说我们今天的发票有很多是电子发票,它不需要载体的存在,所以空白发票在今天的意义就已经降低了很多了。在这种背景之下,以国家税收利益这种法益作为中心来进行观察——由于所有的增值税专用发票的犯罪最后都要通过非法抵扣才能造成国家的税收损失,而发票的抵扣一定得有人背书,虚开的本质就是背书。这类犯罪是以虚开作为最核心的环节,然后再朝周围扩散,所以有介绍虚开以及伪造或提供空白的发票、出售发票等一系列行为。结合今天的发票管理制度和整个社会的发展,空白发票意义已经降低了很多,但是如果一定要认为出售增值税专用发票罪还有存在的意义,它也只能限定在空白的发票上面。如果出售的发票有背书,实际上就相当于是虚开了。在今天出售空白的发票成立犯罪的范围可能比较窄,而且由于它在当今税控系统里面地位比较低,所以它的追诉起点应当大幅提升,这又回到了我在前面报告的时候没有完全展开的一个基本的问题,就是如何确定与虚开增值税专用发票相关的犯罪的追诉标准,我觉得这只能依靠市场来实现。

特定行为类型在当前的整个犯罪体系里,也就是以市场化的方式展开的犯罪体系里,谁的地位高,谁的地位低,它们之间的比重是多少,只能通过市场予以反映。一个行为在当前的非法市场里面的平均定价,反映了这个行为究竟起到多大的作用。现在举一个例子,如果空白增值税专用发票在1995年的时候具有非常重要的意义,它一定非常值钱;如果今天空白的发票以及发票的载体已经不怎么值钱了,说明它在整个犯罪体系中所起的作用也已经下降了。通过这样对比，就能得出它的追诉标准。

总结一下，出售增值税专用发票只能包括没有内容、空白的、没有背书的发票。接下来要通过司法解释来更新它的追诉标准，要根据它的平均市场定价来进行确定。所以，我在前面讲的虚开增值税专用发票罪的入罪的起刑点应是10万元以上的税额，就是因为当前虚开增值税专用发票的市场定价大体上占总体税额的1/2~1/3左右，它的追诉的标准就应当是逃税这一最终结果的2倍或3倍。如果以两倍计算，因为逃税罪的起刑点是5万元，那它的追诉的标准就是10万元，如果说是以3倍计算，它的追诉标准就应当是15万元。这样的计算方式，也可以扩展到所有的其他发票犯罪里面，比如说伪造增值税专用发票，比如说出售空白的增值税专用发票。根据行为的市场定价去更新当前的追诉标准以及量刑的标准，是一种能够与时俱进的方案，同时也能兼顾税控方式的发展。所以，税控管理体系与水平确实能够影响定罪量刑标准的设定，尽管它本身并非这类犯罪的法益。

Q2：虚开增值税专用发票罪的法益如何理解，是税收管理秩序或者税收利益抑或两者都是？对虚开增值税发票罪的法益如果有不同的理解，恐怕会对"虚开"有不同的理解。

接下来涉及有的朋友提到的法益的问题，我还是坚持我自己的观点，在这一点上我跟春晓有一些不同。有关法益究竟是集体法益还是个人法益，究竟是坚持完全的一元的个人法益，还是坚持二元论，究竟坚持缓和的或者极端的一元论或者二元论，这个问题在今天肯定没有办法完全展开。

但是我觉得在这个犯罪上面，对国家税收这种债权的侵犯一定是一个必要前提。当然，如果说它是一个法定犯，构成犯罪肯定是要违反相应的税收管理法，把它作为一个附加性的条件，这当然是可以的。但是这样一个附加性的条件只需要通过构成要件解释就能实现，而不需要将税收管理秩序作为一个法益加进来。

Q3：在当前的税控系统可以轻易识别伪造税票的情况下，虚开的行为从根本上不可能造成损失,此类行为可否理解为不能犯从而对其出罪?或者为处罚此类目的,是否考虑以未遂犯对其入罪而更合理?

当然这是一种很好的思路,但问题是,如果我们不用实质预备犯的方式去理解这个罪,我们就很难把它解释成不能犯。因为如果这个犯罪侵犯的法益是发票管理秩序,即便不能通过税控系统验证,它也侵犯到了发票管理秩序。对于违反发票管理秩序而言,能不能通过税控系统检验并不重要。只有我们把它统一到国家税收利益这样一个债权的法益之下,然后认为虚开增值税专用发票是通过抵扣这种方式去侵犯国家税收利益,才能够将"可以通过抵扣的方式侵犯国家税收利益"这样一个要素考虑进来。只有在这些铺垫完成之后,才可以说由于虚开这种发票不适格,它是一种不能犯,所以用不能犯的方式来理解是可以的。但是,前提是要用实质预备犯的方式来通约法益,然后创造适格性这一检验的步骤,才能认为它是不能犯。所以我觉得不能完全脱离实质预备犯的解释思路去得出不能犯的结论。

Q4:个人销售方从厂家拿了货物后转手卖给公司,因为公司要个人销售方出具增值税专票,个人无法开具,就让公司把货款打给厂家,让厂家开了增值税专票,那么这种情况下,厂家是否构成虚开增值税专票罪呢?(补充:个人与公司之间关于货款的支付,是经过法院调解后,确定直接将货款支付给厂家)

根据我前面讲到的观点,只要能够证实交易真实发生了,就不构成虚开增值税专用发票罪。在前面提到的检验结构里面有反证的可能,通过反证交易真实发生,由于国家在真实交易发生的情况之下,增值的部分就会减掉真实发生的交易的构成部分,对于这一部分而言,国家实际上是没有征税的权力的,由于国家没有收缴增值税的权力,就没有值得保护的法益。所以只要能够证明真实交易存在,哪怕是不符合"三流一致"的标准,也不构成虚开增值税专用发票罪。

Q5：在认为本罪是抽象危险犯的情况下，如何理解最高法批复指出的"客观上亦未实际造成国家税收损失……"该强调有无必要？

在我提出的体系里面，既没有必要去强调骗取国家税款的主观目的，也没有必要强调未造成国家损失。在这个体系里，行为人的目的并不重要，这就相当于我们在当今的社会里，不要总是去追问你晚上加班到几点了，效果做出来就可以了。我们在当前的市场经济的条件之下，不要强调你的目的是什么，关键在于你是不是真正控制好了风险。在所有的风险控制好了之后，哪怕你具有这种目的也没有关系；风险没有控制好，不具有这种目的，也一样需要处罚。所以，最重要的是风险控制的问题。

对于已经造成国家税收损失的这种情况怎样怎么看？这就要看它是不是以典型的抵扣方式造成损失。如果是以典型的抵扣方式造成了损失，就可以定罪，而且即便没有结果也能够定罪，除非行为人通过事后的方式消除了这种风险（这种情形能免除处罚）。如果行为造成了损失，但不是通过这种典型的方式造成的，就不能定罪，至少不能定虚开增值税专用发票罪，最多可能构成逃税罪。

最高人民法院在批复强调两个因素，一方面要求没有骗税的目的，另外一方面又要没造成税收损失。其实这种方案既可能导致没有必要的入罪，也有可能导致没有必要的出罪。

Q6：让他人为自己虚开专票后，用于抵扣税款了，如何定性？是定逃税罪还是虚开增值税专用发票罪？

我个人认为，以虚开的增值税专用发票进行抵扣的方式逃税，还是应该定虚开增值税专用发票罪。但是有朋友一定会指出，这会造成一个非常典型的不平衡的问题。因为逃税罪有事后出罪的空间，而虚开增值税专用发票罪至少在目前没有这种空间。我认同对这种不均衡的指责，所以尝试通过事后的风险控制免罚的方案，把免罚的方案引入进来，同时通过市场机制来调整它们之间追诉标准的不平衡。通过这种设计，这两个罪之间的不均衡就会变得没有这么明显。在这一前提下,如果行为人是在以增值税专用发票进行抵扣这种特殊的方式逃税,应该用虚开增值税专用发票这一特殊的罪名去规制它,而不是以逃税罪这种一般的方式来对它进行规制。

Q7:石油行业变票现象中,变票企业通过改变增值税专用发票产品品名达到帮助下游企业逃避消费税的目的,能否认定为虚开增值税专用发票罪?

构成虚开增值税专用发票需要满足一个基本的要求,即造成税收损失的基本方式必须是非法抵扣增值税。如果行为人是以通过帮助下游企业逃避消费税的方式造成了国家税收的损失,就只能按逃税罪的方式来进行处罚,而不能用虚开增值税专用发票罪。结合立法的目的,虚开增值税专用发票罪的设定目的就是防止通过非法抵扣增值税的方式侵犯国家的税收利益,既然它不是通过抵扣增值税的方式侵犯的国家税收利益,就不能定虚开增值税专用发票罪。

比如说,刑法会处罚造成人伤害、死亡的行为,且为了防止这样的结果发生,刑法也设置了前置性的处罚,如非法持有枪支罪就是一种典型的前置性的保护。但是,非法持有枪支罪只禁止一种典型的法益侵害方式,就是通过枪支本身的杀伤力造成他人伤亡。这种情形是非法持有枪支罪要去禁止的行为方式。如果在新冠病毒肺炎疫情发生期间,有一个人用不可能造成他人重伤或者死亡也没有达到枪口比动能的门槛的枪支摆射击游戏摊,有人去玩的时候,因为枪支上有新冠病毒,这个人因感染新冠病毒死亡了,能不能把这种行为当成非法持有枪支罪来进行处罚?答案是不可以。因为非法持有枪支罪只处罚以枪支本身的杀伤力对人的生命健康造成的潜在危险,以及这种危险显著降低直接实施法益侵害的人侵害法益难度的潜能。变票企业如果只是通过各种各样的形式导致相关的企业少缴消费税,不是通过非法抵扣的方式实现税收减损,当然也就不能以虚开增值税专用发票罪来进行处理。

有关这一内容,大体上能跟春晓形成一种对应。我跟春晓博士在很多问题上的结论基本上都是一致的。我们有高度的共识,我所做的工作在某种程度上是他所做工作的进一步延伸。我跟春晓的一致性,甚至比春晓认为的更高。春晓博士用了客观归责,我同样也用了客观归责,比如典型性的验证,就是源自客观归责中的规范保护目以及因果关系的重大偏离等要素。我个人只是认为,由于抽象危险犯不要求结果或危险状态等结果要素,多数情形之下大家忘了用客观归责去对它进行限制。

因为这个话题涉及理论跟实践之间的关系,理论跟实践之间的冲突,确实是一个非常重大的问题。我们要尽可能地提供一些便于操作的方案,供司法实务部门选用。我在这个地方提供的方案解释起来很麻烦,但实际上最后总结起来就以下几点:第一,虚开的发票要能够通过税控系统的一般验证程序,就是抵扣时的一般验证程序。第二,只有通过抵扣的方式造成税收损失,才属于虚开增值税专用发票罪要禁止的风险。第三,要给被告人提供反证的可能,这种反证不是证明没有骗税的目的,而是要证明已经控制了风险,或者是法益在行为所涉的情形之下根本不存在。第四,要在市场体系中,根据行为对最终的税收抵扣的责任份额来重新确定追诉以及量刑的标准。第五,如果行为人事后消除了风险,应当免除处罚。从结论上来看,就这么几点,也不是特别复杂。

当然,在解释的原理上,为什么要引入适格性、典型性以及显著性的验证,以及为什么要提供反证或事后免罚的可能,可能稍微复杂一点。这种复杂就像春晓博士的比喻,夸大一点,是在设计洲际导弹。这种导弹的基本操作,一般而言都非常简单。但是,如果我们操作洲际导弹的时候,不是按照设计方案确定的方式来进行瞄准,而是用肉眼来进行瞄准,这个时候,操作的人就要去问设计洲际导弹的人,用肉眼瞄准合不合理?只有有关肉眼瞄准的合理性论证能够推翻洲际导弹设计者的论证,让人觉得用肉眼瞄准更加合适的时候,才能用肉眼去瞄准;否则,就直接按照操作说明书进行操作就行了。实务部门其实有很多具有非常高理论水平、研究水平的朋友,就此处的结论合不合理,以及我的结论所假定的事实基础是真实的还是虚假的,彼此之间可以进行交流。这种交流本身可能会具有一定的复杂性。不过,唯有真正具有复杂性的内容才具有挑战性,我跟春晓以及其他很多志同道合的来自理论界与实务界的朋友共同去推动哪怕是一个小小的犯罪的精确认定的问题,就是直面这种挑战的尝试。这个小小的犯罪其实也不太小,如春晓博士所述,它可能涉及他人的身家性命。

感谢大家。

主持人 · 王充

好,谢谢金林教授!

春晓博士有没有什么需要补充的?

与谈人 · 马春晓

我再补充三个问题:

第一个问题是,当前的虚开系统很容易识别这种伪造的发票,这种虚开的行为不可能造成危险,那么能不能把它理解成不能犯?其实我觉得这在概念上面有一个问题,因为虚开的行为是一个实质的预备犯,说得再通俗一点,就是预备行为实行化,那也就是说你仅仅是一个预备行为,我们立法层面把它作为一个实行行为来处理了,但是你所说的不能犯,显然是有了实行行为,所以才考虑不能的问题,这是一个不同阶段的问题。立法已经把这样实施的预备行为作为一个实行行为来评价了。这样的实质预备犯,不可能涉及不能犯的评价。然后这个提问继续说,我们有没有必要把这样的行为作为一个未遂的行为来处理?预备行为实行化在立法层面已经是在处理一个非常遥远的危险了。金林老师也反复说,在处理的时候需要反复考虑市场管理者和市场经营者之间的关系,在其中作利益权衡,因为这样已经是一个非常遥远的法益的侵害,我们已经很慎重了。

那么对于在这样遥远的法益之前的那个更遥远的法益侵害,还有必要作未遂犯的处理吗?显然是没有必要的。

第二个问题是对于虚开增值税发票罪的法益如何理解。乍一看我和金林老师持有的是两种不同的法益观,但是为什么在解释这个案子的结论上面是一致的?那是因为金林老师直接把这种社会管理制度否定了,他认为它就不是一个法益,所以他进一步追究背后的法益是什么,其实就是国家税收这个财产性的利益。而我虽然支持集体法益独立说,但是我也认为——就像王充老师刚刚说的,我们今天保护的集体法益和1995年的税收管理制度那种形式上的行政管理的那种法益相比,其实已经变化了。所以说集体法益往这个方向解释之后,对于解释犯罪的虚开行为,从规范保护的目的上讲,最后得出来的结论其实是一样的。所以,学理上面很大的出入,可能对于解释案子而言其实是没什么出入的。就像今天日本的结果无价值论和行为无价值二元论,他们在总论上面争论得很激烈,但是在分论上面,他们可能对于绝大多数的判例解释都是一样的,所以其实没有这么大的差距。

第三个小问题是,让他人为自己虚开发票之后用来抵扣税款,如何定性。这其实又回到了我们最开始讨论的问题上。这个行为其实是一个预备行为,一开始已经实施了一个预备行为,这个时候国家法律对于预备行为其实已经评价了,然后又进一步拿发票去抵扣,根据我国《刑法》规定你又触犯了一个逃税罪。行为人实施了一个预备行为和一个实行行为,现在两个行为都够了,根据我们国家的立法规定,作为一个牵连犯来处理其实就可以了。但是虚开增值税专用发票罪和逃税罪在量刑上有一点问题,不过并不是说在法律解释上有问题,而是我们国家实际上对逃税罪设定了一个特别的阻却事由。而且所有涉及税收的罪名,也就仅仅是在那个罪名上有特殊的规定,所以,在这个时候就要遵循立法者的解释的意图,对它作特殊的理解。

主持人·王充

谢谢春晓博士!

由于时间关系,今天的讲座就到这里。

再一次感谢报告人金林教授和与谈人春晓博士!也感谢各位网友的积极参与!祝大家晚安!

第四讲
教唆自杀归责的理论与实践

主讲人:姚万勤(西南政法大学法学院副教授)
与谈人:方　军(中国社会科学院大学政法学院副教授)
主持人:张锦前[北京盈科(厦门)律师事务所刑事部主任]

主持人·张锦前

各位朋友晚上好,欢迎各位来到全国青年刑法学者在线讲座。今天是该系列刑法分论部分第四讲,我是本期的主持人,北京盈科(厦门)律师事务所的张锦前律师。今天晚上的主题是"教唆自杀归责的理论与实践",首先我向今晚收看讲座的朋友介绍一下主讲和与谈的两位青年刑法学者。

主讲人是姚万勤老师。姚万勤老师是我的母校西南政法大学法学院副教授,法学博士、硕士生导师,兼任西南政法大学人工智能法律研究院副院长、网络空间安全法制研究中心执行主任、特殊群体权利保护与犯罪预防研究中心副主任,中国法学会检察学研究会案件管理专业委员会理事。姚老师长期以来从事数据法学、人工智能等方面的研究,在《法商研究》《法学》《政治与法律》《法学家》《比较法研究》《当代法学》《中国刑事法杂志》等刊物上发表学术论文80余篇,其中多篇论文被《中国社会科学文摘》、人大《复印报刊资料·刑事法学》转载,主持国家社科基金、重庆市社科规划项目等项目10余项。

今晚我们的与谈人是方军老师,法学博士,中国社会科学院大学政法学院副教授,《中国社会科学院研究生院学报》编辑。专业研究领域是刑法基础理论,在《现代法学》《政治与法律》《当代法学》《人民检察》等核心期刊上发表论文多篇。

可以看出来两位老师都是专业理论深厚、学术成果丰硕的青年学者,非常荣幸请到两位青年学者一起来主讲和与谈"教唆自杀归责的理论与实践"。

作为法律人,我看到"教唆"这两个字,首先联想到的往往是犯罪;看到"自杀",作为法律人的第一印象是自杀不构成犯罪。当两个词在一起的时候,教唆自杀究竟是可罚还是不可罚,学界的争议是很大的;即使认为是可罚的、构成犯罪,归责的路径也可能不一样。今天我们就来听一听两位青年学者的高见。

首先把宝贵的时间交给姚老师,有请!

主讲人·姚万勤

我今晚的讲座主题是"教唆自杀归责的理论与实践"。刚才张主任也说了,听到"教唆"一词,想到的就是犯罪;提到"自杀"一词,根据刑法来看,可能不是犯罪。当两个词搞在一起的时候,可能就容易出问题。对此,我主要分为四个部分来进行讲解。

一、问题意识

对于教唆他人自杀的教唆者,能否对其处以刑罚?在不同的国家及地区有不同的规定,有的在刑法中明确规定,如《日本刑法典》第202条、《奥地利刑法典》第78条、《意大利刑法典》第580条以及我国台湾地区"刑法"第275条均规定了"禁止教唆或者帮助他人自杀",所以在处罚的根据上是没有任何疑问的。但是我国《刑法》对参与他人自杀的行为缺乏明确规定,通说认为应当按照故意杀人罪追究刑事责任。对于教唆他人自杀的案件,司法实践中一般也以故意杀人罪论处。

【案例1】家住广东省茂名市电白县的被告人吴某甲与其母亲、妻子、姐妹等家庭成员的关系不和。2010年7月5日下午,被告人吴某甲因不满母亲到姐姐家干活,没有回家帮其照看儿子,与母亲争吵后回到电白县林头镇尾轮同记村家里,萌发自杀念头。并于7月6日凌晨1

时许,拿出一瓶农药和3个一次性胶杯,倒出3杯农药,叫其两个儿子各喝1杯,看到二被害人喝完农药后被告人吴某甲也把第三杯农药喝下。二被害人喝完农药发出痛苦的呻吟声,因为农药喝下去之后会对肠胃造成侵蚀损害,被告人看到自己两个儿子痛苦哀嚎后良心发现遂呼救。邻居发现后施以援救,二被害人以及吴某甲脱离危险。

法院认为,吴某甲的行为无视国法,教唆其儿子自杀,非法剥夺他人生命,致两人重伤,其行为构成故意杀人罪,应当予以处罚。

根据这个案子的判决,我们来检索一下法律依据。我们国家的《刑法》没有直接规定,但是我们的司法解释对教唆自杀的行为有规定。这几个规定也是在特定的背景之下产生的。

一是1999年10月20日"两高"联合颁布的《关于办理组织和利用邪教组织犯罪案件具体应用法律若干问题的解释》第4条;二是2001年6月4日"两高"联合出台的《关于办理组织和利用邪教组织犯罪案件具体应用法律若干问题的解释(二)》(以下简称《邪教组织案件解释(二)》)第9条之规定,对于教唆、帮助邪教组织人员自杀的,应以故意杀人罪定罪处罚;三是最高人民法院、最高人民检察院、公安部2012年又联合出台了《关于依法办理藏区自焚案件的意见》明确规定:对幕后组织指挥策划的首要分子以及积极参加煽动、胁迫、引诱、教唆、帮助他人实施自焚的犯罪分子,根据《刑法》有关条款的规定,以故意杀人罪追究刑事责任,并作为打击重点依法严惩。

司法实务部门据此认为找到了审理案件的正当依据,对教唆他人自杀的定性不存在争议。但是疑问在于,就像张主任刚才所讲的那样,把两个词搞在一起之后,它的法律依据、它的理论依据在什么地方?解释的正当性与合法性就是摆在我们面前要思考的一个问题。所以本讲座以下的内容将围绕这个问题具体展开。

二、教唆自杀可罚性理论路径的解释立场及其困境

无论是其他大陆法系国家的学者还是我国学者,无论是基于明文规

定的立场还是基于司法解释的立场,都需要解决好两个问题:第一,自杀的性质。第二,教唆自杀的可罚性的根据。特别是在多数国家认为应当尊重生命的自我决定权的当下,如何论证处罚的根据主要存在"共犯论"以及"非共犯论"两种解释路径。

(一)共犯解释路径及其困境

立足于共犯解释路径的学说主要从共犯从属性的立场出发,认为共犯是依赖于正犯的存在而存在的,只有正犯实施符合构成要件的行为,共犯的构成要件行为才能存在,即共犯具有从属性。狭义的共犯成立或者具有可罚性的前提,是正犯必须实施一定的行为。在教唆他人自杀的案件中,只有行为人的自杀具有违法性时,才能追究教唆者的刑事责任。如何才能将自杀者的行为解释为违法行为呢?这又产生了以下多种不同的解释学说。

1. 教唆自杀合法说及教唆自杀可罚性的依据

该说认为个人对自己的生命具有处分权,国家应当尊重个人的自我决定权,自杀不是违法的或者说自杀是刑法放任的行为。从不符合构成要件的角度分析,已经表明自杀行为不具有可罚性,那么,该说如何贯彻教唆自杀行为具有可罚性的实质根据呢?这个地方我们要特别强调一个人,日本的西田典之教授,他认为:"事关生命这种重大法益的自己处分,刑法禁止他人介入是具有合理性的。"虽然寥寥数语,但是清楚明白。自杀的决意通常是违反自杀者本来意思的,如果考虑到这一点,就更应该禁止参与自杀行为。

这种观点我们仔细推敲之后,发现有两个问题:一是自杀行为是合法行为,由于欠缺构成要件符合性,教唆他人自杀的行为是没有违法、责任的行为,参与自杀的行为也就不具有可罚性,这样才可以保持理论的逻辑一致性;二是为何对于事关生命的重大行为,行为人就没有处分权限,这是该学说没有说明的问题。

2. 自杀行为可罚的违法阻却说及教唆自杀可罚性的依据

该说认为自杀原本是违法的,只是阻却了可罚的违法性。虽然人的生命是个人的法益,但是以社会、国家为存在基础的法益,具有最高的价值,因此,这种法益主体的随便处分生命,是法律上所不允许的。然而,如果一个人一心想死,国家却通过刑罚来干涉,反会损害个人的尊严,刑法为了保障个人追求幸福的权利,应该承认个人对自己的生命有处分权。从两者结合的立场来考虑,可以认为自杀违法但阻却可罚的违法性,即自杀行为本身就具有违法性,参与这种行为本身也是违法的,且在这种场合具有可罚的违法性。

根据这种学说,自杀行为是违法的,因为阻却了违法性而不可罚,从实质上而言,自杀是没有违法性的行为。对此,西田典之教授曾批判说:参与无可罚的违法性行为,不是也应该理解为没有可罚的违法性吗?而且,在他人自杀未遂的情况下该如何处罚教唆自杀者呢?其并不明确。我们还要思考的一个问题就是:在他人自杀未遂的情况下,按照这种观点是不是应该要处罚?显然该说也是不太妥当的。

3. 自杀行为阻却责任说及教唆自杀可罚性的依据

该说认为自杀具有违法性,但由于无期待可能性而阻却责任。如果从绝对的国家主义立场出发,自杀行为人对自己的生命没有绝对处分权。如果擅自处分的话,就具有违法性。因为自杀是违法行为,那么,按照共犯的限制从属性观点,就能肯定教唆者应当对违法行为承担责任。

该种观点则面临着前后矛盾的问题:一方面认为自杀是处置自己的法益,另一方面又认为该前提是违法的,矛盾之处一目了然。对这样的行为加以处罚显然是不人道的,至少在责任层面看来,我们不能完全期待每个人都能尊重自己的生命(比如在自杀率很高的国外某些国家,如果坚持这种观点的话,则会带来很大的司法难题)。

(二)非共犯解释路径

非共犯路径的解释学说更显复杂,主要存在以下观点的对立。

1. 因果关系操纵说

这种观点认为,教唆自杀的行为实质上是借他人之手达到杀人目的;帮助自杀对他人的死亡有一定的作用和因果关系。因此,教唆或者帮助他人自杀均应以故意杀人罪论处。这种观点从因果关系的角度来分析行为的性质,比较简单明确。之所以处罚教唆者,是因为教唆者与犯罪之间有因果关系。

因果关系操纵说的论述视角有值得商榷之处。如果教唆一个具有意志自由的人自杀,很难说教唆者操纵了犯罪行为,仅从这一角度论述不能确定教唆他人自杀的处罚根据。一个意志自由的人能在多大程度上受他人教唆行为的影响,是目前没有解决的疑难问题之一。如果根据该说的论证方式,某人对一个意志自由的人实行教唆自杀,意志自由的人拒绝教唆,并对其教唆行为嗤之以鼻,在此层面上,是否需要追究行为人的故意杀人罪的未遂责任呢?我认为,一个具有成熟判断力的理性人,是自己行为的最佳判断者,所作的选择即使在他人看来是一个不合理的决定,也是个体自由的实现。

再者,认为教唆者与自杀之间具有因果关系,就能产生不法,这就创造了一个过于宽泛的客观责任范围。仅仅以教唆者与自杀之间存在某种原因力而肯定其故意杀人的罪责,还缺乏合理的说明和论证,会扩大处罚范围。比如说我活得很滋润,你让我去自杀,你不是在侮辱我的智商吗?你让我自杀我就会听你的吗?自杀者是受多种因素影响的还是他内心已经决定去死了呢?所以说这个问题在因果关系论中也没法解决好。

2. 类推定罪说

该种观点认为教唆或者帮助他人自杀不应以故意杀人罪论处,而应类推定罪。理由主要是以下四个方面:首先,从行为性质上看,教唆或者帮助他人自杀无疑是违法的行为,因为多数人认为他人的生命是受到尊重的,不允许别人随意剥夺。其次,从行为对社会的危害程度和具体情节上看,教唆或者帮助他人自杀,毋庸置疑是侵犯他人生命权的行为,其性质极为恶劣,所以应当施加刑事处罚。再次,从因果关系上来看,唆使、诱劝、指点、帮助的行为与他人的自杀行为之间具有因果关系。被害人的死亡是由行为人的行为引发,符合因果关系的流程。最后,从行为人主观上来看,行为人教唆他人自杀具有剥夺他人生命的故意。综上所述,教唆或帮助自杀符合我国故意杀人罪的要件,行为人应当负相应的刑事责任。

之所以出现类推定罪的观点,是因为在我国《刑法》之中不存在处罚教唆或帮助他人自杀行为的规范。在1997年《刑法》出台之前,我国《刑法》存在类推适用的规范,所以出现这样的结论也不足为奇。但是,以此类推,必然存在一个无法绕过的问题——自杀行为是否具有违法性？类推说并没有从这一视角出发,只是认为教唆他人自杀具有严重的社会危害性,所以,对于该问题仍然没有提出具体的解决方案。

3. 间接正犯处罚立场说

该观点认为,形式上的教唆、帮助自杀的行为具有杀人的间接正犯的性质,应当认定为故意杀人罪;对于不具有间接正犯性质的教唆、帮助自杀的行为,一般作为情节较轻的故意杀人罪处理,这一观点在解释结论上有所完善。对于具有间接正犯性质的教唆自杀的行为,刑法理论中并不存在争议,教唆一个不能正确理解行为意义的儿童或者精神病人自杀,与亲手杀死被害人并没有本质性区别。比如说我们经常讲让儿童去自杀的案件,实质上就是按照间接正犯处理的。

因而该观点主张按照故意杀人罪的间接正犯论处并无不妥。根据间接正犯说的观点,只有对教唆精神病人以及幼儿等自杀的行为,才能以间接正犯论处;对于教唆具有意志自由的人应当按照情节较轻的故意杀人罪论处。但是,为何对于不具有间接正犯性质的教唆自杀行为处以故意杀人罪的刑罚,其处罚立场并不明确。虽然该学说对教唆自杀行为提供了具体的处理方式,但没有进一步论证以故意杀人罪处罚的依据。

三、我国语境下可罚性理论根据的抉择

以上两种解释路径,都没有很好地论证教唆者为何受处罚。那么,从我国的法律规范出发,是否能找到处罚的依据呢？

(一)教唆自杀可罚性依据解释的路径选择

对教唆自杀行为的合理处断,需要合理界定教唆行为的性质,即需要明确教唆意志自由的人自杀为何是一个值得处罚的危害行为。我们国家

在教唆犯问题上的通说是二重性说,该说能否解决这个问题,我们来进行具体的分析。

1. 教唆自杀实行行为性的界定

教唆他人实施自杀行为在域外法制中虽能找出处罚的规范根据,但从教唆他人进行自杀的行为来看,教唆者的行为必须是存在的行为,有行为人、行为的对象、行为的时间和空间、支配行为者实施行为的主观意识和意志,缺少任何一个要素,都不可能视为存在的行为,所以,我们要先搞清楚什么是行为。

如帕森斯所言,一项行动,在逻辑上应包含:(1)一个当事人即行动者。(2)这个行动必须有一个目的即该行动过程所指向的未来事态。(3)该项行动必须在一种处境内开始。这种处境又可分解为两类成分:一是行动的条件,它是行动者不能控制和改变的成分,二是行动的手段,它是行动者能够控制的。(4)这些成分之间某种形式的关系,即只要该处境允许对于达到目的的手段有所选择,在那种选择中就存在着行动的一种规范性取向。

由此可见,行为应当是由特定行为主体基于特定意志利用特定条件或手段作用于特定对象的身体动静。这表明,行为是由人实施的;行为是有意的;行为是身体上的动静;行为是有社会意义的。

有个问题值得注意,日本刑法的共犯理论对教唆自杀行为的解释学说不能做到一以贯之,因此,日本刑法学界创造了"独立的教唆犯"理论,认为这种教唆犯并不是事实上的共同犯罪中的教唆犯,而是现实中独立存在的教唆犯,因而它具有独立性,没有从属性,这是日本"独立教唆犯"的一个显著特点。在独立教唆说看来,只要行为人实施了教唆行为,就足以表明其实施了侵害法益的行为,是符合构成要件的违法行为,因而应当受到刑罚处罚。日本刑法理论虽然保留了"独立教唆犯"的理论体系,但没有从根本上阐明教唆他人自杀是基于何种根据而受处罚,因而没有得到其他学者的响应和支持,而且在人的生命这样的重大法益应当加以特殊保护时采用此理论,而在其他场合为何又排除此理论的适用,该理论亦未阐明,所以不能一以贯之。

在我国刑法中,同样面临如何界定教唆犯实行行为这一难题。如果只是实施了单纯的教唆行为,该行为是否属于刑法中的行为呢?如果将其作为刑法中的行为,那么必须符合行为的特征。具体在教唆他人实施自杀行为的问题上,关键在于单纯教唆他人实施自杀行为是否会对社会产生严重的社会危害性。在我看来,即使只是单纯教唆他人自杀,也无疑是具有危害的行为,原因有以下三点:第一,有的学者认为:"人类行为不仅仅止于行为人自身的身体动静,行为人所利用的各种客观条件,也是人类重要的组成部分,行为总是、也只能通过控制某些客观条件来作用于特定人或物的存在状态以实现自己行为的目的。"正如有人通过刀枪棍棒杀死他人一样,在教唆他人实施自杀行为时,也无非是由于行为人利用了他人的行为而实现了自己的犯罪目的。第二,虽然教唆者在客观上并没有亲手杀死被害人,但正是由于其不当的教唆行为而导致他人通过自杀结束自己的生命,这与亲手杀死被害人没有本质区别。第三,社会秩序的保护离不开行为秩序的控制,社会运用规范要求、引导、鼓励人们实施有益于秩序的行为,禁止人们实施有损于秩序的行为。

从这种意义上说,可以肯定教唆者教唆他人自杀的行为具有处罚之必要。

2. 共犯属性的合理解读

我国共犯属性论能否解释这一问题,成为关键。围绕共犯属性的争论,在大陆法系国家主要存在共犯独立性说与共犯从属性说的对立。

目前有个事实是公认的,那就是共犯独立性说现在鲜有学者主张。对共犯独立性的批判主要有:第一,主张共犯独立性说的学者,系误解共犯概念,其将共同正犯亦划入共犯的范畴,而非正犯类型。第二,共犯独立性说的主要根据,是因果理论中的条件理论,但混淆了条件理论与归责理论。第三,可能造成处罚不均衡。如果根据共犯独立性的主张,共犯行为本身已经具备了犯罪性以及可罚性,只要教唆者实施教唆行为,即使被教唆者没有接受教唆,也应对教唆者追究刑事责任。如果这样处理,势必造成处罚的不均衡。目前,共犯从属性说已成为德日等国刑法的通说。

众所周知,我国在共犯的性质上既没有采取共犯独立性说,也没有采取共犯从属性说,而是创造了"二重性说",因为我国《刑法》第29条规定:"教唆他人犯罪的,应当按照他在共同犯罪中所起的作用处罚;如果被教唆的人没有犯被教唆的罪,对于教唆犯,可以从轻或者减轻处罚。"据此,伍柳村教授很早就提出,《刑法》第29条(1979年《刑法》第26条)第1款的规定体现了教唆犯具有从属性,而第2款因为被教唆者没有犯被教唆的罪仍然受到相应的处罚,体现了教唆犯具有独立性。二重性说问世以来,一度取得了刑法通说的地位,但最近几年来,其理论根据饱受诟病,通说的地位有所动摇。我认为,基于以下理由,在我国刑法中支持二重性说并无不当。

首先,我国学者所主张的二重性说是立足于单一制共犯体系的立场。毋庸置疑,共犯从属性说为正犯与共犯相区分的犯罪参与体系(区分制)奠定了基础。根据共犯从属性说,正犯处于犯罪的核心角色,支配了犯罪的进程,而共犯只是从属于正犯时才有意义。但如果将共犯从属性说照搬入我国《刑法》之中,并不存在生根发芽的土壤,因为我国《刑法》中并没有采取德日刑法式的立法例,即在立法中明确区分"正犯与共犯"。即便如此,有学者认为我国在共犯体系上采取的是区分制,因为我国《刑法》明确规定了"教唆犯"的共犯类型。但我认为,在目前我国《刑法》规定的共犯模式的框架内,教唆犯并不具有独立的共同犯罪人种类的法律性质。因为,教唆犯最终要按照其在共同犯罪中所起的作用处罚,如果在整个共同犯罪中起主要作用就是主犯,起次要作用则为从犯。

我国《刑法》规定所有参与共同犯罪的人其参与的形式是正犯(实行犯)还是教唆犯和帮助犯,无论是对参与者个人的定罪还是处罚,均不具有决定性作用,可以肯定我国《刑法》所采取的犯罪参与(或共同犯罪)体系并非是区分制。据此可以认为,我国共犯参与体系采取的是单一制。那么根据我国《刑法》第29条的规定,即使正犯没有实施犯罪,也应进行相应的处罚。这只能是二重性说的逻辑结论。

其次,从《刑法》第 29 条文理解释的立场出发,也应维持二重性说。根据我国《刑法》第 29 条第 2 款的规定,如果被教唆者没有犯被教唆的罪,表明了教唆犯具有独立性的一面。但我国学者并不满足于此,认为该条规定还有很大解释空间及余地。对于"犯罪"这一用语而言,在不同法条之下具有不同的含义,对于本款之中的犯罪,完全可以将其解释为"行为人已经着手实行犯罪,但是没有既遂",从而维持了共犯从属性说的立场。

可以说,这种解释方法固然能够维护共犯从属性说的结论,但是其合理性值得商榷。因为教唆犯的特点固然是唆使被教唆的人犯罪,并且总是意图使被教唆人犯罪既遂,被教唆人实行犯罪而未遂的,教唆犯很可能认为自己的目的未达到,因而没有犯罪。但是,在法律上显然不能做这种评价。不仅教唆犯罪如此,其他直接故意犯罪可以说都有这样的特点。举个简单的例子,甲准备对丙实施盗窃,但是由于意志以外的原因而未遂,显然不能说甲没有犯盗窃罪。同理,如果将《刑法》第 29 条第 2 款解释为"被教唆的人没有犯被教唆的既遂罪",不符合文义解释的结论。

最后,坚持二重性说可以为案件提供合理的结论。二重性说最大的弊端在于共犯独立性立场可能导致主观归罪。目前有一个疑难问题亟待解决,即使被教唆的人没有犯被教唆的罪,行为人可能还没有着手实行犯罪,对法益的侵害性没有达到应受处罚的地步,根据我国《刑法》规定也应追究其刑事责任。这显然与刑法的正义原则不一致。我认为,在我国刑法制度中,这一问题可以解决。我国《刑法》第 13 条"但书"规定:"情节显著轻微危害不大的,不认为是犯罪。"如果被教唆者还没有着手实行犯罪,对法益的侵害还没有达到急迫的程度,这种情况完全符合我国《刑法》第 13 条但书的规定,可以不以犯罪论处。

(二)教唆自杀可罚性的理论依据

我国《刑法》之中的"二重性"不等同于域外刑法中共犯独立性与共犯从属性的简单折中。教唆犯的二重性立场表明,行为人的教唆行为具有接受独立处罚的理论基础。

在教唆他人自杀的情形中,因为自杀行为在我国《刑法》中是不受处罚的,有学者认为,在共同犯罪中,教唆犯之所以负刑事责任,是因为被教唆实施的犯罪行为由行为人的教唆引起,对于自杀这种重要行为,自杀者不考虑清楚和细密权衡,仅基于他人的教唆结束自己的生命是常人难以想象的。这种观点没有很好地把握我国刑法的客观含义,而只是基于一些生活常识而作出推定。首先,根据我国《刑法》第29条的规定,即使被教唆的人未犯被教唆的罪,我国《刑法》也给予相应的处罚。其次,对于自杀者而言,结束自己的生命可能是深思熟虑的结果,但他人的生命极为重要,对于生命的现实处分,只有处分主体在完全意思自由的情形下才有意义。从行为人参与他人自杀的行为来看,他人对于生命处分的行为并不是在完全意思自由的情况下进行的。所以,对于教唆者而言,其教唆行为具有明显的法益侵害性,不能认定为合法有效的处分,不存在法益处分的有效性基础,可以肯定对法益的侵害。

四、我国刑法教唆自杀可罚性的规范展开

我国《刑法》中没有对教唆自杀规定直接的处罚根据,司法解释以及理论通说均主张以故意杀人罪定罪量刑。但如何在故意杀人罪这一规范依据上能够自圆其说,还需要进一步论证和完善。

有学者在该问题上为了贯彻共犯从属性说,即为了说明正犯行为具有违法性,认为故意杀人罪应当解释为故意杀死自己的行为,因此,自杀是符合故意杀人罪构成要件的违法行为。这种观点对我国刑法中故意杀人罪的构成要件进行了扩张解释,并据此在中国语境下贯彻共犯从属性,但这种观点不具有可取性。第一,从体系解释的立场来看,我国《刑法》第232条虽然没有明确此处的"人"特指"他人",但刑法理论一般认为本罪的行为对象是"他人",这是考虑到自杀行为不成立本罪所作出的限定。第二,从目的解释的角度来看,如果将故意杀人罪中的"人"解释为包括"自己"不够合理。因为在行为人自杀不成功的情况下,就应当追究行为人的故意杀人罪未遂的罪责,但从目前的状况来看,似乎没有学者主张此种结论,在司法实践中也没有实务部门对自杀行为判处过刑罚。第三,如果将故意杀人罪中的"人"解释为包括"自己",在某些场合下会导致不正确的结论。如果能够认定自杀行为符合违法行为的构成要件,对于行为人正在实施自杀的行为,其他人可以实施正当防卫。如果行为人在实施自杀行为,根据我国《刑法》第20条第3款"对正在进行行凶、杀人、抢劫、强奸、绑架以及其他严重危及人身安全的暴力犯罪,采取防卫行为,造成不法侵害人伤亡的,不属于防卫过当,不负刑事责任"的规定,其他第三人可以对自杀者实施无限防卫权,即杀死正在实施自杀的行为人而不负刑事责任。显然,根据此种观点,非法剥夺他人生命的行为可以被正当化,这是极不正确的。

在我国《刑法》中,故意杀人罪是指故意剥夺他人生命的行为。构成故意杀人罪要求客观上具有剥夺他人生命的行为,主观上具有非法剥夺他人生命的故意。对于教唆自杀的行为,可以做以下解读:(1)教唆他人自杀的行为符合故意杀人罪的客观构成要件。我国《刑法》通说认为,刑法分则规定的是实行行为,因而第232条规定的故意杀人行为,显然只能是故意杀人罪的实行行为。教唆他人进行自杀,即使在我国刑法中不处罚自杀者,但对于教唆者而言,是利用他人的合法行为实现自己的犯罪目的,且导致了他人结束自己生命的结果发生,符合故意杀人罪的客观行为。(2)教唆他人自杀的行为符合故意杀人罪的主观构成要件。教唆他人自杀,教唆者主观上具有非法剥夺他人生命的故意,对于教唆者而言,主观上是明知自己的行为会(必然会或者可能会)发生危害社会的结果,并希望危害结果的发生。

通过上述分析,在实践中可以根据被教唆者的能力状况作出以下的分类:

1. 教唆不具有规范理解能力的人自杀的行为定性

如果教唆不具有规范理解能力的人实施自杀行为的话,我认为,可以构成故意杀人罪的间接正犯。例如,日本更多认为"在利用幼儿或高度精神病人的时候,成立间接正犯。"所以,教唆不具有规范理解能力的人自杀的话,可以评价为间接正犯。

2. 教唆缺乏"冷静思考"但具有规范理解能力的人自杀的行为定性

如果教唆缺乏"冷静思考"但具有规范理解能力的人自杀的话,我认为,行为人构成故意杀人罪的直接正犯,因为在此处,该行为和行为人自己亲手杀死他人没有任何区别。例如,在日本就发生了这样的判例,对我国刑法具有借鉴意义。

【案例2】被告人以欺骗手段从当时66岁、一个人生活的女性A手里借了750万日元,因为到期不能返还,就产生了让A自杀以免除债务的念头。于是,谎称A的行为违反《出资法》,一旦定罪,就要坐牢。之后,为逃避侦查,被告人带A四处躲藏,不让其与社会上的其他人联系,在无路可走的情况下,又极力劝A自杀,以免给别人添麻烦。A于是产生了自杀的念头,后自杀身亡。日本福冈高等裁判所认为,A的自杀意思不是其真实的意思表示,从而认为被告人的行为构成杀人罪的直接正犯。

主持人·张锦前

姚老师深入浅出、引人入胜的讲座,让人受益匪浅。通过刚才姚万勤老师一个多小时的讲座和分析,我们对教唆自杀的归责路径有了一个更深的了解,而且也看得出来姚老师在这个问题上倾注了大量的心血,进行了深入的研究。

刚才一个多小时的分享,姚老师首先直入正题,认为教唆自杀行为是可罚的,但解释路径存有问题;接下来详细介绍了学界两种不同的解释路径——共犯解释路径及非共犯解释路径,并详细分析了两种解释路径的不同学说;然后姚老师指出,两种解释路径存在困境,同时也提出了自己的观点:既不采用共犯从属性说也不采用共犯独立性说,而是共犯的二重性说,认为教唆他人自杀的教唆行为具有严重社会危害性,因而具有处罚的必要性。在我国刑法中,教唆他人自杀行为符合故意杀人罪的构成要件,应该以故意杀人罪定罪处刑。

今天晚上我们的与谈人是方军老师,我们有请他谈谈他的研究以及对姚老师所讲的感想和意见,有请。

与谈人·方军

一、报告的基本立场

万勤老师的报告围绕一个核心论点,也就是对于教唆自杀的行为应当予以处罚展开。对教唆自杀的可罚性论证通过类型化的方式进行了归纳总结,包括共犯解释的思路以及非共犯的路径论证,指出这两种论证思路或者方法都存在无法自圆其说的困境,从而得出他的核心观点:教唆自杀的可罚性的正当性基础可以从我国共犯二重性立场得出。第一,教唆自杀行为本身就是值得处罚的实行行为。因为通过刀枪棍棒可以杀人,说话同样可以杀人。同时,教唆者通过不当的教唆行为导致他人自杀和亲手杀死被害人没有区别;而且,教唆自杀是有损社会秩序的行为。在教唆自杀的场合,被害人对于生命的处分不是在完全意思自由的情况下进行的,所以,自杀者的对生命法益的处分是无效的处分。这些可谓是教唆自杀行为危害性和可罚性的根源。第二,共犯二重性可以为教唆自杀行为具有独立的处罚必要提供理论基础。因为按照二重性说,教唆犯具有独立性的一面,依照《刑法》第 29 条第 2 款的规定,即便被教唆的人没有犯被教唆的罪,教唆犯也构成犯罪需要处罚。所以,教唆自杀的行为,即便不处罚自杀者,处罚教唆的人也没有问题。

整个报告思路很清晰、观点很明确,结合共犯理论对于教唆自杀行为应该处罚进行了比较充分、翔实的论证,功夫非常厉害,听了以后获益匪浅。接下来,我想针对报告提一点商榷意见和疑问,套用一句名人名言:若商榷不真诚,则赞美无意义。

二、厘清前提:教唆自杀还是故意杀人罪的间接正犯

首先必须厘清的一个前提是,我们经常讨论的情形,究竟是教唆自杀

还是故意杀人罪的间接正犯。如果是故意杀人罪的间接正犯,适用《刑法》第232条故意杀人罪进行制裁,没有任何规范和法理上的正当性质疑。而如果真的是教唆自杀,那么适用《刑法》第232条定故意杀人罪,就并非那么的理所当然和毋庸置疑。

所以,处理教唆自杀的前提,首先要区分清楚究竟是教唆自杀,还是作为他杀的故意杀人罪的间接正犯。

所谓的教唆自杀,成立的前提一定是被害人基于自由自主的意志自愿地亲手终结自己的生命。而间接正犯,是利用自己的认知或意志上的优势将他人作为工具予以利用实施犯罪,按照通说的看法,被害人确实同样可以成为利用者的工具,像是唆使一个盲人去触碰高压电线,这就是典型的利用自己的认识优势将被害人作为工具实施杀人的间接正犯。

既然唆使被害人危害自我法益的行为,既可能成立教唆自杀,也可能成立故意杀人罪的间接正犯,那么自然地,我们不能形式化地认为只要是被害人自己动手干掉自己就是教唆自杀,因为被害人完全可能是行为人故意杀人的工具。至于区分到底是教唆自杀还是故意杀人罪的间接正犯,关键在于唆使被害人自我了断的幕后者是不是基于认识或者意志上的优势地位把被害人当作无意识的工具般利用,如果能够肯定,那么就不再是所谓的教唆自杀,而是不折不扣的故意杀人罪的间接正犯,这和自杀有着本质性的区别。

我们通常说的一部分教唆自杀,实际上已经不是被害人自杀,而是不折不扣的故意杀人罪的间接正犯。我搜了下中国裁判文书网和北大法宝,尽管很多裁判文书中有教唆自杀的字眼,但实际上真正的教唆自杀的案例目前为止可以说比较罕见。有教唆自杀字眼的判决多数是发生在情侣之间,而且实际上并非真正的教唆自杀,而是被害人自己产生自杀的意思后,当爱已成往事的另一半在一旁进行神助攻,也就是实际上是帮助自杀。像邵建国案中,女的想死,男的说和她一起死并且还把枪支上了子弹。还有李某原案件,也是因为感情纠纷,女的先说你要分手我就去死,两个人相约自杀,男的帮助女的爬上护栏后,女的真的跳楼身亡。这些所谓的教唆自杀在我看来其实都是帮助自杀,还有的教唆自杀案件其实属于故意杀人罪的间接正犯。

方才万勤老师在报告开始提到的发生在广东茂名吴某甲倒了两杯农药让两个被害人喝的案例,我也注意到了,被告人的两个儿子实际上分别是 11 岁和 9 岁。法院判决书也说,被告人吴某甲无视国家法律,教唆其儿子自杀,非法剥夺他人生命。其实,在这个例子中,两个被害人只有 11 岁和 9 岁,他们对自己行为的社会意义和终结自己生命所带来的影响,应该说是根本没有办法清楚认知的。所以,无法说是这两个小孩真的基于自由自主意志想要终结自己生命,他们都不过是被告人故意杀人的工具而已。所以,被告人成立故意杀人罪的间接正犯,和教唆自杀无关。

万勤老师报告一开始就提到,我们国家相关司法解释实际上支持教唆自杀成立故意杀人罪,如根据"两高"1999 年《关于办理组织和利用邪教组织犯罪案件具体应用法律若干问题的解释》和 2001 年《邪教组织案件解释(二)》的规定,对于教唆、帮助邪教组织人员自杀的,应以故意杀人罪定罪处罚。实际上,我个人认为,把上述司法解释的规定说成是支持教唆自杀定故意杀人罪的论据,值得推敲。类似这种利用邪教思想蛊惑迷惑被害人后唆使被害人自杀,应该属于利用自己的认知和意志优势将被害人作为实现自己不法目的的手段和工具,成立故意杀人罪的间接正犯,而非教唆自杀。很清楚的是,不能将被害人自己动手终结自己生命的所有行为一律认定为自杀。德国曾经也发生过类似的案件。在所谓的天王星案中,被告人为了骗取保险金,跟完全顺从他的被害人 A 捏造说自己是天王星上的来客,如果 A 从她自己现在的肉体中灵魂出窍,被告人可以协助 A 开始一种新的和精神层次更高的生活。被告人进一步告诉 A,A 要坐在浴缸里然后把打开的电吹风放在浴缸中,被告人在日内瓦湖畔的一座别墅里为 A 准备好了一副全新的身躯,A 会在新的身躯中苏醒过来。被告人唆使 A 购买以被告人为受益人的生命保险,而且告诉 A 说他会把这笔钱带到日内瓦交给 A。A 满怀希望躺在浴缸中把打开的电吹风放在水里,结果天不遂人意,不凑巧电吹风出问题了。在这个例子中,德国联邦最高法院就指出被害人根本没有通过自杀而永久结束自己生命的想法，她的真实意思恰恰是反对自杀的。被告人对于A的行为给A带来的意义进行了欺骗，所以被告人成立故意杀人罪的间接正犯。实际上，利用怪力乱神和宗教对信徒进行精神控制、唆使信徒终结自己生命的情形，大多是欺骗信徒自杀自残的意义，而且在这种宗教活动中，信徒基本上都被精神控制了，和工具没有两样，因此，司法解释中说的组织和利用邪教组织教唆他人自杀的定故意杀人罪，完全可以用间接正犯的法理说明。

同时，对于实务中可能发生的欺骗他人进行相约自杀的情形，论以故意杀人罪的间接正犯，而非教唆自杀，在理论解释上应该也不存在问题。因为其形式上看似教唆自杀，但行为人诱发了被害人产生的这种动机错误，实际上已经动摇了被害人对生命的自主决定权，而有效的法益处分的正当性基础就是自主决定权。所以这个时候被害人自杀就不再是有效的法益处分行为，自然，教唆者成立故意杀人罪的间接正犯这样的解释结论也可以接受。

似乎一般人会倾向要对唆使他人自杀的行为定罪，是因为直觉告诉我们很多情形不处罚教唆自杀的人，会不公平。但是，感觉和经验往往经不起逻辑和理性的检验。经过上面这一层故意杀人罪间接正犯的过滤，其实真正的教唆他人自杀情形已经比较少见了。接下来，我们看看对这些真正的教唆自杀在我国现行的立法体例下进行处罚，是不是可能，以及更深层次的处罚正当性问题。

三、以《刑法》第232条故意杀人罪处罚教唆自杀行为的解释适用障碍

即便认为教唆自杀具有刑事可罚性，但在我国目前的刑事立法体例下，以《刑法》第232条故意杀人罪处罚教唆自杀行为，在法律解释适用的正当性上仍然需要打一个大大的问号。刚刚万勤老师在报告中也提到了。

从条文字义来看故意杀人罪的"人"，究竟包括不包括"自己"？如果认为《刑法》第232条故意杀人罪中的人根本不包含自己，那么，自杀者便不在本条的处罚范围之内，进一步推导的结论就是教唆自杀者同样不在

本条的处罚范围内，以故意杀人罪处罚教唆自杀行为就存在违反罪刑法定原则的嫌疑。

从概念的种属关系上看，人确实包含了自己和自己以外的他人，所以似乎将故意杀人中的人解释为包含了自己，好像也没有什么问题。既然杀人包含了杀自己，那么教唆他人自杀适用故意杀人，从形式逻辑上看也似乎没问题。但是，这其实是有问题的。

在我国的法律史上，关于杀人，西周就有"杀越人于货"罪，尽管训诂学对于这里的"越"和"于"有诸多解释，但一般还是认为是杀死别人、取其财物的意思，类似今天的抢劫罪，后来的成语"杀人越货"就源出于此。显然，这里杀人就是指杀害他人。到了唐律，杀人被细分为"七杀"，包括谋杀、故杀、劫杀、斗杀、戏杀、误杀、过失杀，按照法律史学者的研究，都是意指杀害他人。

从语言学的角度来看，当我们用动词+人字组词时，打人、踢人、揍人、骂人、防人、放人等，这里的人显然都是指别人，也就是说"打""骂""揍"这些动词的受事和宾语，指的都是别人。同样的道理，杀人中杀害这个动作的受事和宾语也应该指的是别人。而且，当今一般人的语言使用习惯上，正常情况下没有人使用"杀自己"这样的表述方式，而是用自杀。所以，教唆自杀，显然不同于教唆杀人，如果把杀人理解为逻辑上包含了自杀行为，与我们一般人理解的杀人行为和故意杀人的语义有了严重的偏差和悖离。因此，以故意杀人罪处罚教唆自杀行为，首先面临的一个简单但是很严重的法律适用障碍，就是可能违反了罪刑法定原则。正因为如此，才出现刚刚万勤老师提到的用类推定罪的形式给教唆自杀定罪。

这是形式上的法律适用障碍，接着我们看看更为实质的问题。处罚教唆自杀真的有正当性基础吗？是不是符合法治国的自由保障理念？

四、处罚的实质正当性——保护法益何在

按照我对报告的理解，正因为刚刚说的故意杀人罪中的人无法理解为包含了自己，将自杀行为理解为符合故意杀人罪的构成要件在一定程

度上存在违反罪刑法定的问题,所以万勤老师试图从共犯的二重性入手证立教唆自杀的行为本身具有独立的处罚必要性,这种理论尝试有其积极作用的一面。但我认为这样的尝试是否成功可能还需要检验。

第一,关于共犯的二重性问题。

首先,我个人认为,从《刑法》第29条第2款无法解读出共犯独立性的一面。我个人也同意万勤的看法,按照共犯从属性的立场将"如果被教唆的人没有犯被教唆的罪"生硬地解释为被教唆人已经着手但未既遂,是比较牵强的,而且这样解释会导致正犯的行为停止在预备阶段的时候无法处罚教唆者的可罚性漏洞。但是,这不意味着这一规定就可以说共犯具有独立性。我个人认为,《刑法》第29条第2款关于未遂教唆的规定,它的本质实际上是教唆行为本身具有预备犯性质的规定,一旦实施了教唆,被教唆人也接受了教唆,这就意味着教唆人开启了一个不可控的流程,是否去实行犯罪将由被教唆人决定,脱离了教唆人的掌控,所以对于这种危及法益风险的行为有必要进行处罚,从而《刑法》第29条第2款实际是将教唆行为作为预备犯处罚的规定。

其次,即便肯定《刑法》第29条第2款是教唆犯独立性的规定,可能也无法证立对教唆自杀行为进行独立处罚、适用《刑法》第232条的正当性。原因在于,即便从《刑法》第29条第2款的规定得出共犯独立性的结论,对于教唆行为有独立处罚的必要,前提也必须是被教唆的行为本身是一种犯罪行为。因为第29条第1款和第2款处罚教唆犯的前提,是"教唆他人犯罪"和"被教唆的人没有犯被教唆的罪"。显然,除非将自杀理解为"犯罪",才有可能利用《刑法》第29条和共犯独立性说明教唆自杀的可罚性。问题的关键是自杀真的是不法进而成立犯罪的吗?

最后,如果认为教唆自杀行为本身具有杀人的实行行为性,那么接下来马上就会推导出的结论就是:由于将教唆行为本身视作实行行为,意味着教唆一旦完成甚至是教唆行为一开始,起码是故意杀人罪的着手,至少进入未遂阶段。可是,假如自杀者开始接受了教唆,后来想了以后放弃了自杀,此时,对于教唆者论以故意杀人罪的未遂犯,这样的结论恐怕有失妥当。

按照共犯从属性，如果认为自杀行为本身是合法的，那么没有不法的实行犯可以依附，教唆自杀和帮助自杀自然不可罚。像德国便依据这一原理原则上不处罚教唆和帮助自杀行为。同时，故意杀人罪的文义也决定了其处罚范围只能是行为人亲手实施了杀害他人的行为。正因为如此，不管是坚持区分制的立法例，还是坚持单一制正犯立法例，从立法政策和社会政策上觉得有必要处罚教唆自杀的国家及地区才在故意杀人罪的条文之外独立规定自杀参与罪名，区分制体系的立法例典型的如日本和我国台湾地区等，采典型单一制体系的如《奥地利刑法典》在第78条同样针对参与自杀专门订立了罪名。但是，即便这样单独设立罪名处罚自杀参与行为，其正当性仍然需要拷问。

第二，我想谈的最后一点，自杀果真是违法和犯罪吗？以至于教唆自杀的行为需要被认定为侵害了法益，需要科以刑事制裁。

今天刑法理论通说认为，惩罚犯罪旨在保护法益。接下来的问题是：将教唆自杀行为规定为犯罪，旨在保护谁的生命法益？感觉似乎告诉我们，你唆使别人产生了自杀的意念，导致人死亡，你说话似乎就是在杀人！可是，这样的感觉未必正确。一个简单的疑问是假如万勤唆使"我"砸我自己的手机，"我"一听太有道理了，真的把"我"自己的手机砸了，这个时候"我"相信不会有人认为万勤的教唆行为成立犯罪。因为"我"作为被害人自己处分了我的财产法益，"我"的处分行为体现了"我"的自主决定权，我对"我"的财产法益有自主处分的权限，"我"基于自由意志处分了，那么就要自我答责，教唆的人不应该被归责。

人活在这个世上在规划自己的行为活动的时候，就要注意不能对外输出会影响别人利益的风险，如果对外输出了这个风险，就要管辖这个风险；如果风险变成了实害，原则上就要答责。但是有原则就有例外，这个例外之一就是被害人自我负责，对外输出风险了，但是这个风险被被害人自己有意识地故意接受，如果发生实害，输出风险的人就不需要对结果负责。因为被害人有意识接受这个风险，那么风险就从制造者的手里转移到故意接受风险者的手里进行管辖,接受者要自我答责。

所以,今天的刑法理论已经普遍接受了区分事实条件因果和规范的结果归责这一思想,"因为你"不等于"都怪你",因为你的唆使我才处分了法益,但是这是我对法益自由处分的体现,所以这一结果不应该归责于你,不应该怪你。这一点,在"我"作为被害人处分财产是因为你的提议而导致的时候是这样。为何到了生命法益的场合,教唆自杀就需要处罚呢?唯一的可能性就是认为自杀本身是一个利益侵害行为,人不可以处分自己的生命,从而自杀是违法的。

我想说的是,认为自杀本身是违法的结论,我个人认为是无法接受的。认为自杀是违法的,对于自杀等自我危害行为进行干预,实际上就是刑法家长主义的体现,其逻辑性假设前提可能是:第一,个人必须保证自己生命健康,因为这关涉社会和国家的公共利益;第二,个人的自我危害行为并非出于理性考虑后的选择结果。这也就是说,个人行为的理性与不理性应该由国家加以定义,个人无权决定。第一点假设将个人和国家作了不当的联结,误解了国家存在的意义。个人的存在本身就是目的,并不是国家或者社会实现某一社会目标的手段;相反,国家的一切目标设定都应该围绕国民个人自由的展开而展开,这是现代民主国家存在的正当性基础,这一点在民主法治宪制秩序下不应该被质疑。第二点假设显然忽略了公民个人行为理性与否是跟国家以及其他第三人无关的个人自由领域,只要不侵入法律规定的他人自由领域,理性或非理性应由公民个人自己定义。在被害人同意损害财产法益人身法益的时候,我们不会说被害人的决定出于非理性,可为何到了被害人同意终结其生命或者损害其健康时,却代替被害人去决定什么是理性和利益?

最后,理论上也有看法认为尊重生命权要求的普遍性决定了要建立一个维护生命的规范秩序,而这个价值秩序是一个具有普遍效力的命令,这个普遍价值的维护与否并不取决于个人的主观意愿,所以教唆与帮助自杀等加功自杀行为入罪便具有了正当性基础。

我认为,需要追问的是,维护生命的规范秩序到底是为了保护生命利益还是仅仅为了规范而规范？如果是前者，那么，在被害人放弃生命利益的情况下，就不存在需要保护的利益；而如果是后者，那么显然将刑法定位于只是为了稳定规范的效力存在，而不去反思这一规范背后还有什么实质性损害作为立法基础，如此一来，这种对规范效力的稳定期待便与规范的实质内容和正当性脱钩，刑法规范将很容易成为立法者恣意贯彻道德规范的工具。

如果承认刑法是法益保护法的话，那么规范以及规范秩序本身或者说维护规范的效力都不是适格的法益。将规范秩序本身作为法益，法益概念也会失去对刑事立法的批判功能，一定程度上会导出实定法规范"因为存在所以合理"这样的不合理推论。

我们生而不自由，因为父母没有招呼一声就把我们带到这个光怪陆离但也精彩异常的世界，但我们应该死而自由。所以，如果被害人基于自由自主意愿自杀，由于没有利益侵害，不应该认定是违法的行为，从而教唆他自杀的人也不存在利益侵害，不具有可罚性。

五、结论

自杀与自杀关联行为确实是一个异常复杂的问题，涉及法学、哲学、社会学等学科和知识，对个体自由以及个人和他人与国家的关系会有不同的立场，但不管哪一种观点，我想都没有对错之分。

清华大学的体育馆上至今有几个鎏金大字："为祖国健康工作五十年"。在清华园读书时每次经过体育馆看到这几个字就让我很不舒服：似乎是说我个人存在的唯一意义就是工作，而且是为祖国工作，还必须是健康地工作。锻炼身体的意义不再是为了自己有健康的体魄，从而有快乐的人生，健康的目的其实是为国家建设添砖加瓦的手段。实际上，个人已经无形中被客体化了，显然，类似的这种口号将个人和国家的存在意义作了不当的联结，但确实是我们的国家和社会中普遍存在的一种态度和价值立场，认为人是国家的螺丝钉或是一块砖，哪里需要哪里搬，让我一度怀疑人生。

我认为,我们所有的法律制度和理论设计都应当围绕人的自由展开,尤其在我们这个过去一向强调个人为集体、为国家贡献和牺牲、个人权利在集体利益面前被限缩到极致的国度,更有必要强调个人权利和自由的至上性。只要个人对于权利的行使没有干涉到其他人的法权领域,那么他的权利就必须得到尊重,这种权利不论是财产法益、自由法益或者是今天讨论的生命法益,都不应当区别对待。一个出于自由自主意愿选择自杀的人,必定是生命进程中基于偶然原因陷入了一种困顿的状态。但是,不能因为他人使被害人产生了自我了断的意思,便认为他人需要对此负责。如果我们承认,自杀是合法的,生命应当由自己做主并对之负责,那么就没有理由处罚教唆自杀者。既然是自杀,就是被害人自己自由自主意志的体现,这时就应当尊重他处分自己生命的自由。

最后,我想借用几句脍炙人口的诗句结束我的与谈:"生命诚可贵,爱情价更高,若为自由故,二者皆可抛。"以上有不正确的地方,一切由我自我答责,请万勤老师和各位同人批评指正。

主持人·张锦前

感谢方军老师的精彩与谈。通过刚才与谈的内容,能够深刻地感受到方老师在这一块深入的研究。方老师首先对姚万勤老师的观点作了概括,然后提出要先厘清教唆自杀中的被害人自杀与故意杀人间接正犯的区别,在这个观点上应该跟姚老师的立场是一致的;接下来提出即使教唆自杀具有可罚性,以故意杀人罪追究刑事责任形式上存在法律适用障碍,可能违反了罪刑法定原则;最后对姚老师提出的共犯二重性学说进行点评,并亮出自己的观点:自杀是合法行为,将教唆自杀规定为独立的罪名,违反了保护法益的基本原理。依照我的理解,方老师的立场应该是认为教唆自杀行为是不可罚的。

非常感谢方老师,刚才方老师半个小时的与谈非常精彩。对于方老师的与谈,我想姚老师肯定有一些新的回应,或者有补充。毕竟在观点上还是有碰撞的,有请姚老师。

主讲人·姚万勤

刚才方老师从宏观的论述视角,对这个问题进行了阐述,也针对我讲的一些问题进行了探讨。虽然时间只剩 5 分钟,但是我觉得有必要回应一个问题,就是自杀这个问题的前提性问题,它到底是间接正犯还是教唆的问题。这个前提性问题我还是比较感兴趣,因为所有的问题都是围绕着刚才方老师所讲的前提性问题来展开。如果前提事实不正确的话,那么将导致我们后面的理论根据会存在更大的问题。当然方老师的观点也是非常明确,他说教唆自杀在很多司法实践的案件当中,基本上都属于间接正犯的类型。

我上面也讲到这个问题,就是通过何种理论来判断成立间接正犯这个问题。传统的通说认为应当依据工具理论,但是对这个问题如果采用工具理论的话,确实在解释上存在着很大的障碍,不免陷入刚才方老师所讲的大部分的教唆行为,只是徒有教唆的字眼,无教唆的实质。

对于这个问题,我们看看日本大冢仁教授的观点,他的理由是:如果用工具理论来解释的话,相当于将一个人纯粹当作工具,是不是也不太妥当？比如说 13 周岁的人,他本身就有规范的理解能力了,跟单纯的工具本身就是两码事了,这就引起了我们司法实践中的大讨论,比如说近期的未成年人恶性案件就引起了全民讨论。

工具理论所引起的争议也不在少数,但是目前已经有更多的学者主张罗克辛教授的犯罪事实的支配理论了,在罗克辛教授看来,如果行为人对犯罪事实过程具有决定性影响或者是关键性的角色,那么就认为他对犯罪事实具有支配性,应该是正犯。

那么我们接下来就通过犯罪事实支配理论来检讨一下司法实践中教唆自杀的一些案子。刚才方老师提了一点,我是比较赞成的,比如说像邪教,能符合罗克辛教授所讲的意思支配,我认为应当是间接正犯较为妥当。但通过行为支配和功能性支配这两种支配,在一般的教唆自杀的情形,貌似很难实现。比如说,被害人当时没有自杀的意思,但是我在他边上不断地碎碎念,一天到晚就跟他讲生活是多么无趣、黑暗。他听一天觉得还行,但如果加上生活给他的暴击,在各种因素配合之下他就自杀了。这是一种行为支配还是功能性支配呢?显然都不是。所以说如果从这一种理论体系出发,教唆自杀在司法实践中貌似还是存在的。

为什么司法实践中追究刑事责任的很少呢?这是另外一个问题,我考察了一下,主要的原因还是在于:被教唆的人死亡,或许查无证据,是否会导致追诉上的遗漏呢?也就是我们通常讲的犯罪黑数,这种情况是不是也是存在的呢?

当然这只是我的见解,限于时间原因,也只能对前提问题作一个简短的探讨。方老师后面所讲的一些论据,我听到之后还是非常受启发的。因为在教唆自杀这个问题上,你想在处罚根据上一以贯之,确实难度很大。

正如方老师所讲的那样,这一问题本身就涉及宏大的叙事背景,限于时间的原因,有些问题只能私下和方老师和张主任切磋了。谢谢大家。

与谈人·方军

Q:这是一道司法考试题。某甲欲跳楼自杀,在犹豫的过程中,听到围观者李某大喊:"怎么还不跳?"某甲毅然跳下后抢救无效死亡。答案认为李某的行为不构成犯罪,某甲之前的犹豫这一点是否意味着未形成自杀决意,而下面的起哄者属于教唆他人自杀的行为?不定罪究竟是因为楼下人无杀人意图,还是其不成立教唆自杀行为,还是因为自杀者须自我答责?若是,当年司法考试出题者莫非认同方军老师的意见,而恰恰和所谓通说不一致,希望予以分析评价。

从论述的题目案例案件事实来看,这个被害人本来就想要跳楼,在犹豫的过程当中,下面有人提供了一个神助攻:你怎么还不跳?别浪费我们时间。然后被害人就毅然决然地跳下导致抢救无效死亡。

我觉得毫无疑问,被害人很显然是一个自杀的行为。说你怎么还不跳的人,我觉得认定他构成教唆都未必合适,因为被害人自杀的意念并非因为行为人的话而引发,但是认定为帮助自杀,我觉得可能是没问题的。但不管是教唆自杀还是帮助自杀,都不影响答案。答案也认为说话的人不构成犯罪。我觉得就像我刚刚说的,既然是自杀,这个时候被害人就需要自我负责。哪怕说"怎么还不跳"的人为他的自杀提供了一个条件意义上的原因力。这个时候自杀的人还是需要自我答责的,说怎么还不跳的人,就不成立故意杀人罪,不应当认定为故意杀人罪。我觉得这个结论是正确的,不成立犯罪。

至于是不是司法考试答案认同我的意见,而这个意见又恰恰跟所谓的通说不一致的问题,我想说的是,所谓通说,意思就是通通都这么说,但通通都这么说,有可能是通通说得是对的,但往往也可能通通都是瞎说。所以通说也有可能会成为历史,通说的结论也未必会正确,这是我的一个简短的回答。我不知道我有没有说清楚。

主持人·张锦前

好的,谢谢方老师,其实在准备主持讲座的时候,我也发现了另外的一个问题。是什么呢?关于自杀性质,合法的、违法的之外,还有第三种路径的说法。我发现周光权老师在《中外法学》上有篇文章,他认为理解自杀性质的第三种路径是法外空间说。也就是说,他认为自杀不能评价为违法行为,但是也不能评价为合法,是这两种情形之外的第三种情形。他认为在现有的立法体例下,除非是增设罪名,否则对自杀参与行为不能依照故意杀人罪定罪处罚。这个跟姚老师的这个观点又有不一样,姚老师有没有这方面的回应?

主讲人·姚万勤

其实周老师这篇文章当时我是很认真地拜读过了,他讲的实质上也是德国学者考夫曼的一种观点,认为自杀行为是一种法外空间。大家可以看考夫曼的《法律哲学》上面详细地讲了法外空间的这种理论体系,当然他讲的笔墨也不是很多。周老师写这篇文章的目的,我觉得也是要找到处罚根据。

我刚才讲的各种理论主张各种解释路径,实际上都是每个学者自己的一种理论阐述。为什么要做这种尝试?都是为了他的理论体系一以贯之。所以说周老师提出这个观点,实际上他也是在贯彻自己的逻辑。但是对周老师这个观点,我是持保留意见的。我记得我念书的时候,我的硕导童老师就讲了一个观点,他说在德国学界通说认为法的状态有三种:除了合法的、非法的,还有介于合法与非法之间的第三种状态,比如说吃饭睡觉这种法律也不管的,但是你不能讲这个是合法,也不能讲这个是非法的,只能归入第三种状态。

但是,平时睡觉,外出散步旅游,这个到底是合法的还是非法的?既然是法律不管了,是不是就是合法的呢?这种划分方法可能在德国是比较流行的一种观点,但是在我们国家这种观点我觉得还有待商榷。后来也有学者确实提出了一些商榷性意见。当然由于时间问题,就不对这个问题展开了,感兴趣的同学可以进一步思考这个问题。

主持人·张锦前

谢谢!今天我们的讲座超过了两个小时,在这里再次感谢两位老师的精彩的主讲以及与谈。我们感受到两位老师在理论与实践方面的结合,不仅理论深厚,而且与实践结合得非常接地气,紧贴了问题,可以说让我们包括我这个主持人在内听起来都是受益匪浅的。

第五讲
权利的非法行使与财产犯罪

主讲人:马寅翔(华东政法大学刑事法学院副教授)
与谈人:邓毅丞(杭州师范大学沈钧儒法学院副教授)
与谈人:简 爱(中央财经大学法学院副教授)
总结人:李振林(华东政法大学刑事法学院副教授、《青少年犯罪问题》副主编)
主持人:肖崇俊(《华东政法大学学报》编辑)

主持人·肖崇俊

今天是我们全国青年刑法学者在线讲座分论部分的第五讲,我是主持人肖崇俊,来自《华东政法大学学报》编辑部。首先请允许我向大家隆重介绍今天参加会议的四位学者。

主讲人马寅翔教授。马老师是我们华东政法大学非常受学生欢迎的青年老师,北京大学法学博士,华东政法大学"经天学者",曾赴德国马普刑法研究所访学,专注于刑法基础理论和财产犯罪问题的研究。

与谈人邓毅丞教授。邓老师来自杭州师范大学沈钧儒法学院,清华大学和日本东北大学法学博士,杭州市网络犯罪研究中心学术委员会委员,主要研究方向为刑法解释学和比较刑法学。

与谈人简爱老师现任职于中央财经大学法学院,中国人民大学和东京大学联合培养法学博士,主要研究领域与马老师相同,也是刑法基础理论与财产犯罪学。

总结人李振林教授。李老师是我们华东政法大学的法学博士,曾获得 2014 年全国刑法学优秀博士学位论文一等奖,现任《青少年犯罪问题》杂志副主编,主要研究金融犯罪问题。

今天主讲的题目是《权利的非法行使与财产犯罪》。生活中我们可能听说过这样的事例,一个人他赌钱输了,但是后来又把这个钱偷了回来。如果我们单看后一行为,它是符合盗窃罪的外观的,但我们知道赌债在法律上是不受保护的,那么是否也可以看作他取回自己的财物呢?如果看作他取回自己财物的行为,是否还构成盗窃罪呢?今天马老师就会为我们解答这个问题。接下来有请马老师为我们主讲。

主讲人·马寅翔

在我国司法实践当中,通过涉嫌犯罪的方式主张自己权利的案件是偶有发生的。为民众所熟悉的各种天价维权案,就是其中最具代表性的一种。其主要表现为通过要挟曝光的方式索取天价的赔偿费,这种行为方式涉及是不是构成敲诈勒索罪的问题。此外,在实践当中还存在着通过盗窃、诈骗等方式取回为自己所有但是为别人占有的财物,或者是通过暴力、胁迫的方式主张债权的行为,这些行为则可能涉及是不是构成盗窃罪、诈骗罪或者是抢劫罪的问题。

在刑法理论当中,刚才我所讲的这些内容,都被提炼为"权利行使与财产犯罪"。在此类案件当中,行为人在主张自己权利的时候,其行为方式是具有财产犯罪这样一种外观的。也就是说,它实际上是通过一种非法的方式在主张自己的权利,因此严格来说,将"权利行使与财产犯罪"改称为"权利的非法行使与财产犯罪"更为妥当,这也是我今天这个讲课题目的由来。

今天我主要给大家讲四个方面的内容,第一个是权利非法行使及其处理的原则,第二个是权利非法行使不可罚的规范依据,第三个是权利非法行使不可罚的法理基础,第四个是权利非法行使不可罚的具体示例。

一、权利非法行使及其处理原则

关于权利的非法行使,它的概念在我们刑法学界大概存在三种主张,也就是最为狭义的概念、狭义的概念以及广义的概念。这些概念都有一些共同的特征,那就是权利行使都具有一种财产犯罪的外观。但是通过对比这几个概念,也会发现它们当中存在一些差异,那就是作为前提的权利是不是仅限于客观存在的权利。

在学界除了对权利非法行使的概念有一定的争议之外,对于权利行使的具体类型其实也是存在一些划分上的不同的,主要存在三种分类方式。其中,第一种属于最为通行的一种主张。在这种分类之下又存在四种不同的主张,比如说其中第三种行使有法上请求权的权利与行使有事实请求权的权利,这实际上就是今天的与谈人简爱老师的一个划分。

关于分类我就不再给大家过多地介绍了。我们来看一下这些分类,看看它们有哪一些共同的特征。绝大多数的刑法学者都认为,如果存在权利的前提,尤其是行为人拥有合法权利的时候,那么就采取所谓的权利行使不可罚的处理原则。也就是说,如果行为人具有某种权利的基础,当他通过盗窃、诈骗等方式取得他人占有或所有的财产的时候,就不应当被作为财产犯罪来进行处罚。在某些案件当中,行为人为了能够顺利地取财,有时还会运用一些非法的手段。如果这些手段本身触犯了其他罪名的话,则有可能只处罚这些手段行为。比如说,行为人通过暴力的方式夺取债务人的等价的财物时,导致了债务人身受轻伤。在这个情况下,不应当把这个案件认定成抢劫罪,而是应当按照故意伤害罪来定性,这就是所谓的权利行使不可罚的意思。

在权利的非法行使不构成财产犯罪这个方面,理论中主要包含以下两个方面的理由:一方面的理由是这些行为阻却了相关财产犯罪的构成要件符合性;另一方面的理由是这些行为也有可能阻却违法性。这一方面的具体理由是,根据处于通说地位的法律—经济财产说,当行为人所享有的债权和被害人的所有权价值等同时,可以认定在总体上行为人的行为没有给被害人造成财产法益的侵害,这样一来行为就阻却了违法性。显然这种理解是从财产犯罪的保护法益出发,认为只有侵害了值得保护的法益,这种权利非法行使行为才有可能被作为犯罪来对待。

与理论通说认为权利行使不可罚的主张相反,也有不少学者认为这种行为同样具有成立财产犯罪的可能性。比如说简爱老师就认为,即便是行使合法权利,在原则上其实也具有可罚性。

当然不仅是在理论界,在实务界,其实也经常会出现在案件的审理过程当中,将权利非法行使的行为作为财产犯罪加以处罚。这表明在权利的不法行使的性质认定方面,目前其实还是存在非常大的争议的。对于其中涉及的具体问题,有必要从学理上进行相应的澄清。这些问题如果从总体的方面来看,包括但不限于:为什么对于这种具有财产犯罪外观的行为,不应当以相应的财产犯罪加以处罚?它背后的规范依据以及法理依据是什么?这里所说的权利是不是仅限于具有合法依据的权利?本次课程我主要围绕以上这几个问题,结合我们国家的立法、司法解释以及司法实践中发生的真实案例,给大家作一个具体的分析。

二、权利非法行使不可罚的规范依据

接下来我们就转入正题,那就是权利非法行使不可罚的规范的依据是什么。通常认为权利非法行使之所以不可罚,它的规范依据在于我国《刑法》第238条第3款的规定,该款的具体内容是:为索取债务非法扣押、拘禁他人的,以非法拘禁罪定罪处罚。在这种行为类型中,行为人为了主张债权而使用了非法拘禁的方式,这属于典型的权利非法行使的行为。

对于《刑法》第238条第3款的规定,一种观点认为它属于法律拟制,仅适用于为索取合法债务而非法拘禁他人这样一种特定的情形,它不能够推广适用;另一种观点则认为它属于注意规定,可以广泛适用于非法主张合法权利以获得财物的各种情形,其中注意规定说是通行的一种见解。

我们来看一下《刑法》第238条第3款的立法理由。立法者之所以规定这样一个条款,主要是考虑到在为了索取合法债务而非法拘禁他人的案件当中,行为人主观恶性相比绑架罪而言是较小的,而且对于被非法拘禁者的人身安全的威胁,比绑架罪也是相对要小多了。

这种考虑显然是站在将此类情形与绑架罪进行比较的角度来说的。

它的意思是说,由于行为人主观恶性比较小,一般也不会危及被绑架者的人身安全,如果以绑架罪论处的话,会导致刑罚过重,因此就有必要将它作为非法拘禁罪处罚。如果这样来理解的话,在绑架罪的最低法定刑只有5年有期徒刑的情况下,将此类行为作为绑架罪处理,好像也并不会导致明显的罪刑失衡。因此,该款规定完全可以被废除,这是主张拟制规定说的学者的一种见解。

对此,主张注意规定说的学者则认为,将为索取合法债务而非法拘禁他人的行为以非法拘禁罪定性的实质根据,在于这种情况中,债务人并没有遭受财产损失,所以不存在实质意义上的财产法益损害。这种观点也是华东政法大学于改之教授的主张。

应当说,这种解释对于回答为什么这种行为不构成财产犯罪是有道理的,但是在回应法律拟制说的质疑方面,可能还是存在一些不足。比如说,法律拟制说的主张者就完全可以反驳说,即便是将此类行为认定为绑架罪,其实也并不是不可以。因为这样处理除了不会导致量刑的失衡以外,它还可以更全面地保护债务人的财产权利和人身权利。

为什么在认为可以更全面地保护债务人的相关权利的同时,持法律拟制论的学者却认为,在适用绑架罪的情况下,要优先考虑适用绑架罪的最低法定刑呢?之所以这么去处理,可能要么是觉得行为人是在主张权利,哪怕是使用了犯罪手段,它的违法性也是相对较小的;要么就可能是考虑到立法理由所说的那种原因,也就是因为行为人的主观恶性比绑架罪要小,因此可谴责性不高,即便是按照绑架罪来处理的话,它也是属于社会危害性相对较小的一种情形。

但如果我们仔细思考一下刚才我所说的这两种理由,可能就会发现,这些理由在实际上等于承认这种行为并没有给债务人造成实质的财产损失,这已经和注意规定说的理解没有什么本质的区别。

由此可见,即便是坚持法律拟制说,也并不是不可以接受没有造成实质的财产损失这样一种主张。因为绑架罪作为一种严重侵害人身权利的犯罪,在我们刑法理论中是被定位为法定的目的犯,它原本就不要求必须给他人造成财产损失。也就是说,仅仅将这种行为并没有给债务人造成实质的财产损失作为理由,去证明《刑法》第238条第3款的规定属于注意规定,这种做法可能并不具有非常充分的说服力。因为持法律拟制说的学者不但注意到了这一点,而且也明确承认,在特定情况下这种情形也可以成为违法阻却事由。由此可见,如果想要证明这个条款属于注意规定,除刚才所提的理由之外,还必须寻找其他更加能够为大家接受的理由。

在寻找理由之前,我们先来看一下相关的司法解释。最高人民法院以及最高人民检察院围绕权利行使不可罚的相关行为其实已经作出了各种司法解释。其中2000年7月19日实施的最高人民法院《关于对为索取法律不予保护的债务,非法拘禁他人行为如何定罪问题的解释》就规定,行为人为索取高利贷、赌债等法律不予保护的债务,非法扣押拘禁他人的,以非法拘禁罪定罪处罚。对于这个司法解释,即便是持注意规定说的学者也认为,由于我们刑法理论认为非法债权其实是不受法律承认的,民法并不会给它提供保护,在通过非法扣押、拘禁等手段取得相关财物的时候,如果仅以非法拘禁罪加以处罚的话,就意味着刑法对于民法不予承认的权利也给予了保护,这是不合适的。

但是最高人民法院显然并没有止步于刚才我所说的司法解释,在2005年6月8日实施的《最高人民法院关于审理抢劫、抢夺刑事案件适用法律若干问题的意见》(以下简称《两抢意见》)又专门规定,行为人仅以其所输赌资或者是他所赢的赌债为抢劫对象的,一般不以抢劫罪定罪处罚。构成其他犯罪的,依照刑法的相关规定处罚。显然,抢回所输赌资的行为,连非法债权的这种外形都不具备了,这似乎更加难以适用权利行使不可罚这样一种理论主张。

如果说在这种情况中,行为人至少抢回的还是他自己所输的赌资,其中可能还多多少少地残存着个人权利的影子,那么,在盗窃或抢劫家庭成员或近亲属财产的情况中,则已经完全属于非法取得他人合法所有的财物了。对此,在《两抢意见》中,我国最高司法机关其实就盗窃或者抢劫家庭成员或者近亲属的财产,出台了一个专门的司法解释,明确规定在通常情况下,是不应当以抢劫罪或者盗窃罪加以处罚的。显然,这种情形已经完全和权利行使没有任何的关系。

正如我们现在已经基本接受的张明楷教授的提倡——"法律并不是嘲笑的对象",那么"司法解释也不是嘲笑的对象"。我们在解释司法解释的相关结论时,其实也还是要尽量重视司法实务部门在处理案件过程当中所闪现的实践智慧。这是因为德国著名的法学大师、权利法学的重要代表人物菲利普·黑克曾经就说过:"规范的获得建立于对生活及其需要的研究之上,各种法律命令要从生活需要和利益状况出发来进行研究。命令的形成要从具体真实生活的观念出发,最终是为了通过判决来继续塑造具体的生活。"

这句话可能听起来太过于学究化,说得直白一点,其实就是我们耳熟能详的美国法学家霍姆斯在《普通法》一书中提出的一个著名的论断,那就是"法律的生命不在于逻辑,而在于经验"。说得再通俗易懂一点,那就是法律规范是为生活服务的,而不是生活为法律规范服务。

我们在思考问题的时候所得出的结论是不是符合逻辑,固然是非常重要的,但更为重要的是,该结论是不是符合通行的社会观念。只有植根于鲜活的社会生活,一种理论才能够不断地吸收养分,变得充满活力。在这方面实话实说,司法解释在很多时候实际上做得比学者们做得要好,要好得多。因为司法解释在出台的过程中,通常会充分听取各方的意见,更加注重结论的实用性,更加注重结论适用的社会的效果。

在《两抢意见》以及《最高人民法院、最高人民检察院关于办理盗窃刑事案件适用法律若干问题的解释》中,抢劫或者盗窃亲友财产的行为通常并不被认为是犯罪,这显然并不是从保护个人权利这一种视角出发能够得出的结论。它所体现的刑事政策思想是,家庭和亲属关系是基于血缘和婚姻而产生的一种特殊的社会关系,主要应当由伦理、道德和民事法律进行调整,应当尽可能地减少主动的国家刑事干预,以避免激化矛盾,影响家庭和亲属关系的缓和。毕竟是亲属之间实施的这样一种犯罪行为,如果把行为人给判了刑,他刑满释放之后还是要面对自己的亲属,大概率抬头不见低头见,一判了之的话,可能不但不利于关系的缓和,在很多时候还会激化双方的矛盾。

由此可见,司法解释的做法重视的还是处理方案的社会效果,它追求的是我国文化所津津乐道的和谐的理念,而不是只是追求权利及其保护。在解决纠纷的时候,与西方法律文化强调对于个人权利的保护这种做法不同的是,我国的法律文化其实更喜欢从人际关系出发,强调尽可能地去恢复人际关系的和谐,而不是简单地进行赔偿或者是惩罚,以防止纠纷的双方长期的相互的敌视。这实际上是将儒家思想当中的"己所不欲,勿施于人"的这样一种道德准则作为一种黄金规则,也就是依赖于道德准则,而不是权利观念来指导法律的制定与运行,并尽量地确保法律适用的实用性。黄宗智教授将中国法律的这种特点称为实用道德主义。

通过刚才这样一个梳理,我们就不难发现,前面提到的司法解释,正是从这种实用道德主义的要求出发去作相关解释的。由此就不难理解,如果运用权利话语体系来解读这些司法解释的话,注定是行不通的。因为这些司法解释以及《刑法》第238条第3款的底层代码,根本就不是个人的权利,而是人际关系。它的正当性并不是来自于维护被害人的合法权利,而在于恢复人际关系的和谐。

在通过犯罪的方式主张权利的时候,考虑到双方在事实上存在着一定的金钱往来,被害人在道义上也并不是毫无可以指责的地方,不以财产犯罪处理,其实在某些时候也并不是不能够为民众所接受。在通过犯罪方式主张合法权利的情况中,"欠债还钱,天经地义"这种道德观念,其实普通民众也是广为接受的。由此可以发现,在解决权利的非法行使及相关问题的时候,我国立法者及司法者的这种处理方式,可能更能够反映出我国法律不同于西方法律的一些独特理念。

正是由于这种处理方案反映的是一种实用道德主义,如果仅将《刑法》第238条第3款的规定理解为一种法律拟制的话,可能就会掩盖掉这一点。我个人认为,第238条第3款作为一种体现道德准则的规范,为此后司法解释的出台提供了一定的出路,这样一来,前面提到的各种规定就成为证明权利非法行使不可罚的立法与司法的依据,并可以为类似案件的处理提供一些解决的思路。

比如说我们经常可能听到的,张三和李四由于恋爱谈"崩"了,张三就把李四绑了起来,向其亲属索要所谓的"青春损失费"。通常而言,我们是不把它作为绑架罪来处理的,而是把它作为非法拘禁罪来处理。显然,如果是从保护个人财产权利的角度进行考虑的话,是根本难以得出这个结论的。

但是非常遗憾的是,目前理论界在研究这个问题的时候,基本上还是沿袭了西方法学理论当中的权利话语体系,没能对我国自古以来的道德话语体系给予足够的重视。在这方面,客观地讲,司法解释反而走在了理论研究的前头。我在之前提到的几个司法解释,实际上已经为道德话语体系的适用提供了一个可以展现魅力的舞台。我们作为理论研究者,其实也是需要通过研究提供一套能够容纳道德话语体系的教义学方案。

三、权利非法行使不可罚的法理基础

接下来,我将谈一下权利非法行使不可罚的法理基础。在讨论的过程中,我尽量去通过自己的一些思考,为这套道德话语体系提供一种在教义学理论中也同样可以生存的方案。

我刚才提到,学界关于权利的分类事实上还是划分成了具有合法请求权基础的权利,如所有权或者债权,和具有一定事实基础,但是却并不为法律所承认的权利,比如说因高利贷或者是赌博而产生的债权。简单来说,也就是我们理论界还是把它划分成了合法权利与非法权利。

下面,我将分别就这两种权利的非法行使行为为什么不能够按照财产犯罪进行处罚,进行更为详尽的说明,也就是分析一下它们不可罚的法理基础到底是什么。虽然从结论上来看,行为人在非法行使这两种权利的时候,均不应当按照财产犯罪加以处罚,但是毕竟这两种情形存在着合法与非法之分,将它们如此处理的法理基础其实并不完全相同。

总而言之,非法行使合法权利之所以不应当按照财产犯罪进行处

罚,主要是依据它取财的时候并不具备实质的不法;而非法行使非法权利的行为之所以不构成财产犯罪,主要的依据则在于行为人并不具备实质的责任非难可能性。

在刑法理论中,围绕着非法行使合法权利是不是具有财产犯罪的可罚性,形成了正反两种对立的观点。比如说在德国的刑法理论当中,围绕这个问题就存在着形式的财产秩序说与实质的财产秩序说。

其中,形式的财产秩序说认为,即便是行为人对于取走的物品享有到期且不存在异议的债权,他实施的取得行为仍然是具有违法性的;与此相反,实质的财产秩序说则认为取财行为是否具有违法性,关键在于这个行为在整体上有没有对被害人造成实质的财产损失。虽然行为人非法行使权利的行为,在形式上给债务人造成了一定的财产损失,导致其财产总量在表面上看起来发生了减损,但是,如果债务人如约履行债务的话,他的财产总量也同样会存在同等程度的减损。这表明行为人的行为在实质上其实并没有恶化债务人的整体的财产状况,因而并不存在刑法需要加以保护的受侵害的法益。既然如此的话,就没有必要对行为人的行为进行刑事制裁。

就德国这两种争议而言,实质的财产秩序说是德国刑法理论当中非常有力的一种主张,它也为德国的司法实务部门所认可。这就意味着,合法权利的存在,是财产犯罪领域当中一种独立的违法阻却事由。当然这个结论仅适用于德国的刑法的规定。

如果我们来看一下我国《刑法》第238条第3款的规定,可能就会发现它其实也同样体现了实质的财产秩序说的理念。受第238条第3款规定的影响,这种注重实质判断的整体思考方案,在我国刑法理论界其实也处于通说的地位。

但是从我国刑法的规定来看,认为合法权利存在属于构成要件阻却事由的这种主张可能更为合适。通过分析我国刑法规定可以发现,我国刑法保护的其实是作为整体的合法财产,且通常要求财产犯罪的成立必须要达到一定的数额。而在计算财产犯罪损失的数额的时候,采用的也是一种实质的判断,也就是要考察行为在整体上有没有给被害人造成实质的财产损失。这种主张的法律依据,我们可以在《刑法》第226条规定的强迫交易罪中找到。行为人通过暴力强迫被害人向自己出卖商品的这种行为,之所以不构成抢劫罪,是因为虽然被害人的财物被行为人拿走了,但是他同时也获得了行为人支付的相应?因此从整体上来说,被害人的财产总额并没有发生减少,他并没有遭受实质的财产损失。这意味着我国刑法对于财产的这种认定,它其实是采取的整体的财产说,而不是个别的财产说。

这种理解为《两抢意见》所肯定,它就规定从事正常商品买卖交易或者是劳动服务的人,以暴力胁迫的手段迫使他人交出与合理的价钱费用相差不大的一些钱物,情节严重的话,它只是以强迫交易罪定罪处罚。如果我们不考虑司法解释,从行为方式来看的话,以暴力、胁迫的方式去夺取他人的财物,显然大家可能会觉得应当以抢劫罪来定性,但是司法解释的意见就认为之所以不应当定抢劫罪,还是因为从总体而言,虽然被害人的商品被行为人拿走了,但是行为人同时支付了相应的对价,从整体上并没有给被害人造成相应的财产损失。从全案来看,行为人其实只是侵害了被害人自由交易的权利,而没有侵害到他的财产权利。因此从整体上来看,这种司法解释它依然是作了一种实质的判断。

一些学者也正是以此为基础,认为在理解所谓的非法占有目的的含义的时候,不能够像德国或者日本的刑法理论那样去理解,而是应当将它理解成是一种不法获利的目的,也就是行为人意图通过不劳而获的方式,无对价地去获得他人的财产。显然,其中的不劳而获,蕴含着非常浓厚的道德评价,就是体现出了一种道德非难的色彩。

从这个结论出发,我们就可以说,从客观上来看,此类行为并不存在财产损失的数额;而在主观方面,行为人也不具备非法占有的目的,因为行为人并不是意图无对价地获得他人的财产,并不具有非法获利的目的。这么理解的话,合法权利的存在就成为一种阻却构成要件符合性的事由。通过非法方式行使权利的这种取财行为,它不但不具有违法性,就连构成要件符合性,按照我的理解都已经不存在了。

如果根据这种理解,其实大家也可以想一想偷拿了别人的东西,但是留下了等价现金的这种做法,能不能构成盗窃罪?如果是坚持实质的财产损失说的话,似乎应当得出否定的结论。为什么?因为我拿你东西的时候我给了你相应的一些钱,所以好像我在拿东西的时候并没有不法获利这样一种目的,并不是想不劳而获,我已经支付了相应的对价,但这样去处理的话,可能会导致一种道德困境,那就是有钱的话就可以为所欲为。为了防止这种道德困境的出现,可能还是要结合《两抢意见》,对行为主体做一定的限定,就是行为人必须是从事正常商品买卖交易或者是劳动服务的人。当然这是一个题外话了。对于这个问题,相信大家其实会有自己的一些理解,在这里我只是表达一下我个人的看法。

以上就是关于非法行使合法权利的行为,它并不具备实质的不法,不具备构成要件符合性的一些理由。

接下来,我们再来看一下非法行使非法权利的行为,不具备可罚性的具体理由是什么?我在前面分析我国《刑法》第238条第3款规定的时候,已经提到了根据我国司法解释的规定,非法行使非法权利的行为,通常也不会被作为财产犯罪加以处罚。尽管从我国传统法律文化观念出发,我认为对于权利行使不可罚这个结论而言,致力于恢复人际关系的道德准则,可以为我们提供一种统一的正当化的基础,但是考虑到道德观念毕竟缺乏教义学层面的规范性,而且源自西方的教义学理论本身就是一种权利话语体系,它根本就没有为植根于我们国家法律文化的道德话语体系提供一种可以直接施展手脚的平台。

为了解决这个矛盾,我认为还是有必要为这种道德准则提供一些教义学层面的依据,从而让它在现行的刑法教义学体系中能够有容身之地。也就是说,对于非法行使非法权利的行为而言,也必须像对待非法行使合法权利的行为那样,在教义学体系的内部为它寻找一种可以免除可罚性的依据。

如果要解决这个问题,可能我们首先就要接受法秩序统一性原理的检验。所谓法秩序统一性，是说由宪法、刑法、民法等多个法领域共同组成的法秩序之间应当做到互不矛盾，也就是对于同一个行为，它们之间不应当作出相互矛盾、冲突的评价，在民法上认为是合法的行为，在刑法上就不能够被认为是一种犯罪行为，反过来也是一样的。

之所以强调法秩序要具有统一性，其实是为人们提供明确的行动指引。也就是说，通过参考民法、刑法、行政法等各个部门法的规定，人们能够对自己行为在法律上到底是不是被禁止的提前作出一个预测，也就是要保障行为人的预测可能性。如果一个行为在民法上是合法的，但是行为人翻了一下《刑法》的规定，结果发现又把它认定为一种犯罪，那么行为人可能就会变得不知所措，最后可能干脆什么也不干了。这样显然不利于我们的社会向前发展。

对于非法行使合法权利的行为而言，认为它不成立财产犯罪的话，其实是不会违背法秩序统一性原理的。理由就在于，如果行为人对他拿走的别人的东西享有一种让渡请求权，那么他就不需要返还他所拿的东西了。在民法上，对于被害人主张的所谓的返还之诉，法院在审理过程中，也必须要加以驳回，而行为人的交付之诉则必须被满足。如果行为人被判处盗窃罪的话，可能就没有办法与民法上的这种判决结果协调一致了。所以，当所有人失去的这种地位不再享受民法的保护时，我们自然也不应当对它再提供一种刑法方面的保护，由此我们就认为这种行为其实并不违反法秩序统一性原理的要求。

正是基于法秩序统一性原理的这种要求，上面我提到的持注意规定说的学者，对于司法解释所作的规定提出了批判，认为将高利贷、赌债等为民法所不承认的权利给了一种刑法方面的保护，会造成在民法上原本不合法的行为，在刑法上却会被视为是合法的，这显然是违背了法秩序统一性原理的要求。而如果像我前面所认同的那样，认为司法解释是从道德准则的角度来看的，它其实是有正当性的，那么我就必须要回答这样一种质疑，那就是这种行为到底会不会违反法秩序统一性原理的要求，会不会造成法秩序统一性的冲突？

对于这种疑问,我认为法秩序统一性原理其实主要适用于刑事不法领域。而非法行使非法权利的行为之所以不构成相应的财产犯罪,它的理由并不是由于这些行为具有不法的阻却事由,也即它其实不能够阻却构成要件符合性,但是我认为它其实具有责任阻却性,也就是它属于一种责任阻却事由。从整体来看的话,我是希望通过这样一种体系性的安排来消除违法性评价的冲突问题,为非法行使非法权利之所以不受刑罚处罚提供一种教义学层面的理论依据。

无论如何,我们还是必须承认,通过高利贷、赌博等方式获得的事实上的财产权利,并不会受到民法的保护,因而它不可能存在能够为法秩序所接受的请求权基础。那么,为了主张此类非法债权而通过暴力等方式取得被害人合法财产的,由于被害人原本没有什么法律义务去履行这种债务,即便经过一个整体的判断,也应当认为这些行为在实质意义上可能还是侵害了被害人的财产权。但是,我认为这只不过是意味着行为人所实施的索取非法债务的行为具有刑事违法性,并不意味第二个理由是行为人的需罚性可能也是不存在的。在责任层面也具备可责难性,为此我提出了三个方面的理由:

第一个理由就是行为人的责任非难程度可能是相对较低的。如果将非法占有目的理解为一种非法获利的目的的话,也就是意图通过不劳而获的方式,无对价地去获得他人的财产,那么在因高利贷产生非法债权的情况中,行为人并不像普通的财产犯罪那样,意图不劳而获,被害人实际上也因为获得了贷款,而实际上享受了一定的好处。

因此,从事实层面来看,双方其实存在着一定的借贷关系,而且这种借贷关系从民法的角度来看也并不是全然无效的。比如说根据2015年6月23日《最高人民法院关于审理民间借贷案件适用法律若干问题的规定》第26条第2款的前段的规定,当借贷双方约定的利率超过了年利率36%的时候,超过部分的利息约定是无效的。如果我们作一个反面推论的话,就意味着没有超过36%的那部分利息约定,其实在民法上它还是有效的。

虽然有没有效力,这是司法解释强行划定的,但是我们不能否认的是,在很多时候,利息约定并不是行为人强迫被害人违背心愿去作出的,而可能是被害人急于用钱,并且自认为自己有这个能力去还上高利贷。在这个情况下,大家还是要注意一下,比如说在电视剧《隐秘的角落》当中,之所以会出现陈东升暂时借三天高利贷的情形,其实就意味着在借贷的时候,他可能考虑到哪怕是按1个月的利息算的话,也还是能够还回去的。在这个案例当中,好像体现不出来被害人是不自愿地受胁迫而达成这样一个高利贷的协议。在这个情况下,行为人在主张非法债权的时候,其主观意图其实明显区别于普通财产犯罪的非法获利的目的。

在行为人抢回自己所输赌资的案件当中,我们也可以这么去理解。比如说在实践当中就有辩护律师认为行为人他不具备非法占有目的,而只不过是想拿回自己所输掉的赌资,因此他的行为不构成抢劫罪。这个辩护理由最终还是被法院采纳了,本案最终是按照故意伤害罪来进行定性的。这是第一个理由。

第二个理由是行为人的需罚性可能也是不存在的。比如说行为人参加了传销组织,并且是向组织者上交了一定的财产,后来因为个人的原因,如女儿身患重病,他缺钱了,于是就通过非法的手段向组织者索要等额的财产,就是交上的钱想拿回来。在这种案件当中,尽管这种债务是法律所不承认的一种非法的债务,但是法院在审理过程当中也依然是认为行为人在主观上并不是凭空索取他人的财物,而是为了要回他认为属于自己的财物。这表明行为人对于法规范的敌对态度是比较缓和的,反社会的人格也是比较弱的。行为人并不是毫无道理地随机地去寻找一个被害人,而是有明确的目标,因而他的再犯可能性其实是相对较低的。从特殊预防这个角度来看,其实好像也没有必要动用刑罚。

此外,即便是从一般预防的角度来说,由于刑法依然是处罚这种手段行为,因为行为人是通过暴力或者其他方式去索取债务,所以对这种手段行为还是要进行处罚的。如果行为人索要非法的债务,超过了法律所能够接受的限度,也不是不存在成立财产犯罪的可能性的。所以,从这个角度来看的话,我们对这种行为进行处罚,已经能够向社会宣示这种行为是法律所不能够容忍的,从而去引导人们在去主张哪怕是非法权利的时候,也要尽量地采取一些缓和的手段。

既然如此,我们就没有必要把这些行为按照财产犯罪来处罚。因为按不作为财产犯罪来处罚,也同样可以实现刑法的预防目的。因此,从这个角度来看,可能行为人的责任层面的需罚性也可以认为是不存在的了。这是第二个理由。

第三个理由,我个人认为,被害人一方也存在一些过错。比如说李某甲为了买春而向女性性工作者李某乙支付了费用,但他给了钱之后,被李某乙给拉黑了。李某甲发现上当受骗后,就假冒他人的身份再次约了李某乙,见面之后,李某甲抢走了李某乙价值相当的财物。其实这个案件是从青岛发生的一起真实案例改编的。在这个案件中,李某甲给了李某乙900元嫖资,后来由于他发现被骗,又通过手段把李某乙约了出来,抢劫了李某乙的苹果手机,经鉴定苹果手机价值6900元。法院经审理认为李某甲的犯罪情节较轻,取得了被害人的谅解,有悔罪的表现,而且他属于初犯、偶犯,没有再犯罪的危险,最终对李某甲还是以抢劫罪定性,判3缓3,并处罚金6000元。这里要注意的是什么呢?法院为什么不是判处罚金6900元呢?我个人认为是考虑到其中的900元钱,原本是为李某甲所合法拥有的。

当然判决理由中并没有体现出来被害人过错,但是,在这个案件的辩护中辩护律师提出,对于这个案件的发生,被害人可能负有重大过错,因此其辩护意见是不应当按照抢劫罪来处理。我个人认为,如果李某甲真的是只抢回900元钱的话,不以抢劫罪来论处是的确有道理的,但是它超过了一定的界限,最终超出了6000元,而法院判处的罚金也的确是6000元。从这个角度来看,我个人认为,法院虽然没有直接采用辩护理由,但从中还是能够间接地反映出被害人过错对于量刑的影响。按我的理解,如果是数额相当的话,可能连定罪都会产生重大的影响。

在这个方面,德国有学者就认为,在被害人存在过错的情况中,被害人通过其不具有社会相当性的外部联系,直接导致其自身受到危害性的程度提高,这是属于犯罪事件发生的最为主要的一种原因,所以他本身的需保护性就减弱了,甚至可能会完全地丧失。也就是说,当被害人对于案件的发生存在明显的过错,行为人实施取财行为的话,由此就变得值得原谅了。他的可谴责性,由此就显著地降低,可以成为减轻他的处罚,或者免除他的处罚的一种事由。也就是说,被害人过错属于所谓的责任减轻或者是免除的一个事由。

正是基于前面的这些考虑,我认为,在非法行使非法权利的时候,在教义学体系内部还是能够为免除行为人的财产犯罪的可罚性找到相应的一些理论依据的。在这方面的分析当中,我们可能已经不难发现,这些理由背后实际上还是受到了调整人际关系这样一种道德准则的影响。毕竟完全脱离社会道德评价的法律规范是缺乏灵魂的,而且也是注定难以为我们普通民众所接受的。在体现道德准则这种影响方面,因被害人过错而免责的情形,我个人认为就属于一个比较具有代表性的例子。

除了这三个理由之外,其实还有一个理由,也就是能不能将行为人与被害人之间这种特定的关系作为一种选择性的责任非难免除事由,但由于时间关系,我就不再给大家去展开。

四、权利非法行使不可罚的具体示例

接下来给大家稍微谈一下实践当中发生的一些具体案件。有两起通过非法方式取回自己所有的机动车的案件,其中一个是"王彬故意杀人案",第二个是"叶文言、叶文语等盗窃案"。

第一个案件是,王彬由于无证驾驶三轮车,车辆被扣,后来他潜入停放车辆的民警中队的大院中,偷取了院门的钥匙,打算将车辆给开走,但是被值班人员吕某发现。发现之后,王彬为了逃脱而殴打、捆绑李某,并且将李某的口鼻用衣服加以遮挡,最终造成了李某窒息死亡。王彬在发动三轮车的时候已经是深夜了,声音比较大,当场被抓获了。

而在第二个案件"叶文言、叶文语等盗窃案"中,行为人将自己被扣押的车辆给开走了。开走之后,又向保管单位,也就是交管所进行索赔。经过多次协商之后,行为人获赔了11.65万元。

我为什么要选这两个案件呢?是因为这两个案件都刊载在《刑事审判参考》当中,是为最高人民法院的法官所首肯的,所以它们还是有一定的指导意义的。梳理之后,发现这两个案子其实有以下三个裁判要旨:

(1)本人所有的财物在他人合法占有控制期间,能够成为自己盗窃的对象。

(2)行为人是否具有非法占有的目的,需要根据其后续有没有存在索赔的行为加以判断。如果有索赔行为的话,就认为是存在非法占有目的的。

(3)如果行为人隐瞒了自己财物已经被自己取回的真相,而向原占有人进行索赔的话,全案全部认定为盗窃罪。

从理论层面来看,本人的财物能不能够成为自己盗窃的对象,这其实涉及我们刑法当中占有是不是盗窃罪的保护法益的问题。在我们国家刑法理论界,存在着本权说与本权+占有说两种主张,其中本权说属于理论的通说,而本权+占有说主要是张明楷教授主张的一种见解。张明楷教授之所以提出这样一个主张,主要还是受日本刑法相关规定的影响,也就是《日本刑法典》第242条和第251条的规定。但是,我个人认为,他这种对比《日本刑法典》第242条以及第251条的规定来理解我国《刑法》第91条第2款规定的做法,可能是值得商榷的。

我个人认为,在财产犯罪当中,财产犯罪的对象必须是属于他人所有之物。财物必须具有他人性,本人的财物并不能够成为自己盗窃的对象。

接下来再用点时间结合指导性案例给大家谈一下,最高人民法院所首肯的这两起案例中,可能存在一些不足的地方。

"叶文言、叶文语等盗窃案"通过分析这个案件的裁判理由,同时结合"王彬故意杀人案"的裁判理由,我们可以认为说指导性案例可能存在以下四个方面的不足:

第一,偷换了非法占有目的所指向的对象。

大家其实可以想一想,如果认为本人财物可以成为自己盗窃的对象,那么怎么去确定盗窃罪的数额?当然是以本人盗窃的自己财物的数额作为一个依据,也就是应当以本人财物的市场流通价值作为判断的标准。但是在"叶文言、叶文语等盗窃案"当中,法官却认为说应当以赔偿的数额认定盗窃的数额。它的理由是什么?是因为盗窃而给他人造成的财产损失表现为他人给付的赔偿的数额。

但是如果分析一下这个理由的话,就会发现这实际上是说,行为人非法占有的目的所指向的对象其实不是自己的财物,而是赔偿者的财物。我在前面已经讲了,非法占有目的指的是一种非法获利的目的。对于原本就属于自己的财物,它是不可能存在这种目的的,不可能是不劳而获地去获得自己的财物,因为这个东西本来就属于他所有。

对于这一点,在"王彬故意杀人案"的裁判理由中,它是明确地加以承认了,认为财产是属于王彬所有,因此就认为不应当成立相关的财产犯罪。如果把索赔的数额认定为盗窃数额的话,实际上是对本人财物可以成为自己盗窃对象的一种否定。之所以会出现这种自相矛盾的情形,我个人认为是因为判断者无意识地将行为的对象进行了偷换。这是第一个问题。

第二,这种做法可能混淆了客观判断与主观判断。

从裁判理由倾向性的表述当中,我们可能不难发现,法院在审理这个案件的时候,更加看重的是行为人主观方面是不是存在非法占有的目的,而忽视了对客观构成要件要素是否满足进行审查。比如说在"王彬故意杀人案"中,尽管法院最终认为他的行为不成立抢劫罪,但是法官的判断已经进入主观构成要件要素这样一个审查阶段,这似乎表明法官认为该案的客观构成要件要素是满足的,也就是这个行为已经符合了盗窃罪的行为构造。但实际上,由于涉案财产属于王彬自己所有,它并不符合盗窃罪的对象必须具有他人性这样一个要求,因而在这个案件中,一种适格的犯罪对象是根本就不存在的。

这就意味着,本案实际上连盗窃罪的客观构成要件要素也是不满足的。我在刚才已经提到了,在"王彬故意杀人案"中,裁判理由其实是承认车辆归王彬所有的,但是他并不是把这个理由用在了否认盗窃对象的适格性这个方面,而是用在了否定王彬他不具有非法占有目的这一块。这显然是将一个原本属于客观构成要件要素的问题,强行地变成了一个主观构成要件要素的问题,从而出现这种论述方面的偏离。这是第二个问题。

第三,这么处理违背了财产的直接减损原则的要求。

"叶文言、叶文语等盗窃案"属于我们理论上所说的盗骗交织型的案件。在认定盗骗交织型的案件时,应当遵循一种原则,那就是所谓的财产的直接减损原则,也就是以究竟是盗窃行为还是诈骗行为直接引发了被害人的财产损失,作为具体的定性标准。如果是盗窃得手之后,在被害人询问的时候,行为人以欺骗的方式予以否认,则因为盗窃行为已经直接导致了被害人的财产损失,诈骗行为就属于一种事后的掩盖行为,此时全案就应当认定为盗窃罪。

如果盗窃得手之后,并不能够直接引发被害人的财产损失,比如说在"叶文言、叶文语等盗窃案"中,行为人把自己的车辆偷回来的行为并不会直接导致车管所的财产损失。之所以车管所会产生财产损失,是行为人进一步实施的诈骗行为所引起的。诈骗之前这种盗窃自己车辆的行为,其实只不过是为了实施诈骗而做的一种准备。因此我个人认为,在这个案件中,由于只有诈骗行为才直接引发了财产损失,所以全案应当认定为诈骗罪。如果把它认定为盗窃罪的话,可能就违背了财产的直接减损原则。这是第三个问题。

第四,法院的做法可能违背了盗窃罪通常属于结果犯或者说是数额犯这样一种理论定位。

在"叶文言、叶文语等盗窃案"中,之所以会被认定为盗窃罪,可能是因为法官考虑到财物丢失之后,占有人可能会承担相应的赔偿责任,如果承担了赔偿责任,就会遭受一定的损失,从而就成了所谓的盗窃罪的被害人。然而,这种损失其实并不属于财物丢失本身所直接引发的损失,而且正如"王彬故意杀人案"中所展示的那样，财物丢失并不必然引发赔偿责任，充其量只能够说他存在承担赔偿损失的可能性。也就是说，被害人存在着因为承担赔偿责任而遭受财产损失的危险。

但是，普通盗窃作为一种结果犯或者说数额犯，是需要以实际的财产损失来认定数额的，不能以可能承担的财产损失作为数额来认定。如果是认定为盗窃罪的话，这个案件实际上就是把盗窃罪认定成一种危险犯，这和我们理论上的这种认识是存在明显区别的。在上海曾经发生过一起外卖小哥将自己所有的摩托车偷回来的案件。在这个案件当中，外卖小哥没有去向车管所主张索赔，但是最终徐汇区人民法院还是以盗窃罪对外卖小哥进行了定罪量刑。我个人认为这个情况就算不管理论层面是怎么去认定的，即便是从最高院所给出的这两个指导案例来看的话，它也是违背了指导案例的裁判要旨的。因为这种行为其实和我前面所讲的"王彬故意杀人案"是非常类似的，所以我个人认为这个判决其实是存在商榷的空间的。

由于时间关系，我只给大家就非法主张自己所有权的情形，引用相关案例作了一个分析。《民法典》出台之后，有学者对于民法当中的十大类的请求权基础也作了一个具体的划分，大家如果感兴趣的话，也可以去搜一下，我就不再给大家做过多的展开。其实我也知道，这里侧重的主要是与敲诈勒索相关的一些权利非法行使的行为，也就是在实践当中发生的天价索赔的案件。我在准备过程当中也有在思考这个问题，之所以没有将它作为重点内容加以讨论，主要还是因为其实只给了我50分钟的授课时间，我现在已超得比较多了，而这个内容又比较庞大，所以最终我只打算简单谈一下我对此类行为的一些粗浅的看法。

就天价索赔案来说，是不是构成敲诈勒索罪，不能像前边所讲的情形那样，仅仅只是看权利人所享有的为法律所承认的权利所对应的数额，关键还是要看行为人在索赔的时候是不是会涉及第三人的利益。如果仅仅是涉及行为人与被索赔人之间的这样一种关系，我个人认为不宜把它作为敲诈勒索罪定罪处罚。比如实践当中曾经发生过北大的一个博士，因为妻子被他的上司性骚扰,而向骚扰者索要 16 万元精神损害赔偿的案件。这个案件是以敲诈勒索罪来定性的,但是我个人认为在这个案件当中,其实并不涉及第三人,是不是赔偿以及具体的赔偿数额是多少,其实都属于被骚扰者可以自主决定的事项。

这里我也借鉴了车浩教授的一些分析。根据车浩教授的意见,可以认为即便是骚扰者出于不想张扬自己的丑行而支付了赔偿金,还是属于他为了维护自己的名誉,在个人的财产之间作了一个艰难的选择,作了一个利益的权衡。这其实是属于他个人处分财产自由的一种体现,其实就是想以牺牲自己的财产权来保护自己的名誉权。

对于民事纠纷,《民法典》现在已经明确规定了人格权,比如出轨的行为,根据《民法典》的规定,其实也可以认为侵害了丈夫的人格权,可以主张赔偿。因此,以现在《民法典》的规定来看,其实也是有一个请求权基础的。北大博士的这个行为,我个人认为不应当把它按照敲诈勒索罪来定罪处罚。

但是在勒索行为可能会涉及第三方权利的时候,比如说,在天价索赔毒奶粉的案件中,假设行为人要挟不支付高额的赔偿费,就向媒体进行曝光,这其实意味着什么呢?意味着这个企业只要给他足够多的钱,他就封住自己的口,这其实就是要求企业给他支付一定的封口费。我个人认为,这种行为是以牺牲其他公众的合法权利为代价的。此时企业支付高额费用的行为,不仅仅属于一种行使自己财产处分自由的行为,因为它是没有权利去处分相关公众的合法权利的,如果这种索赔行为超出一定额度,还是有可能按照敲诈勒索罪来进行处罚的。当然具体的比如说在"郭利案"中,之所以没有构成敲诈勒索罪,也不是因为它额度比较高,而是因为这个案件中企业的丑行早已被媒体报道了,不存在再要挟向媒体曝光的可能性。法院其实也是考虑到这一点,最终还是作了无罪处理,这个是需要大家稍微注意的一个情形。

与谈人·邓毅丞

马教授在梳理现行立法和司法解释的基础上,从不法和责任两个角度归纳权利行使的出罪理由,论证翔实,让我获益匪浅。不过,按照马教授的务实性格,他让我做与谈人,显然不是让我来吹吹捧捧的。他之前还叮嘱我一定要挑刺。

在这里,我就根据个人感受提几点疑问:

第一,数额规定和整体财产罪之间是不是有必然的推导关系?马教授似乎是主张这样一种观点:因为我国的财产犯规定了罪量要素,所以这些财产犯都是整体财产罪。但是,个别财产罪和整体财产罪是关于财产损失有无的分歧,而财产数额则是财产损失的数量问题。一般来讲,在逻辑上应当先做定性判断,再做定量判断。数量规定只不过是说我国刑法的财产犯有定量的要求。财产损失的定量规定为什么能够成为财产损失的定性根据,这个是有疑问的。

第二,整体财产罪和权利行使的合法性是不是有必然的推导关系?据我所知,就算是整体财产罪,也不是说形式上没有整体财产的损失,就等于没有财产损失。例如,以欺诈的方式募捐。表面看来,捐款本来就没有对价,被害人在形式上的整体财产没有损失。但是,这种案件不按照诈骗罪来处理,显然是不合适的。所以,很多人就通过目的失败论及其他理论给整体财产说"打补丁"。论文中好像没有"打补丁的"相关论述。那么,马教授是不是也会给整体财产罪"打补丁"呢?

第三,行使非法权利和阻却责任是不是有必然的推导关系?不可否认,在很多情况下,就算是权利不受保护,行使该权利的行为人在主观上也是可以原谅的。这个时候,当然可以说行为人不可以被谴责。但是,也有很多场合,行为人恐怕不应该被原谅,如以300%的月利率放高利贷。放贷行为本来就是严重违法,根据司法解释,甚至构成非法经营罪。这些放贷人通过各种暴力行为迫使借款人还钱,导致借款人家破人亡。本来这些放贷人已经知道自己的行为违法,还用不法行为追讨违法利益,难道还说这些放贷人可以原谅吗?我感觉是有疑问的。

第四,论文列举了三个权利行使阻却责任的理由,包括责任非难程度、需罚性和被害人过错。但是,这三者是什么关系?例如,从论文的表达来看,需罚性是和特殊预防必要性挂钩的,而责任非难程度的高低与特殊预防必要性也脱不了关系。那么,独立于责任非难程度的特殊预防必要性或者需罚性,究竟应该怎么定位,就让人疑惑了。又如,论文以非法传销组织的成员向该组织非法索要财产的行为作为需罚性欠缺的例子。但是,非法传销组织通常有欺骗性质,成员交了钱之后究竟是不是应该有返还请求权,也不是没有进一步深究的余地。如果成员本身就有返还请求权,这个例子恐怕就不应该在阻却责任的层面做讨论。

上面提了那么多疑问,说明马教授的论文颇具启发性,基于这些启发,我也想谈几点粗浅的看法:

首先,我同意马教授的观点,财产损失应该是解决权利行使的不法问题的"钥匙"。但是,我认为财产损失的判断标准跟财产犯罪的数额规定没有必然联系。为什么要有整体财产的考虑?我感觉跟法益处分的自主性是分不开的。财产法益是个人法益,与被害人的自主决定权有密切联系。一些财产犯罪,通常伴随着被害人和行为人的意思沟通或者利益交往。这些犯罪应该是整体财产罪,如诈骗、敲诈勒索;相反,一些犯罪是单向性的,在行为时被害人没有认识到具体的侵财行为,或者虽然被害人认识到具体的侵财行为,但意愿完全被压制,那么,就应作为个别财产罪来处理,如盗窃、抢劫。当然,就算是整体财产罪,也只能在权利合法的基础上抵消。对于实现不法利益的情形,不能用作抵消财产损失。另外,就算是整体财产罪,财产损失也不能完全忽略被害人的交易目的。对于严重偏离被害人交易目的的情形,也应当认定财产损失,就像上面举的募捐欺诈的例子。

其次,财产法益的类型对于权利行使的不法判断也有很重要的作用。债权相对于物权而言没有明显的优越性。因此,从盗窃罪是个别财产罪的角度来看,以盗窃方式实现债权的行为,原则上有财产损失。但是,合法物权优越于不法占有。如果行为人行使合法物权,而侵犯被害人的不法占有,就有可能扩大出罪范围。例如,阿强的珠宝被阿娇偷了,阿强又私下偷回来。阿强行使其合法的所有权,足以对抗阿娇的不法占有。那么,不能认定阿强的盗窃行为有财产侵害性。

再次,就算有财产损失,也要考虑谁应该对此负责。例如,敲诈勒索是使被害人基于心理恐惧而交付财物的行为。政府作为公权力机关,不可能畏惧闹访。有恐惧感的只能是具体的公务人员。问题是,这些公务人员拿着国家俸禄,不就是应该恪守法律底线,捍卫国家财产么?就算有人闹访,他们也有义务按照法律规定判断是否应当满足其要求。只要这些公务人员尽忠职守,行为人想通过闹访获得财物的目的就不可能实现。那么,从法治国的角度来看,闹访是不具有引起国家财产损失的通常性的,因此,也就不能成为敲诈勒索罪的实行行为。如果真要入罪的话,我感觉将那些擅自处分国家财产的公务人员认定为滥用职权罪或者玩忽职守罪可能更合适一些。

最后,对于不法的权利行使,阻却责任的情形应区别对待。对于实现合法之债和自然之债的情形,权利行使原则上不应入罪。例如,阿强不收利息借给阿娇10万元,但阿娇不肯还,阿强就偷了阿娇的珠宝用来抵债。阿强的行为是违法的,但阻却责任;相反,对于实现不法之债的情形,原则上不得阻却责任。例如,阿强以月利率3倍的高息借给阿娇10万元,阿娇还了50万元还欠100多万元,阿强以敲诈勒索的手段索取剩余的欠款,应承担刑事责任。

上面的观点看起来跟有关以拘禁、抢劫方式索债的行为的司法解释相冲突。但是,法律不是嘲笑的对象,是有"潜台词"的,也就是法律可以被实质解释。那么,如果司法解释不被嘲笑,就应该同样被实质解释。也就是说,对上面马教授提到的两个司法解释,应当加以实质解释。对于非法拘禁索债行为,应当强调被害人不存在人身安全的危险性,那就没有侵犯绑架罪的法益,自然就不成立绑架罪了。对于抢劫赌债、赌资,应当强调抢劫行为发生在赌博现场。这样的话，就有可能通过否定财产占有的转移否定抢劫罪。

与谈人·简爱

对于消费领域的各种天价维权，有观点认为索赔数额已经明显超出实体权利，但实际上消费领域中维权所涉及的债权关系（赔偿数额）多数是不确定的。既然不存在对消费者索赔数额的禁止性规定，那么，无论是《消费者权益保障法》规定的2倍赔偿，还是《食品安全法》规定的10倍赔偿金都是裁判规范的体现，不可将该规定作为行为规范对消费者加以约束。对于此类有争议的权利，权利范围的最终确定需要双方进行协商，消费者向生产经营者主张赔偿数额，无须得到对方的同意。同样，谈判过程中生产经营者也有权拒绝消费者主张的数额。现代社会主张纠纷的解决方式多元化，维权磋商是一个谈判的过程，该过程与诉讼中的和解无实质意义上的差别，亦属法律允许的过程。存在多种维权方式时，权利主张者可进行自主选择，只要消费者没有捏造索赔的事实，那么无论是要求多少数额都只是意思自由的体现而非敲诈勒索的结果。在这一点上，我与马老师的观点是不同的。在我看来这种索赔行为本身就是正当的，因此与今天讲座讨论的手段行为不合法的权利行使是不同的，不能归结到权利行使中去。

权利行使是财产犯罪最为经典的议题，因为其中对财产犯罪保护法益、非法占有目的的认定都可以折射出一个学者对刑民关系、违法判断方法所采取的基本立场。同时，这一部分也是最不好突破的研究领域，因为有关于此的理论上争点很明确，权利行使"有罪论"和"无罪论"互相都无法说服对方，而实践对此的处理也并未达成统一。本次讲座的一大亮点是主讲人在致力于推进这一议题的基础上，用理论创新弥补了司法解释的漏洞，为刑事司法实践做了新注脚。

本次讲座以《刑法》238条第3款的性质为讨论出发点，在过去如果将本款规定"为索取债务非法扣押、拘禁他人的"按照非法拘禁罪处理,理解为注意性规定(于改之教授观点),其实是站在以不(按照财产犯罪)处罚权利行使为原则,处罚为例外的立场上;而如果将本条规定理解为法律拟制,则完全有可能得出"按照财产犯罪处罚是原则、不按照财产犯罪处罚是例外"。从马老师最终的结论来看,他是站在和于改之教授同一阵营持"权利行使不可罚"观点的,后文也详细地论证了两种类型权利行使的出罪路径。但是,他结合与此相关的数个司法解释,敏锐地发现对本条款给予的提示、注意性规定的定位可能是不符合体系解释且有违法秩序统一原理的,所以提出了本条的依据应当为基于实用道德主义的人际关系,以此作为证立权利行使不可罚的立法与司法依据。从这个角度来说,马老师采用了教义学的分析范式却没有局限于教义学内部而是引入了法社会学的思考,在研究方法上确有创新。

另外,马老师以权利基础是否合法为核心,分别设计了不同的出罪路径。其中,行使合法权利的行为是不具备实质的不法,而行使非法权利的行为在责任层面不具备非难的可能性。这也就为文中提出的两个看似相冲突的司法解释进一步作了补充:不论是索取非法债务还是合法债务而拘禁扣押他人的均按照非法拘禁罪处理。但理由是不同的,一个是不具备绑架罪的不法(其实是构成要件不该当),另一个是具有绑架罪的免责依据。需要特别注意的是,这样在教义学层面对司法解释做脚注还是要受到现实的拷问,在我国司法实践中对于不具备期待可能性这样的责任阻却事由的运用都是极其少见的,那么如何以更为抽象的"不具备实质的责任非难可能性"为被告人做辩护?

两种路径相比较,可以进一步归纳出,其实主讲人认为对非法行使不合法债权的行为原则上认定为财产犯罪,像《两抢意见》这样专门规定的不认定为犯罪的是极其例外的情况。也就是说,主讲人仍旧倾向于以民事关系(权利)合法与否作为刑法上判断是否构成犯罪的决定性因素。这就又回到了传统讨论无法回避的问题:财产法益到底是什么?刑法保护的财产法益是否完全等于民事财产权利?这背后确实涉及缓和的违法一元论和违法相对论的立场之争,但是,对于权利行使这样一种很有可能把民事纠纷升级为严重刑事案件的行为,除却教义学范畴内的分析,更应当注意这是一个涉及刑法观的问题:刑法介入社会生活是应该步子迈得更小一些、更谦抑一些,还是应该适当地、积极地参与社会治理,这可能成为我们思考的起点。

徐昕教授在2005年出版过一本《论私力救济》,其中有涉及民间收债、私人执法等都与我们今天讨论的权利行使相关,这本书中的观念至今也为不少法学学者、社会公众所接受。其中最重要的一个观点认为,私力救济虽然是落后的,但在中国的实践中盛行是有一定合理性的,比如民众维权成本高、走法律途径也可能打赢官司拿不到钱,还受制于社会文化因素的影响("欠债还钱,天经地义"),因此对于这种私力救济是持有保守甚至是一种支持的态度。其实,这样的态度反映在刑法理论上就是对于非法行使权利的行为不处罚,如果将这样的态度继续贯彻下去,在基层治理中容易进一步演变成将权利行使定性为"债权债务纠纷",应对消极甚至是根本不介入。例如,"于欢案"这样一起有重大社会影响的案件,恰恰其导火索也正是今天所讨论的权利行使,在案发前于欢一方有报警,冠县公安局经济开发区派出所民警也出警了,但是到了现场后发现是债务纠纷,就转身出了接待室,于欢从窗户外看到正在外面和对方"有说有笑"的民警觉得今天可能是难以脱困了,后续才有了所谓的防卫过当造成一人死亡、两人重伤及一人轻伤的后果。试想一下,如果民警出警后把本案当作一起正常的、可能爆发严重后果的刑事案件来应对、预防,后面的悲剧也许是可以避免的。

其次,近几年来全国法院从上至下都在致力于"切实解决执行难"的攻坚战,从最终落实的情况来看,可以说实践中执行难的问题有了很大的推进,过去一直面临的"打赢了官司拿不到钱"的困境也有了改善。可以说,某种程度上过去对私力救济的认可是一种不得已而为之的做法,因为在法治建设的初期面临种种的困难,老百姓不得已才使用了上门讨债或者暴力讨债的做法。这种既是加害者,本身也是受害人,容易成为我们本能共情的对象,认为能不处罚就不处罚。但是,要看到法治的进程在不断推进,随着法律体系的健全、对司法投入的增加,比如说各种法律援助、法律咨询服务可以较为便捷地获得、立案门槛大大降低等,如果我们还停留在几十年前甚至是上一代的语境下仍旧放任、鼓励私力救济可能就是有问题的。对于权利行使到底是以"可罚"为原则还是以"不可罚"为原则,这样的讨论中有必要充分考虑法治建设的愿景及所处的阶段。

主讲人·马寅翔

好的,谢谢主持人,也谢谢邓教授和简爱老师提出的质疑,当然同时也要感谢两位老师大量的有益的斧正以及补充,这些都非常有助于我个人见解的完善,这是我要郑重表示感谢的地方。

当然这些批评有一些可能是由于我个人没有讲解透彻所导致的,接下来我就简单地作一些澄清与回应。

首先我对邓教授一些可能的疑惑,进行一定的回应。

第一个问题是定量问题为什么会变成了影响定性的一个问题。

我个人认为,这主要还是出于我国刑法规定的一种考虑。根据我国《刑法》的规定,数额会影响犯罪的成立,虽然严格来说,这似乎与行为本身的性质没有关系,但是,由于数额决定了犯罪的成立与否,其因而在实际层面上也就决定了犯罪的性质。例如在《两抢意见》中最高人民法院就规定,以非法占有为目的,以买卖等为幌子,采用暴力、胁迫手段迫使他人交出与合理价钱费用相差悬殊的钱物的话,就以抢劫罪定罪处刑。这要求必须存在一定的财产损失。

这种做法可能和德国的刑法规定不同。德国把盗窃、侵占、抢劫等都认为是属于一种取得型的犯罪,这种取得型的犯罪,属于一种侵犯所有权的犯罪,犯罪的成立只要侵害到了所有权就可以了,是不需要考虑财产损失的。也就是说,有没有财产损失,都不妨碍盗窃罪的成立,它是不需要数额的。但是与此相反,由于诈骗罪的成立需要一定的财产损失数额,至少是要存在财产损失的可能性,因此在理论划分上,德国的刑法学者就没有把诈骗罪同样看作一种取得型的犯罪,而是把它认定为一种获利型的犯罪,也就是诈骗罪它是一种针对整体的财产犯罪。这个我在刚才的课程中已经讲过了,这就是关于这个问题的一个简单的回应。

第二个问题是诈捐行为该怎么去认定有没有财产损失。

邓教授提出的这个问题是非常好的,诈捐行为的确属于一种非常特殊的情形。一般来说,诈骗罪的被害人对于自己的财产损失是意识不到的,他通常认为交出了一定的财物之后,会获得相应的对价。因此,这种类型的诈骗罪通常被认为属于一种无意识的自我损害。但是,在诈捐类的诈骗行为当中,被害人是明确地知道一旦捐出去自己的财物之后,是不可能获得对价。但是,对于这种诈骗的行为,我们又不可能不把它作为诈骗罪加以认定,这就是出现了所谓的有意识的自我损害的情形。

对于这种情况,我个人还是比较赞同车浩老师他的理解。在这种情况当中,应当引入社会目的落空这样一种理论。也就是说,在诈骗的情况当中,被害人所希望的救助弱者的目的,最终由于诈骗行为而没能够实现。他所捐赠的钱款,并不能在社会层面实现这样一种具有社会性的目的,所以,可以认为是属于社会目的落空。在这个情况下,还是可以认为财产的社会价值是没有实现的。那么,就被害人遭受的财产损失来看,其实也不一定必须是个人的损失,在这种极其特殊的情况下,打个小"补丁",认为它属于一种整体的社会损失,也还是保留了财产损失这种要求,这个时候还是应当把它认定为诈骗罪。

当然关于这个问题,我回头还会结合邓教授的讲解做进一步的思考,目前就做这样一个简单的回应。

第三个问题是对于类似放高利贷的行为该如何处罚。

我个人认为,在高利贷这个问题上,还是应当避免"一刀切"。虽然不容否认的是,实践中的确存在通过暴力或者是软暴力催收高利贷债务的情形,《刑法修正案(十一)》中也把这种行为认定为一种犯罪。但是我认为,非法行使非法权利,可能是不能够作为财产犯罪加以处罚的。当然,不应当作为财产犯罪处罚,也是有它的界限的。

其实刚才两位老师也注意到了,要在事实范围能够容许的权利界限之内,才能够把它作为免除犯罪处罚的一个事由。如果是超出限度的话,那么就不一定不构成犯罪。因此在这一点上,我和邓教授的想法可能没有根本性的区别,这是我要作的一个澄清。

第四个问题是独立于责任非难程度的特殊预防的必要性或者是需罚性,究竟该如何定位。

在这方面,可能我讲得不是特别清晰,感谢邓教授指出这一点。在这个问题上,我主要是接受了德国学者罗克辛教授的观点。在责任要素的内容上,他主张的是一种所谓的功能责任论,这种责任论的一大特色就是在确定行为人的刑事责任的同时,要考虑有没有预防的必要性。如果是具有可罚性,但是不具有需罚性的时候,也就是即使不通过刑罚其实也能够达到预防的目的的话,则应当否定答责性的存在,此时不应当适用刑罚。也就是说,在罗克辛教授看来,他其实是以答责性取代了原来的责任阶层,将其作为犯罪论体系的第三个阶层。如此一来,答责性就成了责任和预防必要性的一个上位概念。

我之所以要去主张特殊预防的必要性,是因为对于在实践当中出现的许霆利用机器故障恶意取款的行为,如果能够引入这种所谓的预防必要性理论,不把它作为盗窃罪进行处罚,是存在这样一种理论上的可能性的。这种犯罪行为可能百年一遇,虽然后来在我们国家的确又发生了几起类似案件,但是,这种案件的行为总体而言是难以复制的。既然是难以复制,其他人想学也学不来,这就意味着刑法没有必要去介入,因为即使不介入,此类行为也同样难以再现。

以上就是对邓教授所提出的问题做的一个简单的回应。接下来,我再对简爱老师相关的评价做一个回应。

简爱老师主要是出于对我所提主张的维护,因为看得出来她认为我的主张还是有些可取之处的,但是,她认为可能还是要加强理论的实践可操作性方面的论证,在这一点上我觉得深受启发。简爱老师的确是"90

后""后浪"中的佼佼者,虽然我是一个"80后",但还是有很多需要向她学习的地方。

简爱老师在她的评述过程中提到,在现代社会中,我们在解决纠纷的时候,也会注重社会纠纷的多元化解决机制,这和我主张的在案件处理中应当重视中国法律传统中的纠纷解决机制的运用,可以说是不谋而合的。此外她还提到,对于所谓的行为人高价索赔的行为是不是构成犯罪,可能还是要区分裁判规范与行为规范。也就是说,只要是行为人在法律允许的限度之内,有一个所谓的合法事由,即便他提出的数额相对较高,也不应当作为犯罪来对待,对此我深表赞同。但我不赞同的是,如果已经穷尽了所有的可能,仍找不到一种请求权基础,在这种情况下,行为人还依然高额索赔,那么还是可以作为犯罪来对待的。在这一点上,我可能和简爱老师的主张不同。当然,无论怎么样,简爱老师的这些说法其实都有助于我思路的深化。

还要提一下的是,随着我们国家法治的长足发展,权利非法行使的行为可能终究会全部作为犯罪加以处罚,我个人认为这当然是一种非常美好的愿景,而且在司法实践中其实也出现了一定的苗头。比如说对于实践中出现的知假买假类的勒索案件,法院开始越来越多地将其作为犯罪加以处罚。从社会发展背景来看,我国的市场经济虽然总体上处于一种不是非常成熟的状态,但毕竟已经有了40多年的发展,市场管理秩序也慢慢开始变得井井有条。在这种情况下,更多地依赖政府合法合规的治理,而不是依赖公民个人的单打独斗,可能是一种更为有效、也更为稳妥的纠纷解决机制。而且我个人认为,这样的做法也可以在很大程度上有效预防投机的心理,鼓励大家要踏踏实实地努力工作和生活。在这个方面,我对简爱老师的主张确实是深表赞同。

当然,需要补充的是,在非法行使非法权利的问题上,我可能也不得不承认,对于刑法学界现在所运用的各种理论术语,我们国家的法官的确充满了陌生感,但我个人认为这可能也只是一个历史的阶段。比如说包括我们点评人在内,我们5位都是高校老师,其实肩负着一个重任,那就是要培养未来的法官、检察官以及律师。从这个方面来看,我们可以从当下着手,去推动未来的法官、检察官、律师去掌握这些对于案件的解决非常有用的理论术语。在这个方面的话,我们还是有信心能够推动历史发展的进程。

至于简爱老师担心的,以"不具备实质的责任非难可能性"这样一种比较拗口的表达为行为人作辩护,可能很难为法官所采纳。目前来看,这的确是比较令人担忧的情况。但是,就我们今天讨论的这类案件来说,由于既存在司法解释又存在指导案例,其实辩护的难度相对来说还是比较小的。即便我们不用这些理论术语,也可以把它们所体现的一些实质内涵,通过辩护理由进行比较全面的表达。法官虽然可能不懂术语,但是对于术语背后所体现出来的精神、理念,其实还是能够接受的。在这种情况下,辩护方根据司法解释提出这样一种辩护意见,同时适当说理,为法官将来写裁判理由提供一定的参考,其实也是可能的。

另外,我在讲课时其实已经提到了,在非法行使非法权利不可罚方面,我个人认为,司法解释实际上走在了理论研究的前头。我们学者由于接受了太多的权利话语,在这方面反而可能会存在不足。至于对取回价值相当的财物该怎么处理,我个人认为,从实质的财产秩序说来看,在价值相当的时候,其实是不存在财产损失的。我一直也是主张这种情形不应被当作犯罪来对待。这和简爱老师认为的,应当作为犯罪未遂来处理的主张,的确还是存在一定差异的。

在这里,我想以周光权教授的一句话作为结语,也作为共勉:"将法官的问题思考和学者的体系思考结合起来,提炼疑难刑事案件的裁判规则,形成有助于解决中国问题、融入更多'中国元素'的教义学原理,并在此基础上逐步建构具有中国特色、更加本土化的刑法学。"

总结人 · 李振林

首先,马老师今天的讲座逻辑是非常清晰而且严密的,整个推理过程

几乎没有漏洞,至少我觉得有这么几点值得推崇:

第一,他从刑法中寻求权利行使不可罚的这种规范依据,比如对《刑法》238条第3款和第226条强迫交易罪的分析,从而不是直接套用德日理论,所以他是非常尊重我们刑法的本土性的。因为他在德国留学多年,所以他能够做到不直接套用责任理论,而且非常尊重我们刑法的本土性,我觉得这是非常难得的。

第二,我觉得他非常尊重中国法律的特点,并且基于这种实用道德主义,避开权利话语体系,得出《刑法》第238条第3款其正当性并不只在于维护被害人合法权利,而在于恢复人际关系的和谐。我觉得这个视角是非常新颖的。

第三,我觉得他基于指导性案例,归纳出本人财物能否成为自己盗窃的对象的判断要旨,同时指出指导性案例裁判要旨的缺陷,逻辑十分清晰、严密。

对于毅丞教授的观点我也谈几点粗浅的看法。

第一,毅丞教授认为应当先定性后定量,但我认为刑法既然规定盗窃公私财物数额较大的才构成盗窃罪,那么只有先满足了量的规定,才能确定这个行为的性质。在我国财产犯罪中只有量变才能引起质变,定性其实是需要定量的一个基础。先定性后定量的逻辑固然正确,但是在财产犯罪中,其实是定量→定性→更精确地定性的逻辑顺序。譬如盗窃数额10万元,我们首先判断的是盗窃数额10万元达到了盗窃罪的入罪门槛1000元(定量),可以认定为盗窃罪(定性),再结合量刑标准规定10万元达到盗窃数额巨大(更精确地定性),最终确定其法定刑。因此,财产损失的定量(盗窃10万元)规定当然能够成为财产损失的定性(盗窃罪最大数额巨大)的根据。

第二,对于诈捐行为而言,我认为质疑是有一定依据的,实际上也是对我们马老师观点的一个立论基础,即实质的财产秩序说的一个否定,这个我是比较赞同的。

第三,行使非法权利和阻却责任是不是有必然的推导关系?这样一个质疑,我觉得这个观点和我的疑问点也是比较一致的,就是说作为阻却或者减轻责任的一些情节,是完全准确的责任的成立,还是说在一定程度上减轻了责任,我觉得是比较值得探讨的。如果在某些情况下是完全准确的责任的成立,在另外一些情况下是在一定程度上减轻的责任,该如何建立一个标准进行区分,我觉得这也是一个问题。

对于简爱老师的质疑意见,我觉得可以用两个词概括,就是"鞭辟入里""入木三分",其实也对马老师的观点的深化和完善提供了很多很好的建议。对此,我是相对比较赞同的。简单提两点商榷意见:

第一个是跟日本学者关于财产罪法益的争论,集中体现为本权说和占有说的对立。马老师认为财产放弃的法益是所有权,这其实跟本权说有一定的区别。因为本权说认为财产背后的所有权以及其他因所有权而派生的本权,如抵押权、质权、留置权和租借权等都是财产罪的保护法益。当然,这里也有可能是马老师为了表达简洁而将其他因所有权而派生的本权省略了。我认为,此处应当明确是所有权还是本权,因为这里涉及侵犯抵押权、质权、留置权等权利的这样一个定性的问题。

第二个是马老师观点中的第二个立论,也就是非法行使非法权利行为并不具备实质的责任和可非难性,他提了几点理由,包括能够通过法秩序统一性原理的检验、非难程度程较低、需罚性阙如以及被害人可能存在重大过错。这里我有一个疑问,就是这些影响刑事责任的事由是否必然导致不承担财产犯罪的刑事责任。我觉得在量刑上减轻是完全可以的,但是否一定不承担刑事责任呢?特别是对被害人过错的考量。根据最高人民法院量刑指导意见的规定,被害人有过错的,予以酌情从宽处罚。还包括像"两高"《关于办理敲诈勒索刑事案件适用法律若干问题的解释》第6条的规定,我注意到,按这个规定,根据被害人过错程度和案件其他情况,就可以对行为酌情从宽处罚。也就是说将被害人过错仅仅作为一个酌情从宽的量刑因素。所以,能不能把被害人严重过错作为完全不承担刑事责任的依据,我这是有疑问的。

主持人·肖崇俊

谢谢振林教授幽默又不失专业性的总结。今天两个多小时的讲座讲了非常丰富的内容,我相信大家也都能够感受到四位刑法青年学者的专业实力。正如车浩老师所说,青年学者是学术生命力的体现,这也是我们《华东政法大学学报》立志要与青年学者共同成长的原因。

第六讲
财产罪中的非法占有目的

主讲人:张开骏(上海大学法学院副教授)
与谈人:何　龙(中国政法大学刑事司法学院讲师)
主持人:赵春雨(盈科全国刑事法律专业委员会主任)

主持人·赵春雨

镜头前的观众朋友们大家好。我是盈科律师事务所全国刑事法律专业委员会主任赵春雨律师,非常荣幸担任本场讲座的主持人,欢迎大家关注和收看全国青年刑法学者在线系列讲座。

首先,我谨代表盈科律师事务所,感谢陈兴良老师的关爱,感谢车浩老师的担当,让我们感受到了刑法学界看得见的薪火相传。同时,也要感谢盈科律师事务所梅向荣主任与李华主任对本次公益活动的大力支持,让我们盈科全国刑事法律专业委员会有幸在青年学者学术创造力最旺盛的时期,陪伴他们的成长,共同努力将刑法理论与实务的融合推向一个新的高度。

我记得车浩老师说过,本次系列讲座无排榜之意,有遗珠之憾,好在会继续。我相信盈科会一如既往、坚持不懈地为青年刑法学者提供展示思想和风采的舞台,也期待我们的青年学者能够在这个舞台上不断地绽放华彩。

今天这场讲座的主题是"财产罪中的非法占有目的",我相信在实务当中这是一个非常受关注的话题,也是一个存在争议的问题。我们有幸邀请到了主讲人张开骏老师,他是中国人民大学的刑法学博士,上海大学法学院副教授、硕士生导师,日本中央大学客员研究员。同时,我们也邀请到了与谈人何龙老师,何龙老师也是刑法学博士,任教于中国政法大学刑事司法学院,同时也是日本成蹊大学客员研究员。相信今天两位老师思想的碰撞,一定能够让我们在财产罪的非法占有目的这一主题当中汲取很多营养,非常期待老师们的学术观点能够为我们的司法实务实践提供宝贵的指导。

主讲人·张开骏

线上的各位老师、同学、法律界同人和刑法爱好者,大家晚上好。我今晚汇报的题目是《财产罪中的非法占有目的》。我讲座内容主要是探讨非法占有目的的规范含义,分析非法占有目的包含的要素及其机能和地位,进而对财产类犯罪疑难案件的非法占有目的作出认定,不涉及如何通过证据或事实去推定行为人具有非法占有目的。

大家可以大致浏览、暗自思忖一下,在以下涉及侵财的例子中,行为人是否具有非法占有目的,如何进行犯罪定性(以及罪数)。这些例子在后面都会提到:(1)在农忙季节盗窃他人耕牛,农忙结束后返还。(2)男性基于性癖,窃取女性内衣。(3)犯杀人罪后,盗用他人的车或船逃离现场,然后将车或船丢弃。(4)窃取他人的相同邮票并加以毁弃,使自己珍藏的邮票在世上独一无二,以提高其交易价格。(5)将超市商品从窗户中扔出,让路人拾用。(6)盗窃某单位的精密仪器,借此向该单位勒索赎金。(7)为了入狱度日,抢得他人财物以便被捕。(8)强奸犯为了防止被害人呼救报警,取走其手机并扔掉。(9)窃取他人手提包后,将包中自认为不值钱的东西扔掉,仅留下自认为值钱的东西。(10)把仓库内的饮料偷搬到门口倒掉,将饮料瓶卖给收废品的人。

针对以上这些问题,今天讲座大致包括三个方面的内容:第一部分围绕非法占有目的,介绍理论与实务现状和通说见解;第二部分围绕排除意思,讨论一下其是否具有存在必要;第三部分围绕利用意思,谈一谈对利用意思的理解问题。

一、非法占有目的理论与实务现状和通说见解

(一)非法占有目的理论与实务现状

财产罪的基本类型包括:(1)取得罪;(2)毁弃罪。我国刑法中的取得罪包括盗窃罪、抢夺罪、抢劫罪、诈骗罪、敲诈勒索罪、侵占罪、职务侵占罪、聚众哄抢罪,毁弃罪包括故意毁坏财物罪、破坏生产经营罪。此外,我国刑法中还有挪用型财产罪(挪用资金罪、挪用特定款物罪)和不履行债务罪(拒不支付劳动报酬罪)。

中外刑法通说认为,不论刑法是否明文规定非法占有目的,取得罪的成立均要求行为人主观上具有非法占有目的。非法占有目的作为取得罪的主观要件,具有重要的实践意义。第一,在界分取得罪和毁弃罪时,非法占有目的发挥着决定性作用。第二,在接续侵财行为中,例如盗窃财物后勒索赎金,盗回财物后骗取赔偿,侵占财物后欺骗放弃取回,对非法占有目的理解,影响取得罪认定。第三,实施犯罪前后伴随了侵财行为时,例如杀人后偷开他人机动车逃跑,强奸后夺取被害人手机扔掉,对财物是否具有非法占有目的,影响侵财行为是否成立取得罪及其与其他犯罪的罪数。

中外刑法学针对非法占有目的规范含义,论述范式存在差异。日本刑法学从排除意思和利用意思的角度去阐释。德国刑法学从排除占有和建立占有的角度去阐释。我国刑法学尚未达成共识性的范式,传统的概念表述各有不同,如不法所有说,意图占有说,永远占有说等。主要争论点在于非法占有目的是所有还是占有的意思、时间长短(一时、长期或永久)、针对财物还是财产性利益等。

日本刑法通说认为,非法占有目的是指排除权利人,将其财物作为自己的财物进行支配(排除意思),并遵从财物的用途进行利用、处分(利用意思)。排除意思的机能(以盗窃为例)在于区分值得刑罚处罚的盗窃罪与不值得刑罚处罚的盗用行为。利用意思的机能在于:(1)区分取得罪和毁弃罪(犯罪个别化机能);(2)能够说明两种犯罪类型的法定刑差异原因

(取得罪的法定刑更重)。没有恢复可能性的毁弃罪的法益侵害性更大,但对取得罪的处罚更重,这是由于利用财物的意思值得更强烈的非难,一般预防的必要性也更大。

德国刑法理论认为,非法占有目的包括"排除占有"和"建立占有"两个要素。前者是指意图获取财物本身或其经济价值,而持续性地排斥或破坏他人对财物的支配关系(消极要素);后者是指意图使自己或第三者具有类似所有人的地位,而将所取得财物作为自己或第三者所有之财产(积极要素)。

其实,中外刑法学中取得型财产罪的非法占有目的要件的任务(需要解决的问题),存在一些共通性。不少学者倾向于消极要素和排除意思的含义类似,积极要素和利用意思的含义类似。我个人认为,我国关于非法占有目的主要争论点,与日本通说对排除意思和利用意思的认定,也多有共同之处。而且,在占据绝大多数比例通常的取得罪中,对行为人是否具有非法占有目的判断不难,不同范式彼此结论不会有差异,例如小偷扒窃地铁上乘客的钱包,疫情期间谎称有医用口罩而骗取钱财。只不过,在面对稍微复杂,尤其是疑难案件时,不同论述范式可能会得出不同结论,从而影响非法占有目的的认定。无疑,说理更为精细且有助于分析问题并得出可信结论的论述范式,更容易被刑法学界接受。

我国刑法中的财产罪没有明文规定非法占有目的,也没有规定使用盗窃的专门罪名,严重盗用行为值得刑罚处罚这一点为我国刑法界所普遍认可。同样,我国刑法中盗窃罪的刑罚重于故意毁坏财物罪,这些都类似于日本刑法。加之,中日两国是具有历史文化渊源的邻邦,自古以来法律等各层面的交流借鉴颇多。改革开放以来中日之间的刑法学交流最活跃、最深入,近代日本刑法理论对我国有很大影响力。因此,日本非法占有目的的学说和判例见解,对我国刑法解释论具有借鉴意义。

我个人判断,围绕"排除意思""利用意思"的非法占有目的的论述范式,在我国刑法理论界已成主流。我通过检索中国裁判文书网以及查阅《人民法院案例选》《刑事审判参考》等资料,发现尽管以"排除意思""利用意思"解读非法占有目的的裁判文书数量很有限(实际数量无疑更多)。但是,司法实务对上述概念的接受度在最近十年呈现加速度趋势,并且有个特点,即在以"排除意思""利用意思"作为说理依据的各方观点中,辩护意见的数量大于指控意见、判决理由的数量。

(二)非法占有目的通说见解

下面我以"排除意思""利用意思"的论述范式,介绍非法占有目的通说。

其一,对排除意思的理解出现了缓和化的倾向。具体而言,可以包括以下情况:(1)一直占有、永久使用的意思。(2)一时使用、没有返还的意思,如在使用后加以放置或毁弃。例如盗用他人汽车,开到目的地抛弃。(3)有返还的意思,但侵害了他人对财物的相当程度的利用可能性。对此须综合以下因素进行判断:被害人利用财物的可能性和必要性程度、预定的妨害利用的时间长短、财物本身的价值大小等。例如在农忙季节盗窃他人耕牛,农忙结束后返还。(4)进行返还并对利用可能性的侵害轻微,但取得(消费、消耗)了财物中的价值。例如为了退货取得现金而从超市窃取商品。

综上,排除意思至少包括四种形式:(1)"一直排除和支配"(一直占有并使用);(2)"一直排除、一时支配"(使用后抛弃);(3)"一时排除和支配"(侵害相当程度利用可能性的使用后返还);(4)"短时排除和支配"(取得或消耗财物中的使用价值后返还)。

日本判例在要求排除意思的前提下,将很多使用盗窃(即盗用)行为也认定为盗窃罪。例如为了搬运赃物多次于夜间使用他人的汽车,次日早晨返还;深夜无照驾驶他人的汽车,4个小时后被扣押等。事实上,只是将轻微的不具有可罚性的盗用行为排除在犯罪圈之外。就实际的认定结论而言,排除意思的肯定与否定各说之间并无多大差异。

其二,对利用意思的理解也经历了不断扩大解释的过程,从遵从财物本来的、经济的用途,扩大到遵从物品可能具有的用途进行利用、处分。例如男性基于性癖,窃取女性内衣;窃取家具,用以烧火取暖;骗取钢材当废品出卖;为了捆木材而切割电线;剪割广告公司的喷绘布,用于建鸡舍。可以说,凡是具有享用财物可能产生的某种效用、利益的意思,或者说,凡是以单纯毁坏、隐匿意思以外的意思取得他人财物的,都可以评价为利用意思。

二、非法占有目的及其要素的争论

(一)非法占有目的是否必要

对应否承认非法占有目的,存在以下学说分歧:(1)不要说,大塚仁、曾根威彦、刘明祥教授等持此观点;(2)必要说。必要说内部又有争论:一是非法占有目的之排除意思和利用意思说,即通说,主张者有平野龙一、大谷实、山口厚、西田典之、张明楷、周光权教授等持此观点;二是非法占有目的之排除意思说,团藤重光、福田平教授等持此观点;三是非法占有目的之利用意思说,前田雅英、王充教授等持此观点。

我个人认为非法占有目的是必要的,但不需要排除意思,只要求利用意思(非法占有目的之利用意思说)。非法占有目的是必要的,这是出于以下考虑:(1)财产罪的非法占有目的不同于犯罪故意。以盗窃罪为例,其客观要件是盗窃公私财物,构成要件具有故意规制机能,因此,盗窃故意是认识到窃取他人占有的财物,会发生危害他人财物占有的结果(他人占有的财物被转移给自己或者第三者占有),并且希望或放任该结果发生的心理态度。但盗窃的本质是对所有权及其他本权的侵害,仅有转移占有的意思还不够,还需要有像所有人那样进行利用的意思。这决定了取得罪在犯罪故意之外,还需要包含利用意思的非法占有目的。(2)强调非法占有目的,并非意味着只通过目的要件区分盗窃罪与故意毁坏财物罪,而是为了从主、客观两个方面更好地进行区分。因为盗窃罪是状态犯,无法单纯根据行为后的状态判断行为性质,既然要根据行为时的情况判断,就需要考虑行为时的意思,利用意思即是如此。

(二)非法占有目的不需要排除意思

第一,日本刑法通说和判例承认排除意思是非法占有目的的要素,作为主观超过要素,它不要求存在与之对应的客观事实。这意味着客观上没有排除占有和建立占有,也不影响盗窃罪的成立。因此,在客观上转移了占有的盗用场合,如果具有盗窃故意中包含的转移占有意思,同时具有排除意思,该盗用就是可罚的,成立盗窃罪;如果仅具有盗窃故意,不具有排除意思,就是不可罚的盗用行为。例如,使用他人的自行车,绕行广场三周后返还;使用他人停放小区车棚的自行车,到附近便利店购物然后返还;大学生使用他人停放宿舍楼下的自行车,到图书馆借还书然后返还。虽然行为人主观上认识到自行车是他人的财物,具有转移占有的意思,但不具有排除意思,因而不可罚。但是,像犯杀人等其他犯罪后,盗用他人的车或船逃离现场,然后将车或船丢弃,行为人不仅具有盗窃故意中包含的转移占有意思,而且有排除意思,对车或船成立盗窃罪。我认为,以上举例的盗用行为与其说盗窃罪不成立,毋宁说是由于客观上法益侵害不严重,没有达到刑事可罚性的程度,从而在客观不法的阶段就可出罪,而不应该借助主观的排除意思来限制处罚,曾根威彦、前田雅英持此观点。主张利用意思说的前田雅英教授认为,一时使用他人财物的行为的可罚性,由对权利人利用的实际侵害程度来决定,轻微的占有侵害没有达到值得科处刑罚的程度,不应认为是该当构成要件的侵害行为。

第二,要求排除意思的最大理由是,在使用盗窃的场合,它具有区分可罚盗用的盗窃罪与不可罚盗用的非罪行为的机能,但这一所谓的"限定处罚机能"完全可以通过客观要件来完成。事实上,日本通说和判例对排除意思的认定也完全依赖于客观要件。例如,被盗用财物本身的价值大小,被害人利用财物的可能性和必要性的程度高低,妨害被害人利用的时间长短、距离远近,是否使用财物进行其他犯罪,等等。至于排除意思这一主观要素本身并没有提供额外的判断内容。赞成排除意思和利用意思说的张明楷教授指出:"不可能事先形式地确定排除意思的含义,然后据此区分盗窃罪与盗用行为,而应根据刑法目的、刑事政策等从实质上划定不值得科处刑罚的盗用行为的范围,再确定排除意思的含义。"因此,排除意思完全是被客观事实说明的对象,而起不到任何说明其他事项的作用,实际沦为了纯粹形式性的东西。

第三,非法占有目的不应要求排除意思。对于上述各种客观情形,结合包含转移占有意思的盗窃故意和利用意思的非法占有目的要素,足以完成将严重盗用行为入罪、将不可罚盗用行为出罪的刑法使命。主张非法占有目的不要说的刘明祥教授认为:"判断对某种使用盗窃行为有无必要动用刑罚处罚,关键要看其社会危害性程度是否严重。而决定这种行为的社会危害性程度的因素,主要来自于客观方面。"就盗用的处罚范围的认定结论而言,排除意思不要说和必要说之间并无多大差异,这说明排除意思本身并不能发挥特别的作用。

第四,从日本通说和判例见解来看,除了早期对"一直排除和支配""一直排除、一时支配"肯定具有排除意思外,后来为了满足对严重盗用行为进行刑事处罚的实践需求,连"一时排除和支配"乃至"短时排除和支配"中的排除意思都予以认可。排除意思被逐渐缓和化,从而丧失了实际意义。山口厚教授认为,骗取他人的手机,以便短时间内让被害人用钱款赎回的,对手机存在排除意思。

第五,日本通说和判例主张排除意思和利用意思,在两个要素的性质或体系地位上,一般认为排除意思属于非法占有目的"法的侧面",是主观的违法要素,利用意思属于"经济的侧面",是责任要素。之所以如此,是因为排除意思的机能是区分可罚盗用的盗窃罪与不可罚盗用行为,它使可罚盗用的违法性增加,而利用意思的机能在于区分取得罪与毁弃罪以及说明两者法定刑差异,它证明了盗窃罪行为人的责任更重。但是,立足于结果无价值论,应该严格限制主观违法要素的范围(彻底的结果无价值论者完全否认主观违法要素)。如前所述,可罚盗用的盗窃罪与不可罚盗用行为完全可以通过客观要件和盗窃故意加以区分,没必要再承认排除意思这一主观违法要素。

总而言之,根据客观要件("窃取"或"转移占有"行为以及不法的程度)可以得出盗用不可罚时,根本不用考虑主观上是否具有排除意思;根据客观要件得出盗用可罚时,结合盗窃故意(转移占有意思、认识和意志因素等)和非法占有目的的利用意思,即足以区分可罚盗用的盗窃罪与不可罚盗用的非罪行为,以及区分盗窃罪与故意毁坏财物罪,且能说明后者法定刑差异,此时也无须判断排除意思;如果根据客观要件难以判断客观不法程度,应根据"疑罪从无"的原则(此时不涉及两罪的区分,而是可罚与不可罚的区分),不作为盗窃罪处罚。

(三)非法占有目的需要利用意思

缺少了利用意思,即使在客观上可以区分取得罪与毁弃罪,结论也不妥当;而且,对于两罪界限模糊的特殊情形,可能确实无法区分;再则,该说不能说明我国刑法中取得罪的刑罚重于故意毁坏财物罪的实质根据。具体而言:

第一,在占有或毁坏的客观事实明确的场合,强调利用意思会得出更妥当的结论。例如,窃取他人财物后一直藏匿,如果行为时存在日后利用的意思,就具有非法占有目,盗窃罪成立;如果行为时不存在日后利用的意思,只是单纯为了不被被害人或者警察发现,就不具有非法占有目的,成立故意毁坏财物罪。

第二,在短时空转移占有后抛弃、客观上占有和毁弃界限模糊的场合,利用意思具有至关重要的意义。例如,夺得他人钱包后扔到不远处垃圾堆中,或者从五楼搬出彩电在四五楼间楼道窗户扔下楼的。在行为人拒不承认主观意思的场合,应根据案件事实进行推定,然后分别定性:(1)如果能够肯定利用意思的,取得罪成立;(2)如果是单纯隐匿、毁弃意思的,故意毁坏财物罪成立;(3)确实无法查清利用或毁弃意思的,应"存疑时从轻",从有利于被告人的角度,认定故意毁坏财物罪成立。

第三,利用意思提供了取得罪的刑罚重于毁弃罪的实质根据。西田典之教授认为:"在法益侵害这一点上,并无恢复可能性的损坏罪可以说更为严重,但盗窃罪的处罚却比损坏罪更为严厉,理由在于试图利用财物这一动机、目的更值得谴责,并且从一般预防的角度来看,也更有必要予以抑制。"

第四,从日本通说和判例中的排除意思情形来看,侵害他人相当程度的利用可能性的"一时排除和支配",以及虽然返还并对利用可能性的侵害轻微,但取得(消费、消耗)了财物中价值的"短时排除和支配",无不把重点放在享受他人财物中的价值上。其实,在更无争议的"一直排除和支配""一直排除、一时支配"排除意思情形中,也蕴含着享受财物本身这一整体价值的内容。可见,利用意思对非法占有目的的判断具有关键作用。完全可以说,脱离了利用意思,非法占有目的就没有存在余地。

三、利用意思的深化理解

如前所述,利用意思的机能之一是区分取得罪和毁弃罪。通说认为,利用意思是指遵从财物可能具有的用途进行利用、处分,享受财物可能产生的某种效用、利益和价值的意思,不限于遵从财物的经济用途或者本来用途。问题是,"可能的"用途包括哪些可能?"某种"效用包括哪几种?

下来请看几个疑难设例:(1)A 窃取他人的相同邮票并加以毁弃,以使自己珍藏的邮票在世上独一无二,以提高其交易价格。A 对他人邮票是否有利用意思?应成立盗窃罪还是故意毁坏财物罪?(2)B 盗窃被害人财物,借此向被害人勒索赎金。B 对所盗财物是否有利用意思?盗窃财物行为是否成立盗窃罪?(3)生活无着落的 C 为了入狱度日,而抢他人财物以便被捕。C 对财物是否有利用意思?是否成立抢夺罪或抢劫罪?(4)强奸犯 D1 为了防止被害人呼救报警,取走其手机并扔掉;杀人犯 D2 为了毁灭证据,取走被害人的手表并扔掉;D3 为了掩盖报复伤害真相,取走被害人财物并扔掉,以制造抢劫假象。D1、D2、D3 对财物是否有利用意思?对财物成立取得罪还是故意毁坏财物罪?(5)E 偷把仓库内的饮料搬到门口倒掉,将饮料瓶卖给收废品的人。E 是仅对饮料瓶有利用意思,还是对饮料整体有利用意思(对瓶中饮料是否有利用意思)?

(一)利用意思必须是单一、纯粹的吗?

例如,以下三种情形中行为人是否有利用意思和非法占有目的?(1)窃取他人的金钱,用于消费支付。(2)将他人的烟花爆竹浸水毁坏。

(3)行为人为报复他人同时为了自己取乐,而将他人的烟花爆竹予以燃放。在涉及利用或毁弃的意思时,行为人主观上可能存在以上三种情况。第一种情形仅具有利用意思,足以肯定具有利用意思和非法占有目的,盗窃罪成立。第二种情形仅具有毁弃意思,足以肯定不具有利用意思,故意毁坏财物罪成立。第三种情形同时包含/混合了利用意思和毁弃意思,这是取得罪和毁弃罪区分的难点,也是利用意思认定的一个疑难问题。

我认为,利用意思虽是行为人的主观想法,但是具体犯行中针对财物的取得、占有或隐匿的意思,是否符合(或者可被认定为)取得罪的非法占有目的中的利用意思要素,本质上属于刑法的规范评价问题。换言之,利用意思首先是存在论上的事实要素(行为人主观上是否存在某种意思),更重要的它是个价值论上的规范要素(对行为人主观意思如何进行刑法评价)。

取得罪是获得财物利用可能性的犯罪,行为人主观上存在贪利意图,因此,利用意思值得更强烈的非难。在第三种情形中,由于行为人存在燃放取乐的意思,该主观贪利值得强烈非难。因此,将其评价为利用意思更可取。同理,为了惹怒他人而吃他人的馒头,具有处分馒头并将相应效用归属于自己的目的,是盗窃;同样是为了惹怒他人,但把馒头扔到地板上的,则是损坏。

设例(1)中,即 A 窃取并毁弃他人的邮票,从而使自己的邮票升值,我认为,应该认定为具有利用意思,盗窃罪成立。A 取得他人邮票即告盗窃既遂。A 毁弃他人邮票行为同时就是利用他人邮票行为,利用了被害人收藏的珍稀邮票的经济价值。此时,毁弃邮票和利用邮票融合为一个行为,具有一体两面性。因为收藏邮票具有远超出普通邮票的价值,数量越少就越珍稀,价值就越高,这一点显而易见。在世上仅存两张同种邮票的情况下,每一张邮票的价值都很高,并且任何一张邮票的灭失,必然会提高另一张仅存邮票的价值,两者具有直接关系,即"一张邮票灭失=另一张仅存邮票升值"。A 窃取他人邮票后拥有两张邮票,会增加自己的价值总量,而 A 毁弃他人邮票使自己拥有世上仅存的一张邮票,同样会增加自己的价值总量,可见毁弃他人邮票就是一种利用行为。

综上,利用意思不必是单一、纯粹的,行为人同时包含、混合了利用意思和毁坏意思的,也可以规范认定为具有利用意思。换言之,凡是具有享受财物可能产生的某种效用的意思的,都可以评价为具有利用意思。不论是一心享受财物效用的意思,还是兼具毁坏意思和利用意思。只有单纯的、纯粹的毁坏意思才不是利用意思。由于隐匿行为属于毁坏,故行为人对财物只有单纯隐匿意思的,可以评价为单纯的毁坏意思,不具有利用意思。

(二)利用意思限于行为人自己取得和利用财物的意思吗?

例如(暂不考虑数额),母亲甲偷包子给孩子吃;乙在首饰柜台偷了一枚戒指送给女朋友;丙将超市商品从窗户中扔出让路人拾用。以上情形中,行为人对财物(面包、钱、商品)是否都有利用意思?我们认为,利用意思不限于行为人自己取得和利用财物的意思,也包括让第三者取得和利用财物的意思。我国有刑事判决肯定了非法占有目的包括为了使第三者非法占有的情形(姚录峰、李宏伟为牟取集体利益而实施盗窃案)。《德国刑法典》对此作了明文规定(第242、249、263条等),如第242条盗窃罪的意图中就规定了"非法占为己有或使第三人占有"。

问题是,第三者的范围是否需要限定?行为人意图使无关的第三者取得和使用财物,使被害人遭受财产损失的场合,能否评价为具有利用意思?成立盗窃罪还是故意毁坏财物罪?张明楷教授主张要对第三者加以限定:"应是与行为人有一定关系的第三者,而不是任何第三者。例如,从超市扔出商品,让不相识的过路人捡走的,不应认定为盗窃罪,而宜认定为故意毁坏财物罪。"我深表赞同,即应将第三者限定为"行为人阵营的第三者"。行为人阵营即指与行为人具有一定关系的人,如亲朋好友。首先,让不属于自己阵营的人取得和利用财物,表明行为人主观上没有贪利,缺乏强烈非难的必要,不符合利用意思加重处罚的根据。其次,行为人从超市扔出商品让路人捡走,就意味着商品对超市已失去效用,根据效用侵害说,行为人毁坏了超市的商品。因此,该行为完全符合故意毁坏财物罪。

(三)利用意思必须是确定的吗?

日本有个案件:行为人夺取了被害人财物,主要动机是报复被害人,然后将财物暂且隐藏起来,到底怎么处置将来再定。法院判决行为人具有非法占有目的。日本有学者对判决持认同看法,认为行为人没有隐匿、毁弃意思,只不过没有具体的、明确的利用目的。换言之,行为人保留了利用可能性,因此可以肯定利用意思。个人认为,这种情况可以肯定利用意思存在,行为人具有非法占有目的。客观上行为人将财物隐藏起来,占有了财物,使自己的财产总量增加了。但是,假如行为人明确了没有日后利用的想法,而仅想一直隐藏,以防被害人或警察发现证据,则排除利用意思。

(四)利用意思必须针对具体、明确的财物吗?

例如,窃取他人手提包后,将包中自认为不值钱的东西扔掉,仅留下自认为值钱的东西。行为人对扔掉部分的财物具有利用意思吗?我对上例持肯定回答。也就是说,行为人对手提包及其中财物的全体具有利用意思,盗窃罪成立。盗窃数额以手提包及其中财物的全体作为计算基准。这是因为,虽然行为人扔掉了部分财物,属于毁弃行为,但是他在窃取手提包时,对手提包及其中财物的全体具有概括的故意和利用意思(凡是值钱之物都要,最好都是值钱之物),也就是在窃取行为时具有将财物全体据为己有的想法,这种判断符合生活中盗窃罪行的实际。从行为人仅将自认为不值钱的东西扔掉,也可以看出其对财物具有概括故意和利用意思。窃取手提包后扔掉部分财物,属于盗窃财物后的处置行为,在性质上属于共罚的事后行为。总之,利用意思的认定,既可以针对某个具体的、明确的财物,也可以针对某个概括的财物。

(五)财物效用、价值、利益包括哪些形式?

财物价值从利用方式来看,包括使用价值和交换价值。利用财物交换价值的典型形式是销赃,即将赃物变现以实现财物的经济价值。山口厚教授认为,意图赠送他人而不法取得财物的,行为人具有让受赠对象利用财物的意思,这是发挥财物效用的一种形式。财物价值从表现形式上看并不限于客观价值,还包括对人所具有的主观价值,包括欣赏、纪念、精神享受、心理满足等。例如,书法、绘画和古董等具有历史、经济价值,也具有欣赏、获得精神享受的主观价值。因此,张明楷教授认为:"骗取他人的名画用于自己观赏的,具有利用意思,构成诈骗罪。"

男子基于癖好窃取女性内衣的,中外刑法理论和实务都持非法占有目的的肯定立场,这也符合民众观念。那么,如何理解男子的利用意思,他享受了内衣的何种效用?个人认为,男子满足自己的性癖好和心理需求,利用了女性内衣所具有的主观价值。内衣作为贴身衣物,不仅有卫生、遮体的基本效用,还常有修饰形体的辅助效用,以及营造气氛的情趣审美效用。男子收藏、欣赏或把玩女性内衣,体会女性形体美或性情趣,正是发挥了内衣可能具有的功效。

设例(2)中,行为人 B 利用了财物具有经济价值和使用价值因而可与金钱(赎金)交换的效用,这与销赃并无本质差异,因此属于利用意思。利用意思不必是完全、充分地利用财物客观价值的意思,意图利用的财物价值也未必要等同于财物本身的客观价值。赎金虽然不是盗品本身的价值,但不容否认的是,赎金是基于盗品具有的价值而提出来的,赎金数额与盗品的价值大小具有直接关系。正如盗窃财物后销赃的,销赃数额不会是财物本身的价值,但没人否认销赃是对盗品的一种利用,也不会否认销赃数额来自于盗品中的价值。

B 对盗品具有利用意思,但盗窃行为如何定罪,还需讨论其他成立条件:(1)如果盗品的价值小,或者行为人控制财物的时间短(被害人很快交付赎金,然后行为人即予返还财物),总体上判断盗窃行为对被害人财物利用可能性的侵害程度小,那么,从实质违法论的观念出发,对盗窃行为可以不作盗窃罪处理,而仅对勒索行为作出认定,符合勒索数额较大的,可以成立敲诈勒索罪。(2)如果盗品的价值大,或者行为人控制财物的时间长,对被害人财物利用可能性的侵害程度大。例如,盗窃单位的生产或科研设备,影响生产或科研的进度;盗窃救护车,影响医院救人等。即使行为人在取得赎金后将财物返还的,盗窃行为也具有可罚性,应该成立盗窃罪。由此可见,将盗品返还被害人时不可一概否定盗窃罪成立。此时,勒索数额较大的,同时成立敲诈勒索罪。问题是如何处理两罪的关系?主要争议观点包括两罪并罚,以及构成牵连犯,从一重罪处断。我认为如果勒索到钱后,行为人不归还盗品的,则应两罪并罚;如果勒索到钱后归还了盗品的,则成立包括的一罪,从一重罪处断。

(六)取得某种财物能给行为人带来某种好处的,是否都可以理解为利用意思?

例如,甲基于报复心态取得他人财物,随即抛弃或毁坏;乙为追求精神刺激,飞车抢他人财物,得手后根据被害人信息,事后将财物归还。上述情形中行为人对财物是否有利用意思。有观点认为,利用意思的本质是享受所获财物可能带来的各种利益,也就是能带给行为人的各种好处。我认为以上观点值得商榷。利用意思是非法占有目的之要素,属于犯罪目的范畴,不同于犯罪故意和犯罪动机。对财物效用的理解过于宽泛,会模糊利用意思(非法占有目的)和犯罪动机的差异,出现犯罪定性偏差(罪与非罪、此罪与彼罪的界限),导致不当扩张取得罪的范围。我主张,财物的效用应该限于财物的性质特征。享受财物可能产生的某种效用,指的是根据财物的性质特征,发挥财物所可能具备的效用。例如,家具具有燃烧后散发热量的物理特性,因而燃烧取暖属于家具可能的效用;钢材具有经济价值,在废品收购市场具有交换价值,因而当作废品变卖属于钢材可能的效用;电线是绳状物,可以用来捆绑东西,因而捆物属于电线可能的效用。

甲基于报复心态取得他人财物,随即抛弃或毁坏,可以说甲获得了心理上的满足、愉悦,但这不是财物的性质特征所具备的效用,而是侵财行为带来的效果,所以不能认定对财物具有利用意思。否则毁弃罪恐将无存在余地。甲应认定为转移占有后的毁弃罪(故意毁坏财物罪)。乙为追求精神刺激,飞车抢他人财物,得手后根据被害人信息,事后将财物归还,乙即使妨害了被害人对财物的利用,也不能认定存在利用意思。乙追求精神刺激、心理满足,仅为犯罪动机。因为该效果不是财物的性质特征能够体现的,而是抢财物的行为所带来的,据此,行为人不成立抢夺罪或抢劫罪,可以认定为强拿硬要财物型的寻衅滋事罪(《刑法》第293条第1款第3项)。该罪行作为刑法分则第六章中扰乱公共秩序的犯罪,应侧重考察对公共秩序法益的侵害,不宜限定为对财物需要具有非法占有目的。行为人抢他人财物的行为,纵然没有利用的意思和非法占有的目的,但已然侵害了社会公共秩序,符合此类犯罪的本质特征。

此外,不能由于行为人存在某种犯罪动机,就忽视案情差异,不对利用意思作区别判断。设例(3)中,行为人C为了入狱而抢财物的,对财物是否有利用意思,有必要区分情形加以认定:(1)如果C自始至终没有占有财物的想法,抢财物得手后,要求被害人报警,并且等待警察前来抓捕,否则就将财物归还被害人或者带着财物去自首的,可以否定利用意思(当场归还财物的,能否定排除意思;带着财物去自首的,赃物必然会返还给被害人,也能够否定排除意思)。当然,抢财物的过程中造成被害人伤亡的,可以相应的人身犯罪定罪处罚,如故意伤害罪(间接故意)、过失致人重伤罪等。(2)如果被害人不索回财物、不报警,C便会带走财物并自己使用的,由于入狱动机与非法占有目的可以同时存在,可以认定具有利用意思,成立抢夺罪或抢劫罪。

(七)享受财物效用是否包括间接效用?

上面的问题可以换种方式提问:利用意思的享受财物效用,是限于利用财物而从财物本身直接产生效用,还是包括将财物作为手段、由侵财行为间接带来某种好处、效果?

日本有个案件:身为教师的被告人对校长心怀不满,企图让校长被追究责任和下台,而将校长管理的教育敕语等三件重要物品取出,隐匿在教室天花板里。被告人对物品是否具有利用意思?日本法院判决被告人不具有利用意思。我认为,行为人通过利用财物而直接享受财物本身的某种效用,才宜认定为具有利用意思。利用意思是"非法占有目的"的要素,它终究是"利用财物"的意思,必须是针对"财物"本身的意思,而不是宽泛地针对"整个行为"的意思。利用意思应该是在财物存在时对其利用就能直接带来某种效用,至少是在消耗财物同时就能直接实现某种效用的意思。唯有如此,享受的财物效用才可以说是建立在财物性质特征的基础上,而不是脱离财物的性质特征。不是利用财物直接产生效用,而是通过排除支配、隐匿或者毁坏财物的行为间接产生某种效果、好处的,不能认定为具有利用意思。日本的佐伯仁志教授指出,盗窃罪是针对个别财产的犯罪,必须将利用意思限定在从利用财物中直接获得利益的情形。例如,行为人与他人约定可以获得谢礼,而盗窃被害人财物并加以损坏的场合,行为人的确有得利目的,但不应该认定具有非法占有目的。

设例(4)中,D1、D2、D3 对财物都只有排除意思和毁弃意思,而没有利用意思。行为人针对手机、手表等财物不成立取得罪,而是故意毁坏财物罪。因为,手机具有通信功能,但是"不能打电话报警"的效果,不是手机的性质特征决定的,而是手机被夺走后间接产生的。D1 将手机扔掉,不是为了发挥通信作用,而是为了使其不能发挥作用,完全是对手机的毁坏。同理,手表具有计时功能,但是"不能提交为犯罪证据"的效果,不是手表的性质特征决定的,而是手表被扔掉后间接产生的。D2 将手表扔掉,不是为了实现计时作用,而是为了使其不能发挥作用,完全是对手表的毁坏。

(八)合理认定利用意思指向的财物

根据责任主义原则和目的犯原理,取得罪行为人必须在实施取得行为之时,就对特定财物对象有利用意思;否则,就不能认定对该财物存在非法占有目的,因而不成立特定财物的取得罪。移动财物后加以毁坏的行为(当场毁坏财物亦同),既可能成立取得罪,也可能成立毁弃罪。重要的区分标准是,行为人在移动财物时的主观意思是什么,应被规范评价为利用意思还是毁坏意思。

设例(5)中,E 一开始搬饮料时就很明确是为了卖饮料瓶,此后倒饮料和卖饮料瓶都是为了实现该意图。E 只对饮料瓶有利用意思,没有享受瓶中饮料可能效用的意思,这是显而易见的事实。在一般人的观念中,E 是"糟蹋"而不是"利用"了饮料。因此,应依照饮料和饮料瓶的价值数额,各自认定是否达到了故意毁坏财物罪和盗窃罪的起诉标准,从而决定是否成立两罪和实行并罚。

对于利用意思指向对象的范围,我初步看法是如果财物是由性质相同、彼此依存度高、不容分离、不能独立核价的部分组成的,那么,结合民众观念,从尊重事实和有助于定罪量刑的角度出发,即使行为人仅意图利用财物的一部分,也应认定为对财物整体具有利用意思。例如,只为了吃菜心而盗窃了整棵卷心菜,即使行为人剥离了大部分菜叶而保留很小的菜心,也认定为对整棵菜有利用意思;只为了尝几口而盗窃了整瓶酒,即使行为人将剩余的酒倒掉,也认定为对整瓶酒有利用意思;只为了阅读部分页面而盗窃了整本书,即使行为人阅读了想读的部分或者撕下想读的页码然后将书扔掉,也认定为对整本书有利用意思。

四、简要总结

第一,中外刑法通说认为,盗窃、诈骗等取得罪的成立均要求行为人主观上具有非法占有目的。非法占有目的是指排除权利人,将其财物作为自己的财物进行支配(排除意思),并遵从财物的用途进行利用、处分(利用意思)。排除意思的机能(以盗窃为例)是区分值得刑罚处罚的盗窃罪与不值得刑罚处罚的盗用行为。利用意思的机能是区分取得罪和毁弃罪,并说明两种犯罪类型的法定刑差异。排除意思和利用意思的认定均出现了不断缓和、扩大的趋势。

第二,取得罪的非法占有目的是必要的,但不需要排除意思,仅需要利用意思。排除意思的"限定处罚机能"(即排除不可罚的使用盗窃),完全可以通过客观要件来完成。例如,被盗用财物本身的价值大小,被害人利用财物的可能性和必要性的程度高低,妨害被害人利用的时间长短、距离远近,是否使用财物进行其他犯罪等。排除意思这一主观要素本身并没有提供额外的判断内容,并被逐渐缓和化,而丧失了实际意义。立足于结果无价值论的立场,应该严格限制主观违法要素的范围。

第三,利用意思是指遵从物品可能具有的用途进行利用、处分的意思。利用意思虽是行为人的主观想法,但应进行刑法规范性评价和认定。利用意思不必是单一、纯粹的,其评价具有包容性。利用意思所包含的财物效用形式多样,但对财物效用的理解须根植于财物的性质特征,因而利用意思所享受的财物效用限于利用财物而从财物本身直接产生的效用。利用意思所指向的财物对象可以是财产性利益,且限于实施取得行为时已存在利用意思的范围。

以上是我的讲座发言,谢谢大家聆听,敬请批评指教。详细内容请参见拙文:(1)《盗窃物品以勒索钱款的犯罪认定与处罚——从剖析非法占有目的入手》,载《政治与法律》2015年第3期。部分内容以《财产罪的非法占有目的》为题收入刘艳红主编:《财产犯研究》,东南大学出版社2017年版。(2)《非法占有目的之利用意思的疑难问题和理论深化》,载《法学家》2020年第4期。

主持人·赵春雨

感谢开骏老师的精彩讲座,我们都感受到了张老师准备充分,内容翔实,充盈着思考的智慧。在此,我想用三个关键词进行一个小结,来分享一下我的心得。

第一个关键词是"视野"。今天张开骏老师为我们打开了国际视野,透过德日学说让我们感受域外刑法知识的滋养。第二个关键词是"观点"。张开骏老师通过对比排除意思说和利用意思说在非法占有目的上的适用,旗帜鲜明地提出了不需要排除只需要利用意思,同时也指出利用意思要素的评价,在实践当中也是存在着难点的,涉及此罪与彼罪以及罪数的问题。第三个关键词是"方法"。今天我们感受到张开骏老师用了比较考察的方法,从德日学说又引申到我国刑法学界的通说,同时也运用了体系论证的方法,从非法占有的目的延伸到利用意思的理解,包括利用意思是否是单一的,是否要求行为人本人进行利用,是否要针对具体明确的财物,财物效用有哪些表现的形式,以及财物带来的一些好处是否可以理解为利用的意思,最后落脚到要合理地认定利用意思所指向的财物。可以说,张开骏老师不仅提出了观点,也进行了深入的论证,这个非常值得我们刑辩律师来学习。不论是无罪辩护还是轻罪辩护,论证是否全面、是否深入,都直接影响我们最终的说服效果。这让我想起来车浩老师曾经说过,我们的青年刑法学者尽管在全面性上,比如说教科书的撰写上还有欠缺,但是在一个点上的研究,即在这个领域的深入思考,可能在学界也是处在领先地位的。

今天张老师的讲座解答了我在实务当中的一个困惑,比如说之所以盗窃罪的量刑要重于故意毁坏财物罪,是因为对财物的利益用意思具有更强的可非难性,应该说这符合我们司法实务掌握的标准。但是我有一个思考,假设我作为一个被害人,究竟是财物被盗窃了、诈骗了,还是被毁坏了,给我们带来的伤害更大?如果说它是一个特定物,是一个具有纪念和特殊意义的物品,我想从我的角度来思考,可能更希望行为人有利用的意思,将来有归还的可能;而不可恢复的破坏,对于被害人的创伤更大,这种社会关系的恢复更难。同时,对于行为人来讲,他的主观恶性与社会危害性,是如何论证出毁弃罪会低于取得罪的呢?这是我一个不成熟的见解,可能在理论上的理解还不够深入,所以我非常期待与谈人何龙老师能给我们带来高见。

与谈人·何龙

谢谢赵主任。各位老师、各位律师朋友,各位同学,大家晚上好!我是中国政法大学刑事司法学院的何龙。开骏老师今天主讲的题目是《财产罪的非法占有目的》,这个题目是当下学界讨论非常广泛的一个热门话题。单在我们此次系列讲座的主讲人和与谈人中,就有很多老师对这个问题有专门并且深入的研究。围绕这个题目,开骏老师从"非法占有目的"的内容不需要排除只需要利用的意思出发,并且就利用意思的具体内涵以及认定,结合实践中出现的疑难案例作了非常系统和详尽的阐释和论证。在我看来,开骏老师的核心立场主要包括以下几个方面:一是盗窃罪等取得罪所要求的非法占有目的,其内容无须排除意思,只需利用意思。二是利用意思的内涵是遵从财物可能具有的用途进行利用、处分,享受财物可能具有的某种效用或利益。三是利用意思的认定不应过于严格,而应作宽缓的理解。四是如何认定利用意思,包括以下几点:(1)利用意思不必是单一的,同时包含利用意思和毁坏意思的,也可以认定具有利用意思,比如窃取并毁弃他人的邮票,从而使自己的邮票升值的,盗窃罪成立;(2)利用意思既包括自己利用的意思,也包括为自己阵营的第三者利用的意思,当行为人意图使无关的第三者取得和使用财物时,不具有利用意思,比如将他人的物品扔到路上让过路的人捡走的,不具有利用意思,只能成立故意毁坏财物罪;(3)利用意思既可以是确定的利用意思,也可以是可能的利用意思,因此,在为报复他人而夺取他人财物并将财物暂时隐藏,将来如何处置暂未确定的场合,由于行为人保留了潜在的利用可能性,可以肯定利用意思,成立盗窃罪;(4)利用必须针对财物"可能具有的"用途,而"可能具有的用途"应基于财物的性质特征,这种利用以及由此产生的效用,必须与财物本身及财物利用之间具有直接性,而不能是侵财行为带来的间接好处。比如被告当庭吃掉原告提供的书证遗嘱,吃掉遗嘱并不当然导致对自己有利的判决。因此,吃掉遗嘱与否定遗嘱事实之间不存在直接关系,不具有利用意思。

上面是开骏老师此次报告最核心的观点。在此基础之上,开骏老师结合一些新型的、疑难的案例,运用自己构建的以"利用意思"为中心的"非法占有目的"进行了很好的展示。应该说,这种学说的梳理、理论的阐释以及接地气的实操运用,都体现了开骏老师扎实的理论功底,以及与理论实践相结合这样一个"既能高大上又能接地气"的研究风格,这是值得我们同龄的刑法学研究者学习的。我相信开骏老师的观点和论证思路,也能为我们律师朋友在类似案件的辩护中,提供一个全新的、有益并且有效的辩护视角。

下面我就开骏老师主讲的题目谈几点自己不成熟的认识。由于开骏老师在非法占有目的上是采取"利用意思说"的,下面我将反其道而行之,从"排除意思说"的角度,围绕盗窃和盗用的关系谈一谈。

一、在财产犯罪中,为什么要讨论"非法占有目的"?

大家知道,我们国家《刑法》在财产犯罪的规定当中,并没有明确将非法占有目的作为财产犯罪的成立要件,但是不管是理论界还是实务界都一致认为,取得罪的成立,要求行为人主观上必须具有非法占有目的。这也就意味着,在责任层面,除了要求行为人具备明知是他人财物而仍然不法取得这一故意之外,还要求其具备非法占有目的这一主观的超过要素。之所以作这样的要求,主要的原因在于财产犯罪的保护法益。关于财产犯罪的保护法益,有所有权说、占有权说以及以所有权为代表的以本权为基础的混合说,而混合说是我们学界的通说。因此,从保护以所有权为代表的本权的角度出发,行为人单纯意识到转移占有是不够的,必须额外要求其具有排除他人所有或永久占有的意思。正是因为这个原因,在财产犯罪的认定中,非法占有目的要件是必不可少的。

二、强调"排除意思"的意义何在?"排除意思"的逐渐缓和(标准放宽)意味着什么?对我国有何启示?

"排除意思""利用意思"这些术语,是我国学者借鉴日本等国家的"非法占有意思"理论而来的,我们有必要简单回溯一下国外讨论的渊源。以日本为例,讨论排除意思的目的在于将盗窃罪和使用盗窃区分开来,使用盗窃由于缺乏排除意思,不构成盗窃罪。在日本,不同于诈骗罪(《日本刑法典》第246条)存在第1款诈骗和第2款诈骗的区分规定,盗窃罪(《日本刑法典》第235条)仅限于物的盗窃,而使用盗窃的场合(也就是我们俗称的"盗用"),比如偷骑他人自行车,行为人对自行车本身具有明显的返还意思,而不具有排除意思。因此,以盗窃罪处罚盗用行为,总是无法回避违背罪刑法定原则的质疑。最后可能的结果就是,盗用不构成盗窃罪,行为人不构成任何犯罪。但是,随着实践中使用盗窃案件类型的丰富和发展,严重情形下的使用盗窃对权利人的妨害,达到了必须予以刑事处罚的必要。比如说偷开他人机动车,或者偷偷使用他人前期投入大量成本的技术资料等案件,都对权利人造成了极大的妨害,到了不得不作为盗窃罪处罚的程度。于是,为了适用盗窃罪的规定,以满足处罚的需要,日本不得不对"排除意思"要件作出宽缓的理解,从早期的"一直排除、一直支配"到后来的"一直排除、一时支配",再到后来的"一时排除、一时支配"乃至"短暂排除和支配"都属于具有"排除意思"。但是这样一味地缓和理解,导致的后果就是主观上"排除意思"的判断转变为客观上"排除效果"或"妨害权利人利用可能性"的判断。正因如此,有日本学者批评说,"排除意思"判断在日本"已经丧失实际意义"。

日本在排除意思的认定上不断缓和这一趋势,对我们国家在认定财产犯罪时,有什么启示?车浩老师在第一讲点评于金平交通肇事案件时,曾提出我们在学习、借鉴国外的理论和制度的时候,必须结合我们中国实定法的具体情况,而不能一味地照搬,否则不仅水土不服,还容易衍生出更多复杂的问题。那么就日本学界排除意思及其缓和化认定这一趋势,我们在引进、借鉴时该注意什么?或者说,能否因为排除意思判断已经丧失实际意义,就认为非法占有目的不再需要排除意思?

首先,我个人一个不成熟的看法,是非法占有目的还是需要排除意思,不能因为日本刑法学界将"排除意思已经缓和到了形同虚设的地步",我们也就不需要排除意思。大家知道,不同于《日本刑法典》中盗窃罪只规定了物的盗窃,我们国家的财产犯罪对象就是"财物"。这个财物,不管是理论界还是实务界都一致认为,既包括狭义的财物,也包括财产性利益,这一点在解释论上没有任何疑问。因此,在盗用的场合,我们只要认为盗用的对象是财产性利益,盗用就是对利益的盗窃,当盗用数额或情节满足了盗窃罪的相关规定及司法解释的要求时,以盗窃罪处罚盗用行为就完全符合罪刑法定原则。换句话说,在我国,为了处罚盗用行为,我们不需要对"排除意思"做缓和的理解,所以,以"排除意思已经缓和到了形同虚设的地步"为由主张在我国也不需要排除意思,说理上可能就值得商榷了。

有人可能会说,既然我们国家不需要缓和排除意思就可以有效处罚使用盗窃,并且在我国物的盗窃和财产性利益盗窃都可以根据盗窃罪的规定处罚,那么,为区分盗窃和盗用所存在的"排除意思"标准就没有存在的必要了。这个说法是有一定道理的,但是,我个人之所以仍然主张保留排除意思,并不是出于区分"盗窃"和"盗用"的需要,而是出于盗窃罪本权保护的需要,这个我在第一部分谈非法占有目的必要性的时候已经谈到了。只不过我们这里可以继续使用"排除意思"这样的表述(比如张明楷教授持此观点),也可以使用"永久性占有"那样的表述(比如黎宏教授持此观点),或者其他表述。至于选择哪一种表达,则是另外一个问题,只要符合我们自己的语言表达习惯,不影响我们的理解和使用,也可以继续使用这样的表达。

其次,如果保留"排除意思",那该如何理解"排除意思"?尤其是当行为人在行为时具有返还意思时,是否否定排除意思成立?比如开骏老师也提到的,在日本,在"晚上偷开他人汽车搬运赃物直到早上才返还的",或者"偷开他人汽车计划5小时归还但是第4小时就被抓获"等案件中,判例都肯定了行为人对车辆具有排除意思。显然,在日本,即使有返还意思,也可能肯定排除意思,肯定非法占有目的。究其原因,我前面也讲过,主要是为了处罚的必要,不得已对排除意思做这样的宽缓理解。对此,我国学者也全盘借鉴,认为是否具有排除意思,不取决于行为人是否具有返还意思,而是取决于在多大程度上对权利人的实际利用可能性造成了妨碍。也就是说,通过实际排除效果或妨害效果、程度来推定是否具有排除意思,如盗窃他人司考参考书,待考试结束后返还所有人的,即使一开始就有返还意思,但客观上已经对他人对该书的利用可能性造成了侵害,所以仍然可以肯定排除意思。显然我国学者在该问题的认定上与日本完全一致。但我个人认为,没有必要这么理解。盗窃他人司考参考书的场合,盗窃的对象不是书,而是书的使用价值,属于利益盗窃,针对"书的使用价值",行为人不具有返还意思,也没有返还的实际意义。因此,盗用的本质是利益盗窃,行为人对财产性利益同样不具有返还意思,可以肯定对财产性利益的排除意思,进而成立盗窃罪。总之,盗窃罪(包括盗用)中,排除意思的认定应当以是否具有返还意思为标准,有返还意思时否定排除意思,相反,无返还意思时则肯定排除意思。

再次,是否有返还意思,又该如何判断?比如说从超市窃得物品后退货企图获得退款的、借用人因借用物品丢失而从出借人处窃得相同物品后又将该物品返还给出借人以履行返还责任的,类似这些情况中,虽然行为人在盗窃时,均具有明确地将被窃财物返还被害人的意思,但是该返还意思并非"非法占有目的"当中的返还意思。因为返还意思的功能在于界定非法占有目的,在于判断本权是否受到或可能受到侵害,当将窃得的物品以非"盗用物"名义返还时,本权已经受到侵害,且侵害的状态还在持续,行为人所谓的"返还"不仅不能否定非法占有目的,反而证明了非法占有目的的持续及实现,因此仍然可以肯定排除意思,成立盗窃罪。

最后,关于排除意思等于不予返还的意思这一点,其实我国相关的司法解释已经能够佐证。(1)《盗窃案件解释》第10条关于"偷开他人机动车"的规定:"偷开他人机动车的,按照下列规定处理:(一)偷开机动车,导致车辆丢失的,以盗窃罪定罪处罚;(二)为盗窃其他财物,偷开机动车作为犯罪工具使用后非法占有车辆,或者将车辆遗弃导致丢失的,被盗车辆的价值计入盗窃数额;(三)为实施其他犯罪,偷开机动车作为犯罪工具使用后非法占有车辆,或者将车辆遗弃导致丢失的,以盗窃罪和其他犯罪数罪并罚;将车辆送回未造成丢失的,按照其所实施的其他犯罪从重处罚。"其中,情形二和情形三很好地说明了不具有返还意思时,比如"使用后非法占有"以及"将车辆遗弃"的,成立盗窃罪;而情形三后半段所讲的"将车辆送回未造成丢失的,按照其所实施的其他犯罪从重处罚",意味着对车辆不构成盗窃罪。那么,此时为什么不构成盗窃罪?我个人认为,除了"及时送回"情况下,对权利人的法益侵害性过小,不可能达到财产犯罪成立所要求的数额标准或情节要求,不具有刑法上的实质违法性之外,"及时送回"也说明行为人具有返还意思,不具有非法占有目的。(2)《两抢意见》第 6 条第 2 款规定:"为抢劫其他财物,劫取机动车辆当作犯罪工具或者逃跑工具使用的,被劫取机动车辆的价值计入抢劫数额;为实施抢劫以外的其他犯罪劫取机动车辆的,以抢劫罪和实施的其他犯罪实行数罪并罚。"根据该规定,抢劫机动车辆当作犯罪工具或者逃跑工具使用的,成立抢劫罪,抢劫数额是车辆的价值。从该规定来看,抢劫机动车用作犯罪工具或逃跑工具构成抢劫罪,并没有区分行为人"是否将车辆返回",这意味着行为人具有返回车辆意思的,同样可能以车辆的价值计算抢劫数额。但我认为,这是一种过于形式化的理解,值得商榷。司法解释是最高司法机关对实践中具体案件如何适用法律作出的解释,而实践中出现的抢劫机动车作为犯罪工具或逃跑工具的,基本上都不存在返还意思和返还行为。所以,应当认为,《两抢意见》的规定是专门针对不具有返还意思的情形的。假设行为人具有返还意思,又该如何处理(尽管这种情形实践中几乎很难发生)?我认为,应该和对盗用的处理一样,行为人对车辆的使用利益成立抢劫,以使用利益所对应的价值作为抢劫数额。

以上是我对开骏老师讲座内容的与谈发言,请大家批评指正。

主持人·赵春雨

感谢何龙老师方才精彩的与谈,我即兴用三个词汇来进行总结:

第一,兄弟连心,其利断金。两位有这样的同门情谊,共同为我们呈现了一场思想盛宴。

第二,我爱吾师兄,吾更爱真理。虽然说何龙老师在此前开篇的时候对张开骏老师进行了真诚的"捧杀",但是,此后也是坦诚地表达了自己不同的学术观点。

第三,知己知彼,百战不殆。前期何龙老师对开骏老师的整个讲座内容进行了全面的梳理和提炼,在此基础之上,有针对性地分享自己的观点,并且通过理论与实务相结合,即学术观点与司法解释相配套的方式进行了论证,应当说是非常地务实,起到了很好的效果。

那么,我应该赞同哪一个观点呢?我太难了。当然,我也要旗帜鲜明地表达,其实我是赞成排除意思说的,要具有排除所有或永久性的占有的意思。在这个过程当中,这种盗用的行为或者是其他占有行为,占有的时间长短以及有无归还的意思表示和能力,在实践当中还是要考量的,刑法应当坚持谦抑性。原因很简单,因为我是一名辩护律师,任何一个犯罪嫌疑人、被告人在遇到罪与非罪争论的情况之下,我们辩护人一定是全力以赴从理论和实践中去找寻有利于我们的辩护观点。我们特别期待的就是老师们能给我们提供这样的理论支撑。我想,最前沿的理论和最迫切的实务需求相结合,应当是我们共同的愿景。

再次感谢两位老师莅临我们的讲座课堂,未来也期待与两位老师能够有更多的沟通和火花的碰撞,也预祝两位老师在学术之路上走得更远、更宽。谢谢两位老师!

第七讲
诈骗罪中欺骗行为的认定要点

主讲人:徐凌波(南京大学法学院副教授)
与谈人:时　方(中国政法大学刑事司法学院副教授)
主持人:江　溯(北京大学法学院副教授,《刑事法评论》主编)

主持人·江溯

各位在线的朋友们,大家好!今天是北京大学刑事法治研究中心、北京大学犯罪问题研究中心与北京市盈科律师事务所主办的全国青年刑法在线讲座刑法分论部分的第七讲。现在我先介绍今天的主讲人徐凌波老师和与谈人时方老师。

徐凌波老师现在是南京大学法学院副教授,她不仅获得了北京大学法学博士学位,也获得了德国维尔兹堡大学法学博士学位。徐凌波老师的主要研究领域是刑法教义学中的财产犯罪,已经在《中外法学》等重要的学术期刊上发表了相当有分量的文章。今天担任我们与谈人的时方老师,是中国政法大学刑事司法学院的副教授,德国马普刑法所的访问学者,时方老师已经在《法律科学》等重要的期刊上也发表了很多重要的学术成果。主讲人和与谈人都是对于今天晚上的主题具有非常深入研究的青年学者。首先把这个时间交给徐凌波老师。

主讲人·徐凌波

一、问题的提出

诈骗罪是实务中比较常见的一个罪名。由于诈骗罪往往涉及合同的签订和履行,且和另一种常见的财产犯罪——盗窃罪相比较而言更具有交互性,它跟被害人之间会有更多的沟通和联系,所以它更加容易和民事的纠纷交织在一起,因此成为我们现在一个比较热点的话题,就是刑民关系研究的重点罪名。当前刑民关系问题在实践中最为重要的面向在于刑法介入经济纠纷的限度。从当前最高司法机关所发布的各种司法解释性质的文件来看,最高司法机关其实秉持着一个在介入经济纠纷上相对比较克制立场。

比如,在2017年最高人民法院《关于为改善营商环境提供司法保障的若干意见》中要求:"妥善处理民行、民刑交叉问题,厘清法律适用边界,建立相应机制,准确把握裁判尺度。"2019年最高人民法院发布《依法平等保护民营企业家人身财产安全十大典型案例》,其中在"赵明利诈骗再审案"的典型意义中也提到应"严格区分经济纠纷与刑事诈骗犯罪,不得动用刑事强制手段介入正常的民事活动,侵害平等、自愿、公平、自治的市场交易秩序,用法治手段保护健康的营商环境"。但与此同时在扫黑除恶专项斗争的背景下,最高人民法院、最高人民检察院、公安部、司法部《关于办理"套路贷"刑事案件若干问题的意见》的出台,似乎又要求司法机关要积极出手整治民间借贷中的乱象。这一表面上的矛盾在纸面上非常容易解释:刑法不应插手正常的民事活动,但对于违法犯罪行为则应当积极介入。

然而,以"行为属于正常的民事活动"来否定犯罪的成立只是巧妙地通过表述变换进行了同义反复,只是重复了"行为不成立犯罪"的结论而并没有为否定犯罪成立的结论提供真正的理由。在关于许多热点案件的讨论中,我们也可以看到类似的主张,如"对规则的合理利用""合理利用了交易的漏洞""仅构成民法上的不当得利",这些论据中的"正常的""合理的""正当的"等语词中已经暗含了对行为正当性的价值判断,这是"行为不构成犯罪"结论本身的同义反复,在修辞学上具有一定的效果,但并不是有效的论证。正确的论证逻辑是正因为行为不满足犯罪的成立条件,才可以认为行为对于规则的利用是合理的,当事人之间的经济纠纷是普通的、正常的民事活动,刑罚作为国家最为严厉的法律后果不应发动。

强调行为是正常的民事活动、规则的合理利用只是将结论置换为理由。通过同义反复我们仍无从知晓在何种条件下一个行为不构成犯罪,仅作为民事纠纷进行处理,还是构成犯罪而应当发动刑罚予以制裁。本次讲座主要是结合我们实践中可能碰到的一些最高人民法院发布的一些典型的案例,包括可能还有一些舆论上面讨论的一些热点的案例来介绍以下三个方面的内容:

首先,关于刑事欺诈和民事欺诈之间的区分。我们通过对于其中所使用的语言概念的厘清。在诈骗罪的范围内,刑民关系的问题常常被转化为民事欺诈与刑事欺诈的区分问题。但是语言上的歧义掩盖了理论上的立场共识。在这一部分主要通过澄清语言的含义来寻找理论上的立场共识,同时找出仍然有待解决的问题。接下来是我认为的两个有待确定的问题。

其次,欺骗行为的体系位置。在体系地位问题,应当明确的是欺骗行为是诈骗罪成立的必要非充分条件,且在所有成立条件中应当进行优先审查。需要警惕的是两种不当的扩张倾向:其一,是过度强调欺骗行为的意义,以欺骗行为的不法替代整个诈骗罪的不法本质,消解认识错误与财产处分要件的意义;其二,消解欺骗行为的独立意义与功能,将欺骗行为矮化为认识错误的引起,或者将其作为推定非法占有目的存在的证据。这两种解释倾向在理论与实践中都出现过,在本质上都是由于欺骗行为的体系定位不清而造成的。

最后,结合诈骗罪整体的规范目标对欺骗行为进行规范的、实质的解释。在欺骗行为的规范特征上,应当注意以下几个方面:

(1)欺骗是一种沟通行为,即意义的表达与交换。

(2)欺骗行为中的意思表达不等于、甚至在一定程度上民法上区分于法律行为中的意思表示。

(3)欺骗行为可以分为作为与不作为,作为欺骗是指行为人积极地表达了意思,而该意思是不符合事实的;不作为欺骗则是指行为人消极地没有表达意思,且行为人就该意思的表达负有保证人义务。

二、民事欺诈与刑事欺诈关系的语言分析

民事欺诈与刑事欺诈之间的关系,是刑民关系这个重大理论问题之下的重要子命题。陈兴良教授认为刑事欺诈与民事欺诈存在重大区别,需要在欺骗内容、欺骗程度、非法占有目的三个方面进行界分。张明楷教授则认为,没有必要讨论两者的区别,诈骗罪与民事欺诈不是对立关系,而是特殊与一般的关系。所谓诈骗罪与民事欺诈的区分只能是诈骗罪与不构成诈骗罪的民事欺诈的界限。这两种观点看似对立,实则共识大于分歧。这种分歧主要是语言的歧义造成的:

首先,"区别"一词本身有歧义。中国古代名家思想家公孙龙有一个著名的命题叫"白马非马",逻辑上看,白马非马这个命题是有歧义的,因为"非"这个词有两种意思:一为不等于;二为不属于。"白马不等于马"这个命题是正确的。但是我们通常会理解的是第二种意思,也就是"白马不属于马",即"非"是"不属于"的意思。这样一种对于种属关系的否定,使我们通常会觉得这个命题看起来是错误的。同样,在"刑事欺诈跟民事欺诈的区别"的问题上,"区别"也有类似的歧义。区分论者主张刑事欺诈区别于民事欺诈,刑事欺诈不等于民事欺诈的意义,重在强调不能仅仅因为行为构成民事欺诈,就当然地认为它也构成刑事欺诈。非区分论者认为没有必要区分刑事欺诈与民事欺诈,则是在种属的意义上理解两者关系的。两者的共识在于,不管是主张区分论的学者,还是主张非区分论的学者,都强调我们应当依照刑法分则对罪名的成立条件来独立地认定刑事欺诈,跟民事欺诈没什么关系。

其次,"区别"这个词本身具有双重的意义之外,"刑事欺诈"的也有两重含义:第一,以欺骗行为为成立要素的罪名。我们通常所理解的刑事欺诈指的是那些以欺骗行为为要件的罪名,我们又可以把它分成两类:一是虚假陈述类的犯罪,如我国《刑法》第161条欺诈发行股票、债券罪;二是诈骗以及它的特殊条款,比如说诈骗罪、合同诈骗罪、集资诈骗等属于诈骗类的罪名。整个来讲,我们可以把它叫作以欺骗行为为要件的罪名。这

些罪名在理论上会把它统称为刑事欺诈。第二，作为这些罪名成立要素的欺骗行为本身。这是一个简单的概念的辨析。

最后，从这样一个对刑事欺诈含义的分析来看，我们可以看到在理论上要认定罪名意义上的刑事欺诈，主要解决的是下面两个问题：

第一个问题，欺骗行为之外，还需要哪些成立条件。按照罪刑法定原则的要求，这些条件原本应当是由刑法分则具体条文来规定的。但是，在我国刑法对财产犯罪普遍采取简单罪状的立法模式的情况下，这些分则罪名的成立条件往往需要借鉴国外的理论。这种对国外理论的借鉴虽然很大地推动了理论的发展，但其实并非长久之计。分则罪名的设置是具有地方性和历史性的。在不同时期、不同的文化中，同样被叫作"诈骗""盗窃"的行为要如何描述立法者可以作出不同的决定；而在我们今天刑法这种简单罪状中，这种立法者决定至少是非常不明确的。

第二，基于罪名规范的整体目标来对欺骗行为要素本身进行限制或者扩张。这种通过规范保护目的来解决刑法与民法之间的法域冲突，是当前最为有效的刑民关系分析手段。这种因为规范目标的不同而导致同样的表述作不同解释的现象有很多。在前述虚假陈述类刑事欺诈与诈骗罪类刑事欺诈这两类罪名中，两者除了成立条件的不同之外，由于规范目的不同，对欺骗行为的解释也会有差异。

综上所述，在民事欺诈和刑事欺诈的关系上，理论上的共识被语言上的歧义所掩盖。民事欺诈不排除刑事欺诈，不能通过主张行为只构成民事欺诈，而得出否定刑事欺诈的结论。民事欺诈不等于刑事欺诈，不能通过主张行为构成民事欺诈，就当然地认为行为构成刑事欺诈。民事欺诈的成立并不能左右刑事欺诈的判断，在罪刑法定原则的基础上，国家刑罚权发动的前提、刑法介入的界限是由刑法尤其是刑法分则罪名成立条件明文规定的。罪名的法定成立条件及其解释，才是刑法介入界限的基本准则。我们在解释上来讲，真正有待解决和探讨的问题是：不管是哪种刑事欺诈类犯罪，都不是只要存在欺骗行为就能成立的，通常都还需要其他的犯罪成立条件。我们需要充分调动和合理分配这些不同成立条件在限制刑事责任范围上的功能,而不是过度地期待通过某个单一的要素一劳永逸地解决问题。这是欺骗行为的体系地位也要回答的问题。我们要结合规范目标来限制解释欺骗行为。日常语言中欺骗等于说谎,但并不是所有的说谎都可以成为刑法意义上重要的欺骗行为。这是对欺骗行为在教义学上的规范特征所要解决的问题。

三、欺诈行为的体系位置

(一)欺骗行为是诈骗罪成立的必要非充分条件

欺骗行为是诈骗罪成立的必要非充分条件,我们既不能过高地去期待欺骗行为有一个一劳永逸地解决所有诈骗罪成立的这样一个功能,也不能忽视其在诈骗罪结构中的独立地位。但是,我们在当前解释中可能会有下面两种错误的解释倾向值得警惕:

第一,过分强调欺骗行为,而忽略了诈骗罪成立的其他条件,甚至认为诈骗罪的成立既不需要认识错误也不需要财产处分,只需要欺骗行为,引起了财产的损害就可以了。

第二,消解欺骗行为的独立意义与功能,甚至是将欺骗简单定义为认识错误的引起行为,即与认识错误存在条件关系的行为。诈骗罪对于构成要件行为有明确描述的,我们不能将其简单化为财产损害的引起或者是认识错误的引起,这样的话就会消解掉欺骗行为它本身所具有的那样一个独立地去限制诈骗罪成立范围的功能。

(二)欺骗行为在诈骗罪成立诸要素的审查中在逻辑上具有优先性

陈兴良教授曾经指出,阶层犯罪论体系的形式特征是位阶性。这种位阶性体现为不同判断阶层存在逻辑上的先后顺序,后一个阶层的判断以前一个阶层的成立为前提。如果前一个阶层不成立,就不需要进入后一个阶层的判断中。这种位阶性并不仅仅存在于构成要件符合性、违法性与有责性这三个大的阶层之间,事实上,也存在于每个阶层中各要素的内部。这是体系方法本身的题中之义。如果要建立一个我们自己的立足于中国本土语境的这样一个刑法体系,体系的方法仍然是必不可少的,而既然要求体系的方法,其实我们就需要对于不同的犯罪成立的条件,尤其是要在分则所规定的构成犯罪的成立条件之间建立起这样一种逻辑上的位阶关系。而在诈骗罪之中,欺骗行为在逻辑上面是处于优先位置的,由于客观判断应该先于主观判断,所以,欺骗行为一直到财产损害这种客观要件应该要先于主观的诈骗罪故意和非法占有目的来审查。

欺骗行为和认识错误、财产处分到财产损害,是一个在因果链条上环环相扣的一个过程,欺骗行为是最初的起点,而欺骗行为是对诈骗罪成立与否进行检验时需要首先审查的要件。这种逻辑上的位阶性意味着当欺骗行为要件得不到满足时,就可以直接否定诈骗罪的刑事责任,而无须再进行后续要素的审查。但是,在我们的司法判决之中或者是在大家对许多实际案件的论述中,这种逻辑上的位阶性并没有得到严格的贯彻,经常出现的错误便是"将第二步置于第一步之前",跳过欺骗行为而先审查其他成立要件,或者将欺骗行为内含于其他要件之中进行审查等。以赵明利诈骗再审案为例,比较有意思的是它对于无罪的理由的说明,现在展示的这一段话是关于非法占有目的的论述:"非法占有目的的判断,虽然属于行为人主观心理事实认定的范畴,但必须结合案件的客观事实来综合判定。在货物交易型案件中,据以判断提货方是否存在非法占有目的的客观情况通常包括:(1)提货方是否实施了虚构事实、隐瞒真相的欺骗行为,即是否虚构交易主体或者冒用其他交易主体名义参加交易,是否使用了伪造、失效的印章、证明文件等欺骗对方,以及是否使用其他欺骗手段使交易相对方陷于错误认识而同意其提货……"

值得注意的是裁判理由对论证顺序的组织。它首先否定了被告人的非法占有目的,其次否定了行为人的欺骗行为。但为什么没有非法占有目的呢?又是因为没有欺骗行为。这里,我们看到的是一个耦合的、互相嵌套的论证思路。

然后我们可以来看,欺骗行为与非法占有目的之间是不是真的存在推定关系。

很明显,当欺骗行为存在时,不能当然地推定非法占有目的存在,否则就没有必要规定骗取贷款罪了,骗取贷款罪的规定恰恰针对的就是那样一种实施了欺骗行为,但是没有非法占有目的的一个情况。当欺骗行为不存在时,它也不是推定非法占有目的不存在的理由。而是说,既然欺骗行为不存在,诈骗罪的刑事责任审查就到此为止了,根本没有进入审查非法占有目的这个阶段的必要性。

这种耦合式的、互相嵌套的论证方式,是理论上一直批评的、传统四要件理论在逻辑上的问题,而且从这段论述可以看到,他所浪费的笔墨表明,他并没有宣称的操作上的经济性。反过来说,主张阶层犯罪论体系的学者,如果无法将这种位阶性贯彻到每个判断阶层的内部,仅仅只是维持一个形式上的三阶层判断,但在具体要素上又完全没有厘清不同要素之间的逻辑关系。其所宣称的体系性也是浮于表面的。

四、欺骗行为的教义学要点

在讲教义学的要点之前,我们可以区分三种形式的欺骗行为:明示的欺骗、默示的欺骗和不作为的欺骗。在实践中,同一个案件中可能同时存在多种欺骗行为。我们可以沿着从明示欺骗、默示欺骗、不作为欺骗这个顺序来进行考虑。需要注意的几个要点在这简单地说一下:

(1)欺骗行为是一种沟通和交往的行为,它必须要表达和沟通某种意思。(2)其实在刑法意义上作为诈骗罪成立要件的欺骗行为是有可能广于民事欺诈的。(3)在民事欺骗的情况之下,可能非常明确的是,虽然行为人陈述了某种虚假的意思在里面,但是其实并不是只要有弄虚作假、只要有资料的伪造,就可以构成民事的欺骗了。在当前很多司法解释和一些最高司法机关颁布的判例之中,我们其实已经可以看到这样的倾向,就是即便被告人有一定的弄虚作假,但是从整体上没有对财产的处分发挥非常关键性的作用,司法机关也日渐倾向于不把这种作假认定为欺骗。(4)在默示欺骗的场合,它通过行为表达了一定的意思,这个行为所表达的意思是需要结合交易的惯例来进行解释的,因为我现在话都没有说,你就要去解释我行为,这通常需要结合我的行为所处的上下文的语境去进行。(5)对不作为的欺骗,其实特别需要注意的是,可能因为讲到的是分则的罪名,大家就会忘记总则的一些东西。不作为的欺骗也是一种不纯正的不作为犯,所以在不纯正不作为犯的场合,并不是只要没有告知就构成了不作为的欺骗,它还需要有一个保证人地位作为它的前提。

(一)欺骗行为是沟通行为

在沟通的部分,其实我们通过强调欺骗行为应当是人与人之间的沟通交流行为,相对于欺骗而言,人对物的纯粹的操纵本身并不构成欺骗,而只是欺骗的前置预备阶段,对于讨论偷换二维码案而言这是一个非常重要的要点。

我们在理论上进行讨论的时候,主张否定它构成诈骗罪的很多观点其实是认为说被害人没有处分的意思,因为他都没有意识到自己处分了这个东西,所以他没有处分的意思,在逻辑上面应该要先讨论有没有欺骗行为。而恰恰是偷换二维码这个案件之中,去思考它没有实施一个沟通意义上的欺骗恰恰是会有问题的,因为这个过程之中,店主和偷换二维码的被告人之间其实并没有一个就财产的决策进行沟通交流的一些活动。你后面认为说它有认识错误、有财产处分、财产损害应该归于谁,这些东西理论上都可以讨论,但是在第一步就已经可以把它排除在诈骗罪之外了。

还有一类案子就是逃缴高速路费案,2002年最高人民法院《关于审理非法生产、买卖武装部队车辆号牌等刑事案件具体应用法律若干问题的解释》第3条第2款规定,使用伪造、变造、盗窃的武装部队车辆号牌,骗免养路费、通行费等各种规费的行为,以诈骗罪定罪处罚。构成欺骗行为的是伪造号牌的使用行为,而号牌的伪造行为本身只是物体的操纵,是欺骗行为的预备。在通过收费口时,使用伪造的号牌向收费者表达了"我有权获得通行费优惠"的意思,而这个意思是虚假的,这个意思才构成欺骗。而前面的这样一个号牌的伪造其实还不够,它只是一个物体的操纵。与此相对,我们在最近可能会看到一些案例中,行为人通过跟车闯关逃缴高速路费的行为,同样也应认为由于缺少沟通意思,其不构成欺骗。

(二)刑法上的欺骗行为完全可能广于民事欺诈行为

诈骗罪的欺骗行为应该是一种沟通,是一种意思的表达,好像它就应该是民法上作为法律行为制度核心的这样一个意思表示。其实不然,诈骗罪中的欺骗行为尽管是对意思的表达,但不同于民法上的意思表示。

最典型的一个区别在我国《刑法》第 224 条合同诈骗罪的规定上,它说以非法占有为目的,在合同"签订"和"履行"过程中采取虚构事实隐瞒真相。也就是说,这个行为是可以出现在合同履行过程之中的。而相反,在民法上,合同履行过程中交付财物的行为是不是一个独立的法律行为还有争议,履行阶段的弄虚作假是不是构成民事欺诈,得看要不要承认物权行为理论了。

例如,在张海岩合同诈骗案中。承运人将处于自己占有之下的货物偷偷调包,导致收货人产生了货物已经按质按量收到的错误认识,最终成立了诈骗犯罪。在吴某合同诈骗案中,承运人以次充好将承运的货物掉包的行为,成立了合同诈骗罪。

这两个案件中买卖双方订立买卖合同,承运人和卖方之间订立货物运输合同。承运人和收货的买方之间并没有合同。承运人以次充好向买方提供不符合合同约定的货物,在民法上不属于法律行为,但是在刑法上通过这个行为表达了"送达的是合格货物"的意思,买方也因此陷入了认识错误而接受了履行。

当然,认为刑法上的欺骗行为广于民法上的欺诈行为,可能会被认为违反了刑法谦抑的原则,但这一担心是多余的。因为民法上的欺诈行为可以直接导致合同被撤销,而刑法上仅欺骗行为本身并不成立任何犯罪。诈骗罪的适用范围是由本罪所有的成立要素共同划定的,寄希望于通过某个单一要素的解释一劳永逸地解决所有问题,划定个罪的处罚范围是不切实际的,也没有必要要求某个单一要素在概念上必须窄于民法上的对应概念,以实现刑法谦抑的效果。

（三）明示的弄虚作假不能当然地构成诈骗罪意义上的欺骗行为

积极的虚假陈述也并不一定当然地构成欺骗。以张文中案为例，相比于原审判决，最高人民法院的再审也表现出了对欺骗行为认定进一步的限缩立场，即并不能够因为在材料上有一部分的弄虚作假就直接认定行为人实施了欺骗，还需要对欺骗的行为进行一定的实质性的、规范性的一个限缩的解释。例如在申报资格的问题上，物美公司当时冒用了诚通公司下属企业的名义，但最高人民法院认为他最后用的还是物美本身的企业名称，所以没有欺骗。仅从弄虚作假的角度来看，这个虚假的材料是存在的，要否定欺骗，其实还是要有一个对于欺骗行为中所蕴含的那种财产损失的实质风险的认定，当然最高人民法院在这个判决中没有给出一个非常明确的指导性原则。

在这里可以简单地提一下，客观归责理论在这个问题上其实是有一定借鉴意义的，而且从客观归责的角度来讲，我们可以把欺骗行为——尤其是在整个诈骗罪的规范目标之下——理解为是制造了一种法所不允许的认识错误的风险。行为人正是因为制造了这种认识错误的风险，而需要对相对人因认识错误而作出的财产处分要进行答责。

这样的标准其实比较好解释，我们最高人民法院的判决其实认为虽然确实有弄虚作假的情况，但是因为它后续还使用了企业的真实的名称，包括邀请相关的人员进行调研，那么这个过程中行为人又同时消除了这样一种认识错误的风险，所以在整体上来讲，这个行为并没有在实质上制造一种法所不允许的实质风险，故不构成欺骗。

同样，在骗取贷款罪解释中也有越来越多的学者认为，不能仅仅因为提交的材料有虚假的内容就肯定构成欺骗行为。在我们的实务部门，虽然可能并没有说有意识地去采取，像客观归责这样的理论，但是从整体上来讲，尤其是在我们强调的对于营商环境的保护、对于民营企业家的这样一个保护的政策导向之下，实务上的立场慢慢地倾向于不能够简单地因为有一些弄虚作假的行为，就当然地认为它构成欺骗。这是第三点。

(四)默示欺骗需要结合交易惯例

第四点就是关于默示欺骗。默示欺骗我们通常看起来会稍微复杂一点,但其实在默示欺骗的场合,一般需要两步走:第一步,根据交易惯例来确定行为人通过行为所表达的意思;第二步,判断这个意思的真实性。

举个例子是前段时间舆论比较热门的航班延误险理赔案。这里使用的是原本媒体报道出来的事实版本,因为后来警方公布的事实版本中构成诈骗没有问题;反而在媒体公布的事实版本中,其中就涉及了一个默示欺骗行为中非常重要的问题,即怎样去解释行为人通过行为所表示出来的意思。申请理赔的行为要构成欺骗就有两种可能性:

一是结合交易惯例,申请理赔的行为中表达了"我实际乘机"的意思,而这个意思是虚假的。这是默示欺骗的内容。二是行为人原本应当向保险公司说明自己没有实际乘机的事实,而进行了隐瞒,这是不作为欺骗要考虑的内容。

不作为欺骗我们放到后面一点来讲,这里先讨论默示的欺骗,这里的核心问题就在于在默示欺骗的部分,我们能不能从航空延误险的交易惯例之中,认为行为人向保险公司提出理赔申请的时候就已经包含了实际乘机的意思。主张成立诈骗的观点主要引用了一些航空延误险的理赔条款:"下列原因造成的损失、费用,保险人不负责赔偿:……(四)被保险人未能按预定行程办理登机手续;(五)被保险人办理完登机手续后,未能准时登乘原计划乘搭的航班(由于保险事故而导致被保险人未能准时登乘除外)。"

这种直接援引民事合同中的条款作为刑事责任依据的做法本身会有疑问,更何况这个理赔条款还是个格式条款。所谓的格式条款,《民法典》中也作了规定,《民法典》第496条规定:"格式条款是当事人为了重复使用而预先拟定,并在订立合同时未与对方协商的条款。采用格式条款订立合同的,提供格式条款的一方应当遵循公平原则确定当事人之间的权利和义务,并采取合理的方式提示对方注意免除或者减轻其责任等与对方有重大利害关系的条款,按照对方的要求,对该条款予以说明。提供格式条款的一方未履行提示或者说明义务,致使对方没有注意或者理解与其有重大利害关系的条款的,对方可以主张该条款不成为合同的内容。"

《民法典》对于格式条款在合同中的使用尚且有限制,在刑法上我们也不能直接地、仅仅因为它被规定在了保险合同里面作为一个格式条款反复地被使用,就把它拉过来作为一个刑事责任的依据。

我个人的观点是,我们不能够仅仅因为这样的条款规定在保险合同之中,且因为它是格式条款被反复地使用,就当然地认为它可以作为解释默示欺骗中行为所表达出来的意思作为它的依据。要成为交易惯例,它就不能够只停留在纸面上。

还有一个这个例子可能搞研究的同学会更加熟悉,就是错误汇款。存款账户名义人偶然地发现自己账户中多出来很多的钱,在明知这部分钱不是自己的情况下把钱取出来。这个多出来的钱可能是银行系统错误,被称为错误记账;也可能是他人转账错误,被称为错误转账。

关于错误汇款的讨论最初来自于日本刑法理论,在日本理论上将解决这类问题的关键归结于存款占有的归属,由此形成了银行占有说与存款人占有说的对立主张,主张采银行占有说的认定成立诈骗罪,主张采存款人占有说的认定成立侵占罪。其实这个问题,从诈骗罪构成要件内部的判断位阶来看,要解决的也根本不是存款占有的归属问题,而是欺骗行为的有无问题。

我们假设有一个情况,我知道这个钱不是我的,我(存款名义人)带着自己的银行卡去银行取钱,通过取钱这个行为表达了两层意思:我是银行卡的正当持卡人;我对卡上的存款拥有正当的债权。

接下来,需要判断取钱行为所表达的这两层意思是否是符合事实的。第一层意思毫无疑问是正确的,第二层意思是否正确则有疑问:

一种观点认为,这种错误汇入的存款是随时可撤销的,处于不确定状态,因此债权实质上不存在。当事实上他并不对于这部分现金有正当债权的时候,而我拿着银行卡通过取钱的行为表达了我对于卡上的存款拥有正当债权的意思,我的行为就是一个欺骗行为,这种观点已经过时。另一种观点即当前的通说认为,就算随时可撤销,在撤销之前,持卡人对于这笔钱都拥有形式上的债权,因此,第二层意思也符合事实,默示诈骗也应当被排除。

我们可以看到,前一种观点,其实就是银行占有说所主张的,因为你对卡上的现金没有正当的存款债权,所以占有应该归属于银行;而后一种观点认为,因为形式上的债权是正当的,所以这个债权可以占有可以归属。也就是说,当前所谓的存款人占有说与银行占有说之争的关键其实也是行为人对这部分钱有没有正当债权。如果有,基于法律上占有,占有归属于存款名义人;如果没有,占有归属于银行。这样做在体系上的错误就在于,按照诈骗罪的审查顺序,只有先判断欺骗行为,再判断认识错误,然后才是财产处分。财产处分的时候才要讨论占有有没有移转。他们把原本应当放在欺骗行为里讨论的东西,挪到了占有里面去,又因为占有的概念不够用了,分化出来各种不同的标准。这就是前面强调的,即便采取三阶层的犯罪论体系,在犯罪成立条件的内部,无法理顺不同要素之间的逻辑关系,这种体系性也是名存实亡的。

(五)不作为欺骗的成立前提是保证人地位

最后,在航空延误险理赔案与错误汇款案中还可能涉及不作为欺骗的成立,即行为人没有向保险公司或者银行说明交易上重要的事实,如自己并未实际乘坐航班或者账户内新增的存款并非自己所得。由于此时所讨论的是以不作为形式实施的欺骗,属于不纯正不作为犯的范畴。与所有不纯正不作为一样,不作为欺骗成立的前提是行为人就特定事实负有解释说明义务,且该说明义务应当是以行为人的保证人地位为基础的,即保证人义务。日本判例上认为收款人具有此种解释说明义务,该义务是"诚信原则上的义务",义务的根据是收款人具有"继续进行存取款交易的人"的地位,援用的是"社会生活上的条理",这与当前不纯正不作为犯的一般法理并不兼容。

主持人·江溯

非常感谢徐凌波老师的精彩的讲座,徐凌波老师今天晚上讲座的主题是诈骗犯罪中欺骗行为的认定要点。整个讲座的背景是当前我们在处理相关的财产犯罪,特别是涉及民营企业家的财产犯罪的过程中民刑交叉的问题。在这个报告里,徐凌波老师首先从语言的角度区分了民事欺诈和刑事欺诈。她指出,实际上不管是陈兴良老师所持的区分说,还是张明楷教授所持的不区分论,在本质上其实是没有差别的,两者的共同点是根据犯罪的成立要件来独立判断刑事欺诈。在这个基础上,她引出了今天报告里面的两个核心的问题。

第一个问题是在诈骗罪中欺骗行为的体系性地位是怎样的。关于这个问题,徐凌波老师指出了两点:第一点是欺骗行为是诈骗犯罪的一个必要但非充分的条件,也就是说诈骗罪的成立需要欺骗行为,但欺骗行为并不是诈骗犯成立的唯一条件。诈骗罪的成立还需要其他构成要件。第二点是在诈骗罪的成立要件的判断中,欺骗行为具有优先的位置。在诈骗罪的各个成立要件的判断中,存在着一种严格的位阶关系,在这个位阶关系里,欺骗行为是应当首先予以判断的一个客观要件。

第二个问题是徐凌波老师报告的第三个部分对欺骗行为的具体认定提出了非常独到的见解。在这个部分她首先对欺骗行为进行了一个大致的分类,把欺骗行为分为作为的欺骗行为和不作为的欺骗行为,又将作为的欺骗行为分为明示的欺骗和默示的欺骗。在此基础上,她结合典型的判例,以及近期在媒体上报道的一些典型案例,对于欺骗行为的具体认定展开了非常深入的探讨。

我的总体感觉是徐凌波老师今天的讲座反映出一种很强烈的一种刑法教义学的色彩。在解释中国刑法上的诈骗罪之时,立足于中国的刑法条文以及我们的司法实践,从我们的刑法条文出发,通过总结我们的司法实践中的一些经验,对我国刑法中诈骗罪的欺骗行为作出合理的解释。

这是一种我个人非常赞同的立场,刑法教义学应当立足于本国的法律和本国的司法实践,在此基础上提炼和建构我们的教义学理论,这是一种正确的方法论。

我们下面有请时方老师来点评。

与谈人·时方

可以说诈骗罪作为财产犯罪的基础罪名之一,是一个常读常新、历久弥新的主题,谁都能说一点,但是要想说全说清楚却有很大的难度。并且随着时代的发展、技术的更新,和其他古老的自然犯罪类型,如杀人、放火、抢劫、强奸等不一样的是诈骗罪与时俱进,不断地以新的面貌呈现在世人面前。对于诈骗罪认定的难点莫过于对欺骗手段的判断。因此,今天晚上从诈骗行为的欺骗角度认定,具有很强的理论深度和实践意义,也是有一定的难度的。

我今天的与谈主要包括两部分:第一部分是对于凌波老师的讲座谈一下自己的学习心得体会,第二部分主要是结合个人的研究,谈一下自己对本主题的一些看法。在与谈当中,我可能会对于欺骗行为和欺诈行为做统一用语的表述,都是属于一种客观的传达错误意思表示的表意行为,属于客观行为构成要件的要素,不包括主观要素。

一、对凌波老师讲座的学习体会

(一)对于凌波老师的讲座的学习

讲座对在当前时代背景下引入欺诈行为存在的一系列问题,从3个方面展开分析:

第一,凌波老师从语义学逻辑分析角度对民事欺诈和刑事欺诈的关系进行分析,引入陈兴良教授和张明楷教授对于刑事欺诈与民事欺诈的界分,认为两位老师的观点貌似对立,实则统一,理论上的共识实际上是被语言上的歧义所覆盖,并得出民事上的欺诈并不排除刑事欺诈的认定。

但是，民事的欺诈并不等于刑事欺诈，同时民事欺诈的成立并不能左右刑事欺诈的判断。基于刑法规范保护目的的限制机能，诈骗罪的欺骗手段认定，有其特有的刑法教义学的分析路径。

在第二部分，凌波老师从欺诈手段的体系性地位进行判断，实质上是阶层犯罪论体系在诈骗罪欺骗要素判断上的具体运用，同时，也有方法论建构的意义。凌波老师强调，欺诈行为在诈骗罪构造中的体系地位应当按照逻辑顺序在客观构成要件要素中进行分析，而非先通过主观非法占有目的的认证，这也是阶层犯罪论体系先客观后主观、层层递进的思维体现；同时，注重犯罪构成要件中每一阶层内部各要素的逻辑分析，厘清各要素在同一阶层内部的逻辑关系，使得研究更加精细化。此外，在分析欺骗这一客观手段时，凌波老师还引入了诸如赵明利诈骗案等典型案例，使论证说理更加清晰翔实。对于凌波老师的这一部分的认定路径和观点，我都是持赞同观点的。

第三部分，凌波老师具体阐述了欺骗行为在教义学认定的一个要点，我认为这主要是从形式上判断欺骗行为的技术性分析，也是讲座认定的一个重点。根据我国理论通说，欺骗手段可以分为作为的欺骗和不作为的欺骗，与此相对应的可以概括为虚构事实与隐瞒真相。虚构事实就是一种作为的欺骗，而隐瞒真相是一种不作为的欺骗。在虚构事实的作为欺骗中，可以进一步区分为明示的欺骗与默示的欺骗，而不作为的欺骗需要依据保证人地位进行前提性判断。可以看出欺骗的行为方式却有一种"乱花渐欲迷人眼"的感觉。但是，如何才能做到"不畏浮云遮望眼"？凌波老师主要从五个方面展开了详细的论述，分别是：通过偷换二维码案说明，欺骗行为的属性是人与人之间的一种表意沟通行为；通过骗取过路费案，说明对物的操纵以及对人的作用时间节点的不同，表现出欺骗认定效果上会存在不同的差异，同时指出刑法上欺骗行为在涵摄范围上可能广于民事欺骗行为——这一点我个人认为可能要进一步斟酌一下，也就是说两者含义的外延的广度区分，需要进一步厘清；另外三个方面即明示欺骗、默示欺骗以及不作为欺骗如何具体认定还可以进一步讨论。

凌波老师还提及了在不同要件罪名场景下展开具体认定和检验时对有些理论及实务中存在的认定情形,如错误汇款等相关的案例指出了以往理论和实务界可能存在认定方法上的路径偏差。总体而言,凌波老师的讲座逻辑清晰、分析透彻、操作性很强,正如阶层犯罪论体系一样,环环相扣,层层递进,思维缜密,分析细腻不烦琐,内容丰富不冗长,体现了扎实深厚的教义学功底,使我个人收获颇丰。

(二)我的补充思考

凌波老师在讲座中对于欺骗行为的认定,我认为是一种形式认定标准,即明示默示或者是一种作为或者不作为的欺骗手段进行的比较详细的阐述,在这一部分的评论环节,我想补充两点自己的思考:一个就是欺骗行为实质认定标准的问题,另一个是当前欺诈手段在经济犯罪,尤其是涉众型经济犯罪当中,存在着一些适用的问题。

(1)关于欺骗行为的实质认定问题。我认为,应该关注诈骗罪的一个规范保护的目标。从规范层面而言,不论是在刑法条文的表述,抑或是犯罪构成的基础理论构造,德日刑法中的诈骗罪和我国刑法规定的诈骗罪其实并没有太多的差别,其基本构造都体现行为人实施了欺骗行为,被害人产生或者是维持了错误的认识,基于错误认识处分财产,由于处分财产造成了被害人的财产损失,以及行为人获取了相应的财产收益,这是一个比较闭环式的犯罪认定路径。

因此,在多年来的理论和实践当中,我们国内学界对于诈骗罪的认定一直可以说是借鉴了德日诈骗罪的一些理论营养的汲取。但是我们可以看出,在欺骗手段的认定方面,其实是存在很大的差别的。在当前以德国、日本为代表的大陆法系国家,大多数都将民事欺诈行为直接作为诈骗罪中的欺骗行为进行认定。因此,在诈骗罪处罚范围上面其实是要宽于我国的,这也使德日等国家并不刻意讨论欺诈行为的民事与刑事属性的差别。而就我们今天所讨论的主题而言,我国当前司法实践和理论中对于诈骗罪客观欺骗手段的认定,其实是更为复杂的。因此在这个具体问题上,是不能完全照搬德日的结论的。诈骗在欺骗手段上面,它本身就有个不同语境和不同国情问题。

对于欺骗手段这一形式化的认定标准,它的划分我觉得似乎只是做到了判断上的排除法,并没有框定具体的界限。例如刚才讲座中所提到的,对于作为一类比较典型的明示的弄虚作假的这种欺骗行为,可能并不会当然构成诈骗罪意义上的欺诈。这也表明,虽然形式上面可能构成,但是实质上可能不构成,这是一种排除法式的认定,并不是一种所谓的概括的或者是划定界限的认定。所以我认为这可能只能进行个案的排除,而不能进行类型化的范围认定。

(2)对于形式判断认定标准。在个案中,对于像空手套白狼似的无对价的欺骗行为认定,对于某些虚构借款用途的借款或者是集资行为,如果按照客观要素分析的路径,进行优先独立直接认定为刑法上的欺骗,似乎并不可行,可能还需要通过事后是否能够返还财产,以及是否造成了实际的财产损失,来进行具体的判断和认定。例如,一个人虚构借款用途,对外谎称需要自己投资项目,但实际上并没有投资到所宣传的项目,而是投入自认为收益更高但是同时风险也更大的项目中,这种欺骗行为到底是民事欺诈还是刑事欺诈? 又如,对于借款的过程中,如果是对外谎称需要进行项目投资,但实质上是用于个人挥霍或者是用于违法犯罪活动,用于类似于赌博或者吸毒等其他违法犯罪活动。这种情况下是认定为民事欺诈还是刑事诈骗活动的? 我认为,单纯从虚构借款用途的形式欺骗角度来区分,确实并没有起到界分的作用。因此,对于作为最主要表现形态的明示作为的欺骗,又或者是不作为形态的欺骗,这种形式意义上的个案判断,并不能解决刑法上对于类型化的欺诈行为判断统一认定标准的问题。

对于实质认定标准,我主要从路径和检视两个方面展开,这种路径的解释还是从罪名确定的规范保护目标,就是是否侵害到法益或者是对于法益造成风险的角度进行判断。在实质认定标准这方面,我主要是从欺诈行为的独立性和依附性两个方面进行一种辩证法的看待。

所谓欺诈行为的独立性就是说,对于财产犯罪保护的规范目标,虽然我们不用刻意去区分到底是一种民事的欺诈还是刑事欺诈,防止问题过于纠缠,但是刑法欺诈行为的认定,欺诈行为能否纳入刑法诈骗罪的考量,不是基于其欺骗的手段方法等形式的判断,也不是基于是否具有非法占有目的的主观分析。在这个意义上而言,欺诈行为的判断是有一定的独立性的,它独立于其他要素,进行单独判断。但是我刚才也提到,单纯的欺骗内容判断,并不具有划定界限的功能;相反可能成为扩张刑法打击范围的一种工具,缺乏评判刑事欺诈手段的尺度。因此,我在这里所以又强调需要结合具体罪名中财产法益造成的实质损害结果,以及可能产生的风险进行规范目的的考量。从这个角度而言,侵犯手段其实是具有依附性的,它并不能独立承担判断欺骗行为是如何的样态,以及不能完全支撑起欺骗行为,这一要素判断的功能和责任。至少在我国当前现实的司法环境下,以及现实案件处理过程中需要结合财产法益是否遭受侵害的规范保护目标进行综合性地评判,应当从欺骗行为的客观形式判断标准,转向法益侵害有无等实质评判。

对于实质认定的路径,在这里我们主要是通过三种行为情形进行检视:

第一种情形是交易目标的实现和财产损失的有无。如果一个行为人在合同订立交易中、在经济交往过程中是对无关紧要的内容进行了欺骗,并没有影响到交易目标的实现,也没有对他人或者是相对方产生现实的财产侵害,这种情况下,我认为就不应当认定为诈骗罪中的欺骗行为。比如说行为人为了在市区交通便利的地方,离上班近的地方租了一套一居室的公寓,租金也很明确,行为人租住该房屋的主要目的就是上班交通便捷,但是在租房合同签订过程中或者是签订之前,出租人对于房屋的实际面积和房屋的装修年代,甚至对于小区的绿化率、容积率有一定的虚夸成分。那么,这种欺骗行为由于并没有影响到租客对于房子选择的目的的实现,只要是房屋结构功能完整,满足居住条件,对于房间的面积和新旧并没有严格的要求,在明确房租的前提下,对于房间的其他要素的欺骗性的表述,我认为并不构成诈骗罪中的欺骗,也没有造成刑法财产法益的损害。这是第一种情形,其判断行为人交易目标的实现,以及保护的财产法益损失问题。

第二种情形是对于交易目标的落空与财产损失的认定的问题。如为了享受特殊的按摩服务进行充值,但是没有享受到特殊服务使交易目标落了空。表面上看,行为人的行为具有欺诈成分,可能是构成诈骗罪中的欺诈手段。对于套路嫖这种行为,我认为也是处于一种"打擦边球"式的虚假广告行为,依靠充值提供正规按摩服务,并没有使相对人遭受财产损失。没有对刑法中独立个体的财产法益这一规范保护目的造成冲击。所以我认为是不构成刑法上的诈骗罪,也不成立刑法上的欺骗行为。

第三种情形是对资金安全的实质判断,最为典型的案子就是当前对于银行金融机构的资金贷款安全的保护问题。如果行为人在向银行贷款的过程中虚构了事实,提交了一些虚假的证明材料,但提供了足额的或者是充足的担保,在这种情况下并不会对借贷的资金安全所产生侵害风险,也就不能认定为刑法上的欺诈行为。

上面的三种样态是我对于实质判断标准的一种场景性的解释,也是我对于实质判断标准的初步的看法。当然对于欺诈行为的实质认定标准,我也同样主张应当先进行形式判断,再通过实质判断,形式判断优先,通过是作为与不作为,明示与暗示等形式判断行为是否属于是法律意义上的欺骗行为,这可能是作为一种正向的做加法的认定标准。

二、当前经济犯罪当中欺骗行为的认定

对于经济犯罪当中,尤其是涉众型的具有欺骗性的诈骗型经济犯罪,当前在欺骗行为认定方面可能存在一些问题,在这里和大家一起交流。

第一,当前在经济领域的这种欺诈行为,相比于传统的生活领域诈骗罪中的欺诈行为,可以说是有过之而无不及,其互动性或者涉众性的特征更为明显。对这一领域中的欺骗行为的认定,我认为在司法实践中其实是有一定问题的。这不仅表现在欺骗行为在犯罪构成体系中的地位问题,诈骗罪的基本构造,也是存在一定的冲突的。

第二,2001年《全国法院审理金融犯罪案件的工作工作座谈会纪要》、

近年来出台的多部诸如集资诈骗罪的司法解释以及信用卡诈骗罪的司法解释等,对于金融诈骗犯罪领域的欺诈手段认定作用都可能有一定的提升。在很多条款当中,对于非法占有目的,主观构成要件要素的判断,往往是通过客观的欺骗手段进行认定的。也就是说,如果一个行为有了欺骗手段,在很多金融诈骗类犯罪案中,可能就能直接推导出它具有主观占有目的,具有了主观占有目的和刚才所说的客观的欺骗手段,那么,主客观要件完备了,欺骗手段可能完全就是成立了诈骗犯罪或者是金融诈骗领域的犯罪的全部的构成要件,一个客观行为完全可能支撑起整个犯罪构成要件的全部要素。因此,在司法实践中,欺骗行为的地位可能被过高地评价了。

从另一个侧面而言,可能是矮化了欺骗行为的功能。也就是说,欺骗行为可能在上述司法解释当中成为推定非法占有目的的主观构成要件认定的一个附庸工具,客观行为的欺骗本身成为主观构成要件认定的一个工具。行为手段其实从独立要素变成一个辅助要素,一定程度而言,可能是矮化了欺骗行为的功能。

第三,主要是对于诈骗罪基本构造的冲突。我认为,这可能是当前一个比较明显的问题。近两年我们出现了大量的P2P平台"爆雷""跑路"的案件,只要一"跑路"可能就认定具有非法占有目的,同时在集资手段中可能存在一定的欺骗手段。所谓的欺骗手段和主观构成要件要素,加之"平台爆雷"往往是基于还不了投资人的钱款,出现了财产损失,那么就直接认定为集资诈骗罪。但其实很多参与P2P平台的投资人或者说所谓的投机人并不是基于平台所谓的投资理财项目而参与其中,而是为获取高额的收益,刻意忽视或者是根本不在意行为人所宣传的项目内容,只是基于单纯的获取高利的目的,类似于赌博行为而参与其中,因此也就无从谈起是基于错误行为而交付财产进行投资。对这类行为只是单纯出现欺骗手段以及损失后果,再加上主观要件的非法占有目的,就认为构成了集资诈骗罪,并没有考虑到欺骗手段的表意行为产生的意思勾连作用,缺乏相对人基于错误认识而参与投资这种要件的判断,其实是与诈骗罪的基本构造产生了一定的冲突。对于我们国家当前规定的这种组织、领导传销活动罪，在理论界或者是实务界达成的共识是，我们刑法上打击的主要是一种诈骗型的传销活动，它具有诈骗罪的基本构造，同样面临着类似于 P2P 平台或者是互联网金融非法集资认定的冲突或者是困境。

以上是我对于诈骗罪中欺骗行为的一些不成熟的看法，也是近期的阶段性思考，有不正确的地方还请各位同人批评指正。

主持人·江溯

感谢时方老师的精彩评论，他的评论已经不简单是一个评论了，实际上是一个小的报告，在小的报告里面他表达了自己对于诈骗中欺骗行为的观点。他认为除了形式的判断以外，还应该有实质的法益侵害的判断。而且，针对经济犯罪中的欺骗行为的具体认定，他表达了自己很独到的看法，我认为他的观点让人很受启发。

我们在线的朋友们给徐凌波老师提了好多问题，我们下面给徐凌波老师一点时间，简要地回答一下大家的问题。

主讲人·徐凌波

好的。谢谢江老师。

首先非常感谢时方对我讲座的评论，其实我觉得我听下来我们两个人之间的观点基本上还是比较一致的，除了对于欺骗行为的一些形式上面的认定之外，其实我也认为是需要结合诈骗罪的整体规范目标来对欺骗行为进行实质解释的，而这种实质解释的后果可能是在不同的以欺骗行为为要件的罪名之间，对于欺骗行为的认定标准的掌握可能会不一样。这个是因为时间的关系没有太多展开，那么我现在简要地回答一下刚才发给我的几个问题。

Q1：徐老师讲座提到诈骗时，经常提"虚假陈述"四字，据我所知，这是英美法系描述诈骗的用语，国内谈诈骗很少用这个词。请问，英美法的虚假陈述是仅仅指语言欺骗，还是能包括所有的诈骗方式，比如默示欺骗、挂假牌照骗免费用这类无须语言的诈骗？

第一个问题，其实我觉得可能只是表述上的一个区别，其实在我们国家对于积极的作为的欺骗行为，也是以虚构事实作为它的一般定义的，那么所谓的虚构事实——其实事实本身是不能虚构的，因为事实就在那个地方，客观的那样一个事实一直都是在的，你能够虚构的，其实是对于这个事实的陈述。陈述指的是对于这个事实的一个描述，对吧？我们在命题上面有事实判断和价值判断，所谓的陈述其实是对于事实的一个描述，只有这种对于事实的描述才是有可能进行虚构的，而事实本身是客观的，就在那个地方，无论你怎样去伪装它，它都是存在的。能够虚构的，其实是对于事实的陈述。在这个意义上来讲，我们刑法上的虚构事实和虚假陈述，这两个意思其实没有太多差别。这个地方需要强调的一点是，对于作为欺骗的一个虚构事实或者虚假陈述的一个表达，并不一定只有通过语言文字这种形式的陈述才是我们这里讲的虚构事实或者虚假陈述，它其实也包括了默示的、通过行为去表达对于事实的描述的这种意思。

Q2：请问徐老师，如何以你所讲的框架分析认定古玩市场的卖主明知为赝品，仍标高价卖出假古玩的行为？

第二个问题是关于在古董的交易过程中，卖家明知道是赝品，还是仍然以高价进行出售的行为，怎么样来进行解释。这里其实就会涉及我们今天讲到的默示欺骗的情况。因为古董的行业比较特殊，它会有一些比较特殊的交易的惯例，其实这个过程之中，我想提问的同学或者是律师可能是想问这种情况在什么意义上可以把它叫作虚假陈述。其实这里有几点是可以考虑的：第一就是你要去出售赝品，肯定会对上面的一些年代特征来进行伪造，通过这样的伪造行为意图表达这个东西属于，比如乾隆年间，或者汝窑或者官窑的瓷器这样一个意思。第二就是在你报价的时候,以一个较高的价格去出售,这种报价行为里面也暗含了对于古董的真实性的一个虚假的意思在里面,这两点都是可以在认定属于欺骗行为的时候考虑的。

Q3:请问徐老师,根据《保险法》,保险合同的解除期间是两年。如果保险公司过了两年没有发现行为人的欺诈,行为人根据在民事上有效的保险合同进行理赔时,如果将该行为认定为诈骗罪或者保险诈骗罪是否有违法秩序统一性的要求?

第三个问题我个人首先认为法秩序是统一的,违法性的判断是统一的,我基本上是一元论的观点。在这个问题上,关键在于除斥期间是不是表达了民法上对于这个行为的认可。其实是不一定的,除斥期间的规定,其实是对于保险合同的另一方权利行使的期间的一个限定,它不能够事后溯及性地去否认此前相对方的欺骗行为在民法上的违法性。

Q4:在"沟通行为"那部分,徐老师认为"物体操纵不构成欺骗,仅仅是欺骗的预备",如"号牌的伪造"是物体操作,"使用伪造号牌的行为"是欺骗。这个观点我同意。但徐老师的结论:"偷换二维码"不是诈骗。这个观点我有些疑虑。我觉得:单纯的物体操纵和事实变更,在不产生任何影响的时候,确实仅仅是欺骗的预备;但是当物体操纵和事实变更开始产生影响力的时候,就可以认定为欺骗了。也就是说,产生影响力的物体操纵和事实变更,也是一种沟通形式,也是欺骗。这里也可以用徐老师举的例子,"号牌的伪造"是欺骗预备,"使用伪造号牌的行为"是欺骗。所以,单纯的行为人制作二维码,把自己的二维码覆盖店主二维码,到这里确实都还是欺骗预备;但是当店主把被偷换的二维码拿给顾客扫描时,这时物体操纵和事实变更的影响力就产生了,一旦产生这种影响力,就完成了沟通,这个时候就可以认定为诈骗行为了。最后的结论和徐老师的结论出现了分歧。

第四个问题是关于偷换二维码的问题,可能稍微有点复杂,我简单地回应一下。同学的观点其实是说，因为我说到这个偷换二维码本身只是一种对于物体的操作还不能够认为是欺骗，那么，他认为当这个店家把偷换了的二维码提供给顾客的时候，可以认为对顾客进行了欺骗。这其实是唯一可能会涉及构成行为的情况，也就是当店主把这样一个被偷换的二维码提供给顾客的时候，提供的行为向顾客表达了说这是我的二维码的这样一个意思，而这个意思在事实上是假的，因为这个二维码已经被换掉了。现在所形成的一种诈骗罪的结构，其实是行为人以店主为工具而向顾客实施的欺骗。因为欺骗的对象是顾客，而进行欺骗的主体，作为店主来讲，他确实在客观上面表达这个意思是假的，但它是被偷换了之后，店主的主观认识上面并没有认识到这一点，他其实是被后面的行为人所操纵的一个工具，这是有可能成立的。但是从整体上来讲，他可能会涉及一个问题，即顾客并没有受到财产损失。

我们现在通常讲成立诈骗罪的情况，都不是说以顾客为对象来进行诈骗，我这里讲的说偷换二维码的行为不构成欺骗，主要针对的是主张说这个行为人通过偷换二维码的行为操纵了店主的意识，而店主因此陷入了错误认识做出了一个指示顾客向二维码进行支付的财产处分行为，所以它是一个针对店主的欺骗。我在这个地方其实主要讲的是行为人与店主之间不能构成欺骗，当然这个同学问的这种情况是有可能以店主为工具向顾客实施欺骗行为，如果是在这种情况之下，接下来需要考虑的其实是顾客的认识错误以及顾客是不是遭到了财产损失，最终他的行为能不能够成立诈骗罪的一个问题。

Q5：甲把自己的房产证交给乙，以此房产证作为抵押，向乙借款100万元，乙拿到甲的房产证后，将钱借给甲。甲又谎称房产证丢失而进行了补办，并将该房低价卖给丙，让丙以此房作为担保，以丙的名义从银行借款交给甲，每月由甲还贷。乙让甲还款才知道甲已失联，并得知该房已被卖。请问甲是否构成诈骗罪？

其实后面部分的事实不是特别重要，最主要的就是甲把房产证给乙作为抵押跟乙借款,然后他拿到房产证之后,甲又重新补办了一个。这里的问题最主要的是甲在前期是不是就已经产生了不还款的意思,甲在把房产证拿来交给乙,跟乙借款的时候,是不是就已经想好了,甲就不打算还款了,甲是不是伪装了自己的一个还款的意思?这个案子其实在很大程度上,我觉得是一个证据上的问题,能不能够证明在前面交易的过程之中甲就已经可以构成对于自己还款意思和还款能力的一个欺骗。

如果是从后面的情况来看,其实并不太能够推知甲在当时是不是已经从一开始就打算好了,不还款了。我觉得从这个事实来看还是不够,可能不构成欺骗,更多的还是一个违约的问题。

主持人·江溯

因为时间的缘故,我们今天的讲座评论加上提问回答已经过了两个多小时。我知道在线的各位朋友们一定都是依依不舍,但即便如此,我们还是要结束今天的讲座了。

我想用16个字来总结自己作为一个听众,在听完讲座的一个感想,那就是"群贤毕至,少长咸集,后浪滚滚,势不可挡"。我觉得这是我国"80后"甚至"90后"青年刑法学者的第一次集体亮相。我和车浩老师一样,期待来年的第二次、后年的第三次系列讲座,希望这样的论坛一直办下去。我宣布我们的活动圆满结束,谢谢大家!

第八讲
盗窃与诈骗的区分

主讲人：王　钢（清华大学法学院副教授）
与谈人：周啸天（山东大学法学院教授）
主持人：刘晓安［北京盈科（深圳）律师事务所刑事法律事务中心主任］

主持人·刘晓安

大家好，我是北京盈科（深圳）律师事务所刑事法律事务中心主任刘晓安律师，担任本场讲座的主持人。欢迎大家持续关注全国青年刑法学者在线讲座。这个讲座是由北大刑事法治研究中心、北大犯罪问题研究中心和北京市盈科律师事务所共同主办的。这一系列讲座的主要意义有三点：一是为青年学术新人提供一个展示自己的学术舞台；二是让刑事实务工作者有机会关注最新、最前沿的理论研究成果；三是通过律所和学术机构的合作，实现刑事办案实务与刑法理论研究的融合。

今晚的主题是"盗窃与诈骗的区分"。盗窃罪与诈骗罪都是刑事司法领域中多发的常见犯罪类型。二者都以非法占有为目的，但行为方式又明显不同。盗窃是以违背对方意思的方式窃取财物，诈骗则是通过虚构事实、隐瞒真相，以利用对方意思表示的方式取走财物。两者的区别看似一目了然，但司法实践中也出现了不少疑难案例。比如，偷换二维码案件、非法窃取他人支付宝账户资金的案件。这些案件究竟应如何定性，存在争议。盗窃和诈骗是否有一个具体、明确、实操性比较强的区分标准？今天，我们有幸邀请到两位老师对此进行观点的分享。

今天讲座的主讲人是王钢老师。王钢老师是德国弗莱堡大学法学博士，清华大学法学院副教授、博士生导师。同时，我们还邀请到周啸天老师作为本次讲座的与谈人。周老师是清华大学法学博士，山东大学法学院教授、博士生导师、山东省人民检察院人民监督员。期待两位老师的分享能够为大家厘清盗窃与诈骗的界限,能够为盗窃罪与诈骗罪的相关司法实务提供宝贵的思想启发和实践指导。

主讲人·王钢

非常感谢刘主任的介绍,也非常有幸能来参加全国青年刑法学者在线讲座。我今天讲的主题是"盗窃与诈骗的区分"。在刑法分则规定的财产犯罪中,盗窃罪与诈骗罪可以说是最为基础也是最为重要的两个罪名。根据当前的刑法理论,两个罪名的构成要件既有相似之处,同时又有所区别。因此,个案中究竟是应当认定行为人构成盗窃罪还是诈骗罪,往往就成为非常复杂的问题。

本次讲座的内容主要有三个部分:第一部分简要阐释区分盗窃与诈骗的必要性和基本原则,第二部分详解界定处分行为的具体标准,第三部分探讨对无体财产性利益的诈骗和三角诈骗等问题。

一、盗窃与诈骗的区分概述

(一)区分的必要性

在讨论应当如何区分盗窃罪与诈骗罪时,首先涉及的问题是,是否有必要区分二者。我认为,盗窃罪与诈骗罪的不法内涵不同,在司法实务中定罪量刑的数额标准也存在差异,故在个案中应当进行严格的区分。

在我国刑法体系中,盗窃罪与诈骗罪虽然都属于财产犯罪,都以被害人的财物为行为对象,但二者在财产犯罪中的体系地位却并不相同,在对财产的保护方向上有所差别,由此也使二者在行为结构和不法类型上有着显著的差异:

盗窃罪侧重的是对所有权和占有本身的保护,其首要保障的是权利人对财物的既有支配状态的存续,并通过对权利人支配状态的保护来确保权利人对相应财物进行支配和使用的自由。对盗窃罪而言,行为人必须是主动侵入了权利人的财产领域,侵犯了权利人对财产的支配状态,故而属于典型的"他人损害"型犯罪。

相反,诈骗罪所保护的不是权利人对财物静态的占有和支配本身,而是通过确保权利人在对财物进行支配和利用的过程中享有正确的关键信息,防止权利人在社会经济交往中遭受财产损失。与盗窃罪对于财产支配状态的保护不同,诈骗罪保护的是权利人在对财物进行处置和利用的动态过程中,能够基于正确的信息进行理性决定,并由此维护自己的财产。由于诈骗罪着眼于权利人在社会经济生活中对财产进行处分和利用的动态过程,权利人或者说被害人自己的行为必然是诈骗罪不法内涵中的有机组成部分,故诈骗罪属于"自我损害"型犯罪。

此外,众所周知,我国司法解释对两个罪名中"数额较大""数额巨大"以及"数额特别巨大"等要件规定了不同的数额幅度,故而在司法实务中对两个罪名进行细致的界分也是必要的。

(二)区分标准

基于上述盗窃与诈骗两罪在不法类型上的差异,区分盗窃与诈骗的标准在于,行为人是否通过被害人的处分行为获取财物。从诈骗罪本身的结构来看,被害人陷入认识错误显然是和被害人主观心态有关的内容,而被害人遭受财产损失以及行为人或第三人取得财产则属于客观的事实状态。因此,必须以被害人自身的处分行为将这种主观内容与财产损害的客观状态相联结,由此才能彰显诈骗罪自我损害型犯罪的不法内涵。同时,也只有如此,才能确保财产损失与行为人的欺骗行为之间具有因果关系,从而实现诈骗罪构成要件的定型化。

与德国不同,我国盗窃罪的对象既包括有体财物也包括无体的财产性利益,在这点上与诈骗罪并无差异。因此,在我国刑法体系中,行为对象并非区分盗窃与诈骗的标准。简言之,在我国,处分行为才是盗窃与诈骗的"分水岭"。所谓处分行为,是指被害人(或受骗人)任何自愿地直接造成财产减损的法律性或事实性的作为和不作为。在其他犯罪成立条件都具备的前提下,基于被害人的财产处分取得财物的,成立诈骗罪;反之,则只能成立盗窃罪。正是从区分盗窃与诈骗的角度来看,处分行为中有三个要件需要特别加以重视,即财产减损的直接性、处分意识的必要性以及财产处分的自愿性。这三个要件不仅直接限定着处分行为的范围,同时也构成了区分盗窃与诈骗的标准。

二、处分行为的认定

(一)财产减损的直接性

只有当被害人基于认识错误的作为或不作为直接造成了自身财产的减损时,才能认为其实施了诈骗罪意义上的处分行为。换言之,被害人的作为或不作为必须导致行为人无须采取进一步的举动就足以造成财产损失;相反,如果相应行为只是造成了行为人取得财物的机会,尤其是如果行为人还必须事后通过其他犯罪行为才能造成被害人的财产损失时,就不能认为被害人进行了财产处分。

在涉及有体财物的场合,对有体财物的占有本身也具有经济价值,能够被评价为被害人的财产。因此,在被害人将对财物的占有转移给行为人时,就已经直接造成了自身财产的减损,足以被认定为财产处分;相反,如果行为人的欺骗行为只是造成了被害人对财物占有的迟缓,则还不能认定被害人实施了处分行为。

【案例1】行为人扮成行李搬运工在火车站候车厅前欺骗被害人(前来候车的旅客)说,不允许带着行李箱进入候车厅,被害人必须将行李箱寄放在行李寄存处的行李寄存柜中。被害人信以为真,将行李交给行为人。行为人将行李放入寄存柜锁好之后,自己留下了寄存柜的钥匙,将另一个尚未被使用的寄存柜的钥匙交给被害人。等被害人进入候车厅之后,行为人将寄存柜打开,取走被害人的行李。

在本案中,行为人的行为构成盗窃罪。因为当被害人将行李交付给行为人时,其并没有将对行李的占有转移给行为人,而仅仅是造成了自己对行李占有的迟缓。被害人并未进行财产处分,正是行为人事后的行为

(尤其是其打开寄存柜取走行李的行为)才破除了被害人对行李的占有,造成了被害人的财产损失。

【案例2】前往商场购物的被害人将私家车停在商场地下停车场后,行为人上前谎称商场最近在做宣传活动,可以免费帮顾客洗车,自己正是受商场委托,来帮被害人将车开往商场的加油站进行清洗。被害人信以为真,将车钥匙交给行为人,转而前往商场购物。行为人遂将车开走。

本案中同样不能认为被害人在将汽车钥匙交给行为人时就作出了财产处分,因为至少在汽车仍旧处于商场及其停车场范围内时,依然应当认定其是由被害人占有的。被害人将汽车钥匙交给行为人的举动只是造成了对自己车辆占有的迟缓,并没有将对车辆的占有转移给行为人,不能构成处分行为。只有当行为人事后驾车离开商场停车场时,才违背了被害人的意志、破除了其对车辆的占有,故而构成盗窃罪。

(二)处分意识的必要性

诈骗罪意义上的处分行为不仅要求被害人(或受骗人)将财产处分给行为人或者第三人,还应当要求被害人(或受骗人)有意识地进行了处分。基于诈骗罪自我损害型犯罪的特性,应该认为处分意识是处分行为必不可少的要件。只有在行为人通过就事实进行欺骗,影响了被害人进行意志决定的基础条件,使被害人基于这种受到操纵的基础条件,自己决定实施导致财产减损的行为时,才能认为是被害人(共同)引起了财产损害,从而彰显诈骗罪"自我损害型"犯罪的特质。

若行为人的欺骗导致被害人根本无法认识到自己处分了财产的事实,被害人的作用就被局限于条件因果关系中的一环,无从认定被害人是自己造成了自身损害。对于处分意识的界定,也同样要从诈骗罪自我损害型犯罪的不法类型出发。据此,处分意识首先意味着被害人必须认识到财产移转的外在事实。此外,其还必须认识到这种财产移转与自己或者自己支配之下的他人财产相关。

1. 认识到财产移转的外观

只有当被害人认识到自己是在将一定的财产转移给行为人时,才能认定其具有处分意识;相反,如果被害人根本无法认识到财产移转的客观事实,就不能认为其进行了财产处分。因此,行为人将超市的货物藏匿在自己的大衣下,或者将超市商品藏匿在购物车下,从而通过收银台的,应当就相应商品构成盗窃罪而非诈骗罪。

但是,认识到财产移转并不要求行为人正确认识到相应财物的价值。财物价值的大小与其客观上是否发生移转的判断并无关联。例如,行为人谎称被害人所珍藏的名画是赝品,从而使被害人将名画低价卖给自己,虽然被害人误认了名画的价值,但是其显然认识到了财物移转也即行为人取得对名画的占有的事实。因此,行为人毫无疑问地构成诈骗罪。

类似地,行为人将商品上的价格标签取下,贴上其他价格更低的标签,导致收银员仅按照价格更低的标签收费的,也构成诈骗罪。因为收银员认识到自己是在将眼前的商品转移给行为人,故而具备处分意识。

基于相同的理由,只要被害人认识到了财物移转的外观事实,即便其未能准确认识到相应财物的数量,也应当认定其具有处分意识。当被害人以外在可见的计量单位为标准将相应财物转移给行为人时尤其如此。

【案例3】渔夫将鱼按照每筐100公斤分好在市场进行出售,行为人乘渔夫不注意,从其他筐内取出20公斤鱼塞入A筐,然后按照正常价格买走A筐的鱼的,也应当构成诈骗罪。

因为渔夫虽然未能正确认识到A筐内鱼的数量与重量,但是却认识到了自己将一"筐"鱼交付给行为人这一财产移转的过程,并且意欲这一财产移转的发生,故而仍然应当认定其进行了财产处分。渔夫虽然未能认识到鱼的数量与重量,但这毋宁只是意味着其没有正确认识到这筐鱼的价值。如上所述,对价值的认识错误并不妨碍对处分意识的认定。因此,也不能以此为由否定被害人的处分意识。

较为有争议的是,当行为人在超市将包装盒内的商品替换成其他商品,或者在包装盒内塞入其他商品,导致收银员只按包装上的标价收取费用的,是否构成诈骗罪。有论者认为,此时应当肯定收银员必然是将包装盒以及其中的物品作为一个整体进行了处分。有论者主张,应当区分行为人往包装盒中加入其他商品和行为人彻底调换包装盒中的商品两种情形。在前一种场合认定行为人构成盗窃罪,在后一种场合应当肯定行为人构成诈骗罪。有论者提出,应当根据商品种类的异同区别判断:如果行为人后塞的商品种类与原包装的商品种类相同,则肯定收银员具有概括的处分意识,行为人构成诈骗罪;如果行为人塞入了与原包装不同种类的商品,则应当否定收银员对这些商品的处分意识,行为人构成盗窃罪。

我认为,此时对收银员处分意识的认定仍然要结合诈骗罪自我损害型犯罪的不法类型进行判断。当收银员能够轻易认识到包装内的商品时,应当肯定其对包装盒以及其中的商品具有概括的处分意识;相反,如果行为人是往密封的、难以观察其内部状况的包装内塞入商品或者调换了其中的商品的,宜认为收银员对于超出商品外包装描述范围的货物不具有处分意识。

2. 对财产相关性的认识

被害人虽然认识到了财产移转的外观事实,但是却没有认识到这种移转所涉及的是自己或者自己支配之下的他人财产时,不能认为其具有处分意识。换言之,处分意识要求被害人必须认识到是将自己的财产或者自己支配之下的他人财产转移给行为人。如果被害人误以为财产移转与自己无关,当然不能认为其是自己招致了财产损害,从而也就不能认定行为人构成诈骗罪。

【案例4】前面的顾客将钱包遗忘在收银台,当轮到行为人在收银台结账时,其身后的顾客发现了收银台上的钱包,于是问钱包是否属于行为人。行为人谎称是,遂取走钱包。收银员未加阻止。

【案例5】王某、韩某、刘某等数人一起在某酒吧消费后离开时,刘某见桌上落下一挎包,便随手拿起,到了酒吧门口时问大家该包是谁的。该包实为不在场的薛某委托韩某保管,因当时韩某已酒醉不醒,其他人未予回应。王某见状,便谎称该包为自己所有,刘某遂将该包交给王某,王某拿着包离去。

在这些案件中,客观上转移了财产的受骗人虽然都认识到了财产移转的外在事实,但却均未认识到自己的举止是在将自己的财物或者自己支配下的他人财物处分给行为人。实际上,在这些案件中,受骗人都误认为客观上的财物占有关系。收银员没有认识到自己对钱包的占有,刘某也没有认识到其实是韩某占有着挎包的事实。基于这种认识错误,受骗人都未能认识到自己的行为导致财产减损的意义,不能认为其处分了财产。相应地,行为人不能构成诈骗罪,而应当成立盗窃罪。

这一结论从盗窃罪构成要件本身来看也是妥当的:既然上述被害人和受骗人没有认识到自己或者其他权利人对相应财物的占有,当然也就不可能产生转移占有的同意。因此,应当认定是行为人破除了权利人的占有,实现了盗窃罪的构成要件。

(三)财产处分的自愿性

即便被害人基于处分意识直接造成了自身财产的减损,也不一定构成诈骗罪意义上的处分行为。作为自我损害型犯罪,诈骗罪中的财产处分还必须是被害人自己选择的结果,也即被害人必须是"自愿"地处分了自己的财产。当然,在诈骗罪中,被害人总是在行为人欺骗行为的影响下才作出了财产处分的意志决定,因而这里的自愿性并不要求被害人的处分行为毫无意思瑕疵,只要被害人在知道有选择余地的情况下处分了财产,就应当认定其自愿地进行了财产处分;相反,如果行为人所造成的认识错误使得被害人误以为自己除了交付财物之外别无选择,便只能认为被害人屈从了行为人的意志,而非自愿地作出了财产处分。

据此,在行为人假扮国家工作人员或者谎称是合法的警察行为,"罚没"或者"扣押"被害人当前的财产,从而使被害人将相应财物交付给行为人或者容忍行为人取走相应财物的案件中,应当认定行为人构成盗窃罪(或敲诈勒索罪)而非诈骗罪。因为在这些场合,被害人误以为自己所遭受的是国家强制措施,自己的相应财物已经处于国家机关的实力支配之下,自己即便选择不合作,相应财物也同样会被国家扣押、收缴或没收。在被害人看来,此时对"国家行为"进行反抗是不被允许且毫无意义的,其并不享有任何自主决定的空间,故应当否认其进行了财产处分。

需要注意的是,并不是任何意志形成过程中的强制都足以排除诈骗罪的成立。当行为人所引起的错误认识虽然会对被害人造成一定程度的心理强制,但尚不足以使其丧失选择余地时,仍然有成立诈骗罪的可能。例如,行为人(被害人的情妇)向被害人谎称,知情人士找到自己索要巨额封口费,否则就会将被害人的丑闻公之于众,从而导致被害人给行为人一笔巨款,让其转交给所谓的知情人士做封口费,但实际上却是行为人自己从中获利的,行为人成立诈骗罪。因为此时的财产处分仍然是被害人经过利害权衡之后自己决定的结果,其实际上是希望通过这种财产处分防止其他恶害(丑闻被公之于众)。正是在这个意义上,被害人认可了相应的财产移转,"自愿"地实施了处分行为。

三、特殊情形的认定

(一)对财产性利益的诈骗

在涉及无体财产性利益的场合,仍然要坚持以处分行为为标准区分盗窃罪与诈骗罪,也即从财产减损的直接性、处分意识的必要性以及财产处分的自愿性三个方面进行界分。其中,财产处分自愿性只涉及被害人对财产移转的内心态度。因此,在涉及无体财产性利益的场合,对该要件的认定与针对有体财物的场合并无不同。但是,无体财产性利益毕竟与有体财物存在一些属性上的差别。在侵害财产性利益的案件中,对前两个处分行为要件的认定需要进一步说明。

1. 直接的财产减损

与针对有体财物的场合一样,在涉及无体财产性利益的场合,也只有当被害人的作为或不作为造成了自身直接的财产减损时,才能认定其进行了财产处分。如果被害人通过自己的行为,在民事法律意义上放弃了财产性利益,自然可以认为其造成了自身的财产减损。但是,前文已经论及,在诈骗有体财物的场合,并不要求被害人将对财物的所有权转移给行为人,而只要被害人处分了对财物的占有即可认定其财产的减损。与此相应,认定对无体财产性利益的诈骗也并不以被害人在民事法律意义上处分了相应的财产性利益为必要前提;相反,只要被害人的作为或不作为直接导致自己丧失了对相应财产性利益在事实上或法律上的支配地位,就应当肯定其进行了财产处分并由此遭受了财产减损。

【案例6】行为人在餐厅大量消费后才起意逃单,于是谎称自己出门送朋友,回头再结账,餐厅老板信以为真,允许行为人离开餐厅,行为人随即逃跑。

这里餐厅老板并未免除行为人的债务,也即并未在民事法律意义上处分自己的债权,但是,其容忍行为人离开餐厅的行为却使原本处于自己紧密控制之下的债权脱离了自己的支配范围。因为当行为人身处餐厅范围内时,老板尚可以采取例如报警、限制行为人离开(自助行为)等多种合法方式保全权利,而行为人一旦离开了老板的支配领域,老板就极难再实现债权。此时应当认定餐厅老板直接造成了自身财产减损,行为人成立诈骗既遂。

这里需要指出的是,财产性利益与有体财物在性质上有所差别:在有体财物的场合,原则上只有通过占有的转移才能造成被害人财产的移转与减损,然而,无体财产性利益的减损却并非总是以占有关系的变化为必要前提。因此,在有体财物的场合,往往只有当行为人或者第三人占有了财物时,才能认定被害人丧失了对财物的支配,从而遭受了财产减损。在这些场合下,对财产减损的判断经常要诉诸对占有关系的考察。而在财产性权利的场合,即便行为人并未取得对相应权利事实上或法律上的支配,但是只要被害人放弃行使权利,其就已经遭受了财产损失。因此,在涉及财产性权利时,对财产减损的判断应当着眼于被害人是否能够行使权利,而不在于行为人或者第三人是否获得了对财产性权利的支配。正是从这一点出发,虽然上例中的行为人并未能取得对财产性权利的支配地位,但却仍然应当肯定受到欺骗而未行使权利的餐厅老板直接造成了自身的财产减损。

2. 处分意识的必要性

特别有争议的问题是,在涉及无体财产性利益的场合是否同样要求被害人有意识地进行了财产处分。德国学者往往在这种场合下主张处分意识不要说,即便坚持认为此时仍然应当要求被害人具有处分意识的见解,一般也会特别地缓和对处分意识的要求。其中的主要原因当然是,在德国刑法中,盗窃罪只能针对有体物成立。因此,当行为人侵犯被害人的无体财产性利益时,并不存在区分盗窃罪与诈骗罪的需要,故而也就没有必要对处分行为进行严格的限定。

然而,如前所述,由于我国刑法中的盗窃罪也可以以无体财产性利益为对象,并不能因此否定认定处分行为的必要性。因此,与诈骗有体财物一样,在侵犯无体财产性利益的场合,只有当被害人有意识地对财产性利益进行处分时,才能体现出处分行为自我损害的特性,从而肯定行为人构成诈骗罪。

在涉及无体财产性利益的场合,认定处分意识也应当坚持与上述针对有体财物时的同样的原则,也即只有当被害人认识到了财产移转的外在事实,并且认识到了这种财产移转与自己或者自己支配之下的他人财产相关,才能认为其有意识地处分了财产性利益;相反,如果被害人欠缺这种认识,就难以认定行为人构成诈骗罪。

【案例7】行为人以各种理由欺骗被害人在ATM机或客户端输入由多位数字组成的所谓"验证码",实际上却导致被害人将相应数额的财产(存款)汇入了行为人或者其他第三人账户的,不能认定行为人诈骗罪成立。

被害人根本没有认识到自己输入相应数字就会导致自己财产减损的事实,不能认为其是通过处分行为造成了自身的财产减损。这里应当认定行为人构成以间接正犯方式实施的盗窃罪。但是,与在有体财物的场合不要求被害人认识到所处分财物的价值一样,在涉及无体财产性权利时,尤其是在被害人因受到欺骗而未行使权利的案件中,认定处分意识也不需要被害人之前对自己财产性权利的价值存在明确的认知。即便只是认为自己可能享有相应财产性权利的被害人,由于受到行为人的欺骗放弃行使权利的,也应当肯定其有意识地进行了财产处分。

【案例8】行为人正常用电11000千瓦之后,在电力公司工作人员前来收取电费前将电表倒转,使电表上显示其用电1000千瓦,电力公司工作人员只收取了1000千瓦电费的,行为人应当就电力公司对1万千瓦电费的请求权构成诈骗罪。

这里受骗的电力公司工作人员并非明确地知道行为人的用电量,从而也不清楚自己对行为人所享有的支付电费请求权的价值。但是,其概括地认识到了自己对于行为人享有支付电费的请求权,并且在行为人的欺骗下有意识地接受了行为人仅用电1000千瓦、自己仅有权要求行为人支付1000千瓦电费的"事实"。由此,电力公司工作人员其实也是有意识地放弃了超出1000千瓦部分电费的支付请求权,从而有意识地进行了财产处分。

(二)三角诈骗的情形

在诈骗罪中,进行财产处分的必须是被骗人,但却并不一定是承受了财产损失的被害人。财产处分人和被骗人必须具有同一性,否则就无法保证行为人的欺骗行为与他人财产处分行为之间的因果关联;相反,财产处分人不必是被害人。在三角诈骗关系中,行为人通过欺骗行为使被骗人处分了被害人的财产,故仍然可能成立诈骗罪。三角诈骗的本质在于在特定条件下,将被骗人进行的财产处分行为归责于被害人,视为是被害人本人亲自进行了财产处分。因此,三角诈骗其实与普通诈骗并无实质上的结构差异。

问题在于,何时可以将被骗人实施的财产处分行为归责于被害人。

对此存在着处分权说(即授权说或权限说)与阵营说的争论。处分权说认为,只有当被骗人在法律上享有处分被害人财产的正当权利,也即当被骗人由于被害人的委托或者根据法律规定能够处置被害人的财产时,才能认定其替被害人进行了财产处分。阵营说则认为,只要被骗人事前可以被归于被害人的阵营、与被害人具有邻近关系,并且在法律上或者事实上具有处置被害人财产的可能性,其处分行为就能够被认定为被害人的财产处分。这里的邻近关系当然可以是基于民事法律关系产生的,但并不必然局限于民事法律关系。被骗者基于其他事实性的关系也可以认定处于被害人的阵营。德国司法实务和学界当前的通说是阵营说。

对于诉讼诈骗是否也属于三角诈骗,学界存在不同的见解。基于处分权说的立场,由于法官在法律上享有处分被告人(被害人)财产的权限,一般可以肯定诉讼诈骗也构成三角诈骗。但是,从阵营说的立场出发,将诉讼诈骗认定为三角诈骗就并非没有疑问。因为法官总是应当保持中立的立场,而非与诉讼中的某一方具有邻近关系或者处于同一阵营。但是,法官毕竟还是对诉讼双方的财产在事实上承担着一定的照护功能,而且也有权依法对双方的财产进行处分。因此,德国通说仍然肯定诉讼诈骗构成诈骗罪。与此相应,行为人通过作伪证等方式欺骗法官作出处分他人财产的判决的,在德国也成立诈骗罪。

近年来在我国学界引起巨大争议的是偷换二维码案。在该类案件中,有学者认为行为人构成盗窃罪,也有学者认为行为人构成诈骗罪。我个人倾向于认定行为人构成诈骗罪,而且属于三角诈骗的情形。在偷换二维码案中,行为人替换了店家的二维码,从而造成顾客陷入认识错误,并向行为人进行了支付。顾客的扫码支付带来了两个法律后果:其一,顾客向行为人进行了债权的转移,或者说,顾客将自己账户中的资金转移给了行为人。其二,由于被替换的二维码位于店家的支配领域内,顾客扫码支付之后,店家就无法以没有收到货款为由要求顾客再次支付货款,因此,顾客的扫码支付行为同时还导致店家对于货款的支付请求权归于消灭。就前一个法律后果而言,顾客并未受到任何损失,其虽然(向行为人)支付了货款,但同时也获得了商品。但是,其支付行为所导致的第二个法律后果却对店家造成了权利减损,从而造成了店家的财产损失。

因此,这里仍然存在一种三角诈骗的关系:行为人通过偷换二维码,造成了顾客的认识错误,进而导致顾客基于错误认识实施支付行为,致使商家的货款支付请求权归于消灭,造成了商家的财产减损。简言之,行为人对顾客进行了欺骗,导致顾客处分了商家的货款支付请求权,故应认定其构成三角诈骗。从客观上来看,不论是基于处分权说还是阵营说,此时认定行为人构成三角诈骗都没有障碍。顾客的支付行为在民事法律上必然导致商家的货款支付请求权归于消灭。因此,可以认为顾客在民事法律上享有处分商家货款支付请求权的正当权限。从各方所属阵营来看,也应当将顾客和商家视为同阵营的成员。从主观上来看,行为人非法占有目的的对象是顾客受骗支付的货款,与商家所损失的货款支付请求权之间存在对应关系,可以维护诈骗罪中的素材同一性。因此,在偷换二维码案件中认定行为人构成三角诈骗的结论是妥当的。

主持人·刘晓安

感谢王钢老师的精彩分享。

王钢老师是留学德国的刑法学者,刑法理论水平很高。他提出处分行为是盗窃和诈骗的"分水岭",并通过财产减损的直接性、处分意识的必要性、财产处分的自愿性这三个要件来论述处分行为应如何认定。而且,他对一些特殊情形下的诈骗的认定标准作了分析。这些观点,来源于王老师对德国和国内相关的刑法理论、刑事立法还有司法实务中盗窃和诈骗的深入研究,同时也立足于我国刑事立法、司法的现状,是在充分考虑立法逻辑和实践展开的基础上得出的研究结论。

王钢老师的观点非常鲜明,内容也很翔实,逻辑清晰,说理透彻,特别是用很多的案例来为我们论证他提出的每一个区分标准,在不同的个案适用中得出结论,既有大局,又有细节。案例有的浅入深出,有的深入浅出。非常值得我们,尤其是刑事辩护律师学习。

王钢老师在讲座中提到诉讼诈骗的问题,也就是虚假诉讼型诈骗。他探讨了这种类型的犯罪是否构成三角诈骗,从而能否构成诈骗罪的问题。我个人认为,诉讼诈骗并不构成诈骗罪。主要有两个理由:一个是参考阵营说,我个人认为法院居中裁判,不属于任何一个阵营,法官作出的处分财产的行为不应当归责于被害人,所以诉讼诈骗不可能构成三角诈骗;二是从法益角度出发,诉讼诈骗侵犯的法益是法院正常的审判活动,而不是公私财产的所有权。

最高人民检察院在2002年《关于通过伪造证据骗取法院民事裁判占有他人财物的行为如何适用法律问题的答复》当中也提到,如果以非法占有为目的,通过伪造证据的方式,骗取法院的民事裁判占有他人财物的,侵犯的客体是法院的正常的审判活动,不宜按照诈骗罪来追究行为人的刑事责任。2015年《刑法修正案(九)》把这种行为规定为虚假诉讼罪,但学界还有不同的观点。

当然,我坚持这个立场还有两个重要的原因:一是作为刑事辩护律师,我自然希望能帮助当事人争取一个量刑较轻的罪名;二是如果将诉讼诈骗归于诈骗行为,按诈骗罪来处理,那么代理律师作为诉讼活动当中的帮助者,也可能会因此承担更大的刑事风险。

近期还有一个比较热点的法律问题,就是南京李某虚构行程购买航空延误险,利用900多次航班延误索赔了人民币300多万元,这个行为是否构成犯罪?如果构成犯罪,是构成什么罪?有人认为,这个行为是合理利用规则,有人认为构成保险诈骗罪,也有认为构成合同诈骗罪,以及构成普通的诈骗罪的,仁者见仁,智者见智。这个案例和今天的讲座内容还是有些相关的,所以我在这里也提出来。不知道周啸天老师对这个案例有什么看法?关于盗窃和诈骗的区分问题,周老师有没有不一样的见解?下面我们就有请周老师来分享。

与谈人·周啸天

感谢王钢老师的精彩讲座和相邀与谈,感谢车浩老师的组织与平台搭建。当然,理论与实务相结合平台的搭建也离不开盈科律所赵春雨主任的支持,在此表示感谢。

王钢师兄所讲述的观点我都完全同意。我的老师黎宏教授经常告诫我们做学生的,如果能用大白话把深奥的理论问题说得很明白,那是一种值得追求的境界。那么接下来,我想尽量用大白话说三个事儿,作为对师兄讲座的一点补充,那就是:(1)什么是骗;(2)怎么从共同犯罪的角度区分盗窃罪与诈骗罪;(3)我的想法如何应用。

第一,什么是骗。

对于什么是骗,我想从反面,即如何才能不被骗来进行界定。在当代社会中,存在各种套路的"骗",比如先欺骗感情然后再让女方参与网上赌博下注,这种方式有一种别称:"杀猪"。网上还有"杀猪攻略",讲的是一些经过公司培训的男人专门勾搭年轻寂寞的女性,先取得信任、建立感情基础,但就是不见面。当女方要求见面时,男方会说:"哎呀,我的前女友就是在开车时,我强烈要求视频通话然后才出的车祸,我心里有阴影了。"那女方就更同情了,然后男方就开始引诱女方在网上下注,一开始肯定是赢的,后来肯定是赔的。

再比如"乔碧萝事件"。乔碧萝是一个中年妇女,但是在网上冒充青春美少女,很多男人听了她的声音后出现幻想,给她疯狂打赏,她靠着这个挣了钱。后来一次,乔碧萝和另一个主播视频的时候,她的头像P图失效了,大家才发现她长得与大家想象的差距很大。当然在这里乔碧萝也隐瞒了自己的真实长相,男人以为乔碧萝很漂亮,基于这个错误认识给了钱。顺便说一句,乍一看,这事儿似乎也和诈骗靠点儿边。但是一个浅显的道理是男同志用打赏的钱换来的是感情寄托,这种换取寂寞抚慰的交易目的不值得用刑法保护,完全属于感情范畴。

我举以上两个生活中随处可见的例子，可能让我们细思极恐，感觉这个社会太可怕了，很容易上当受骗。那么我们怎么才有可能不被骗？如果从客观与主观两个角度来看，想要不被骗有两个条件：一是客观上的信息对称，也就是我们彼此之间的交往信息如果足够公开，做到客观呈现，无所操纵，我们就能够在这个前提下作出一个趋利避害的理性选择；第二个是主观上我们要达到理性经济人的基本状态，也就是做到最低限度的精明，只有这样，我们才能发挥出理性的批判能力，在众多选项中选出最优项。

但是大家看，这两个条件哪一项是不可能的？显然是第二项，人就是人，不是神，是人就有盲点，不是有句话叫"我们只相信自己愿意相信的，我们只看我们愿意看到的"，说的就是我们的盲点作为因，决定了结果，而并非不如意的结果造成了盲点。人的盲点的形成与出身、家教、基因、成长经历、种族、文化水平、经济条件等相关，决定因素实在太多了，法律显然不可能帮我们去调整这些决定性因素，帮我们去除盲点，让我们人人成为十足的精明人。

法律能怎么办？如果我们还需要法律的话，那就是确保外部的基本交往信息的对称和公开，确保我们在交往的时候能有一份稳定的预期。实际上法律的唯一功能也就是在我们展开交往之际，防止"你猜我，我再根据你对我的猜再猜你，你再根据我对你的猜所猜的来猜我"这样的无限猜测。保障我们交往中的稳定的预测，是法律唯一能起的作用。

还有一个问题是财产是什么？很多事情因为社会发展变化而需要被重新定义，比如财产。再过几十年，有可能财产就被做成我们从小看《七龙珠》漫画里那样，拿出一个胶囊后胶囊就变成车或者房子的样子。韩国有一种创新的殡葬方法，就是把骨灰作成项链或者戒指，像钻石一样，显然，这个财产承载的更多是人格的实现，也就是对人本身的追思和亲人情感的满足。

从这个角度来看，"以人为本"是一个包含了很多层次、很珍贵的理解，财产最终要和人相联系，是人格发展不可缺少的一环。正如我师兄王钢在《被害人承诺的体系定位》中所界定的:"法益并非仅指特定行为对象或客体在客观上的完整和存续的状态,而是也包含了权利人依其自身意愿,自主地对其所享有的法益客体进行支配和使用的自由。"这里展现出的"以人为本""以自由为先"的情怀,想必也是出于这样一种感触吧。

总结一下,骗就是利用信息不对称的外部优势,让人心甘情愿地交付财产的一种行为。

第二,怎么区分盗窃罪与诈骗罪?

德国学者 Hoyer 指出,间接正犯是背后的利用者,根据他(她)的优势地位,操纵了行为人。因此行为人实施的、引起结果的那个行为,就算在了背后利用者的头上。这里的利用方式特指胁迫和欺骗,为什么呢?因为这是法律的特别规定,比如敲诈勒索罪和诈骗罪就是盗窃罪的间接正犯的特别规定。也就是说,法律明确表示,只有背后利用者通过胁迫和欺骗,引起了被利用的存在瑕疵的行为,这种情况才可以视被利用人的行为是背后利用者自己的行为。这样一来,背后的利用者才会成立间接正犯。

有一位叫岛田聪一郎的日本学者就讲,德国是将直接正犯和间接正犯列为一个法条,共同正犯列为一个法条。在日本,只存在共同正犯的立法,没有直接正犯与间接正犯的单独立法,因此直接正犯和间接正犯都适用的是分则条文。什么是正犯,无非就是掌握了造成结果的原因,并由此引起结果,实现了构成要件的那个人,这是一个构成要件的判断问题。在判断间接正犯的时候就应该和直接正犯一样,不用考虑其他人的行为,就看自己的行为和结果之间的关系就够了。所以他就不同意 Hoyer 在考虑间接正犯时,还要判断利用者和被利用者的两个人之间行为关系的思路。

岛田聪一郎除了指出 Hoyer 的思路不对之外,还继续指出,如果诈骗罪是盗窃罪的间接正犯的特别规定,那这两个罪就是重复的,规定盗窃罪还有何意义?他认为,诈骗罪是相比盗窃罪在处罚上更为扩张的一个规定。为什么呢?因为在诈骗罪中,我们转移财产的同意是有效的,比如你骗我说手里拿的是一个商朝的刀币,是真的,卖我1万元,我愿意用1万元换这个刀币,但买回来一看是假的。虽然东西是假的,但我给你钱的时候实际上是同意转移钱的占有的。钱是买开心的,只不过我最后买的不是开心,是憋屈。这个同意决定了诈骗罪的行为人没有侵害到对财产的占有这样一个法益。

车浩老师在《盗窃罪中的被害人同意》一文中说道:"同意意味着被害人主动放弃占有意思,并由此排除了'打破占有'的成立,盗窃罪的客观构成要件也因为失去了重要的组成部分而被排除。"从车老师的论述来看,诈骗罪侵害的法益并非能够被简单地理解为对财产的占有,而应当是"财产的交换"的失败,也就是诈骗罪真正保护的是"财产交易中的自由"。

日本有一个叫足立友子的学者也这么认为。她将财产处分自由作为诈骗罪的保护法益,认为行为人是在交易的重要事项上做了手脚,导致被害人的交易期待落空,其以财产实现自我的自由,说白了就是"拿钱买开心"的自由受到了侵犯。这里的重要事项必须具有侵害财产处分自由的重要性,主要包括对于处分财产的意思决定具有重要意义的对价或给付内容的性质、用途等。

中国人民大学的王莹老师在《诈骗罪重构:交易信息操纵理论之提倡》一文中从诈骗罪中行为人的角度,将这里的重要事项界定为交易基础信息,这实际上也暗含了导致被害人最终不开心的原因是什么,那便是交易对价的落空。而以财产实现自我的自由完全是一种社会交往不可避免的互利和共生行为。我们可以用法律禁止拿钱买性、买权力、买器官、买枪支、买毒品,但谁能禁止我们拿钱去展开正常社会经济交往,实现自身的自由呢?

可是如果将诈骗罪保护的东西界定为"拿钱买开心"的自由,会带来一个问题,那就是诈骗罪为什么不规定在《刑法》第四章侵犯人身、民主权利罪一章中,而是规定在第五章财产犯罪一章?教义学必须以实定法为基础,法律规定是解释学的"天花板"。我的理解是,正如王钢师兄所说的,其实所有的法益都离不开人,都是为了实现人的自由。没有人,一切都不复存在,都没有意义了,这是一个前提。另外一个前提就是财产的价值本身就体现在实现我们自身这一点上,这也不可否认。

我们今天听讲座的律师朋友,可能有的早已经实现了财富自由,我想这些朋友们一定不会将"钱"简单地理解为票子或者数字,它只是实现我们自身的工具。从这两点来看,财产和自由本身就是密不可分的,而立法者将诈骗罪放到第五章的原因,恐怕仅仅在于以财产损失量定刑罚更好计算刑罚的幅度。

再让我们回到诈骗罪本身,如果用大白话定义诈骗罪,那就是我们在处分自己财产的时候,那个我们心甘情愿为之处分财产的"原因",是行为人创造的信息不对称之下的东西,这个信息不对称最终导致我们赔了财产、坏了心情。在这里必须区分"原因"和"条件",从经验的自然的角度来看,一切过往都是条件,如果我们的今天是一个集合,那么所有过往都是集合里的内容,这些条件没有重要与不重要之分。从这个角度来看,世上只有条件,不存在原因;可是如果从道德的角度来看,在条件中我们是可以挑出一些原因的。原因是人为的、起决定性作用的重要条件。因此,在诈骗罪中,行为人所虚构或者隐瞒的事项,也必须是人本身所做出的,并且起决定性作用的、导致被害人处分财产的原因。不管被害人认知多低、年龄多大,只要在原因上做了手脚,导致被害人处分财产,就是"骗"。

从这个角度来看,我认为诈骗罪存在着和盗窃罪相似的共同正犯构造。就像前面所说的,诈骗罪是在导致被害人处分财产的原因上做了手脚,被害人基于信息不对称而交付财产,最终"以财产买开心的自由"受到了侵犯,"财产与开心"两空。这里我们可以认为诈骗罪存在两个法益损害:一个是财产,因为毕竟诈骗罪是第五章之下的犯罪,另一个是更深层次的以财产实现人格发展的自由。如此看来,如果我们将被害人看作第三人,那么,被害人实施了转移财产的行为,诈骗的人实施了操控交易信息的行为,一个对应财产,另一个对应以财产实现自我的自由,这不刚好类似于一个共同正犯的结构吗?既然如此,诈骗罪与盗窃罪的共同正犯类似,是盗窃罪的一种补充条款,也就是无法按照盗窃罪处罚的直接和间接正犯,都被放到诈骗罪里面来处罚了。

有人可能会问,被害人怎么会和行为人成立共犯关系?这个其实很好理解,比如在被害人参与的例子中,我们常听到的就是对被害人自我答责行为的参与。

【案例9】甲是一个很笨拙的人,刮胡子的时候经常将自己刮得满脸是血,有一天,甲出差忘了带自己的剃须刀,宾馆服务员乙顺手给了甲一把十分老钝的刮胡子刀,甲把自己刮成重伤。

在这个案例中,最简洁明快地将乙出罪的思路便是,把两人看作共犯关系,将乙作为正犯,甲作为帮助犯,然后因为乙不符合任何一个犯罪的构成要件,根据最小从属性,直接将甲出罪处理。如此一来,行为人与被害人之间是完全可以成立共犯关系的。

上述诈骗罪与盗窃罪共同正犯有类似结构的观点,可能惊世骇俗,但也未必。车浩老师本身也讲道:"为学最吸引人的地方就在于不断怀疑所谓的正确性。"这其实也是一种探索的乐趣。这个观点其实可以很好地解释为什么在同等数额的条件下,诈骗罪的量刑低于盗窃罪。也就是说,诈骗罪相较于盗窃罪是轻罪,那正是因为诈骗罪是盗窃罪的处罚扩张形态,是盗窃罪的补充法条。

第三,我的想法如何应用。

最后,半个小时也快到了,我想简单说一下我这个粗浅想法的应用。就拿偷换二维码案件来说,首先,受损害的肯定是卖家,因为卖家东西没了,还没拿到钱,这里卖家损失的是针对银行的债权,因为支付宝作为一个交易平台,担保了卖家对银行债权的实现。卖家放买家走,实际上是一个对债权请求权的放弃或者说财产利益的主张迟缓化。其次,偷换二维码的行为看似发生在交易之前,但其实这个行为的效果持续到了交易中,并介入了这场交易,因为二维码一直粘在那里。最后,行为人实际上操纵了一个卖家处分债权的原因,也就是卖家肯让顾客走,是因为卖家认为钱到自己支付宝账户了,认为这个二维码是自己的。但其实不是,而这个原因,是偷换者造成的。在这里,并不涉及三角诈骗的关系,顾客只是位于偷换者行为的延长线上,是卖家受损的一个条件,而并非原因。

最近,还有一个案例颇受关注,就是有一些人利用他人的身份信息购买机票,然后购买延误险,吃延误险的理赔款,最后被抓了。那么,这些人的行为是不是骗呢?毕竟新闻不是案例,我这里仅从已知的信息来分析。从民法上来看,以他人身份信息签订承运合同的行为多半是无效的,因为坐飞机这种承运合同带有很强的个人性,它和人身安全的相关性太强了,我们必须自己拿着身份证经过核验才能够上飞机。所以,在本人不知情的前提下,用其身份证买机票也不构成本人真实的意思表示,那么,附属在这个承运合同上的保险合同,也不能说是有效的。尽管保险公司不会核验真实的身份信息,只要有机票就理赔。

但是,根据这些,我们能不能直接套用"投保人故意虚构保险标的,骗取保险金的"规定,判行为人构成保险诈骗罪呢?有人可能说不行,因为保险名义人没有投保,不符合"投保人"的身份要求。但实际上,"投保人"不是入罪的障碍,因为"投保人"不是什么身份,而是一个行为或者说行为造成的状态,购买保险的人就是投保人。常理似乎又告诉我们这么做似乎哪儿不对劲儿,买保险的人其行为类似于对赌,猜对了天气和延误情况,这是一个利用规则漏洞的技术活儿,怎么就要用刑法规制了呢?

从我的观点来看,哪怕在法律上保险公司真的受了损失,但是,给付延误理赔款的原因,是航班真的因为不可抗力而延误,旅客到达不能了,也就是理赔原因是真实的。至于保险合同名义人和付款人不一致这一点,最多是钱落到了出钱人兜里的一个条件,而并非原因。航班延误与否根本不是行为人能够操控的事项,是老天爷说的算,这个事情和人无关。实际上,天气预报也常常会不准,天有不测风云。从这个角度来看,说行为人的行为就是刑法上的"骗"可能理由不是很充足。

当然,因为信息不全,思考不深,我说的仅仅是个人的浅见,仅供实务界的朋友们参考。最终如何拿捏,还是由公检法和律界的朋友合力决定,毕竟,在实践中信息才是全面的。

大家看,一个诈骗罪就包含了信息对称、社会交互、财产法益、人格自由、原因与条件、被害人参与、共同犯罪等因素,实在是一个很有意思,值得不断深挖的点。至此可知"一沙一世界,一叶一菩提",此言不虚。

主持人·刘晓安

感谢周老师的分享。我在这里就两位老师的分享做两点比较粗浅的总结。

其一,两位老师就盗窃和诈骗的区分标准给我们提供了不同的视角,王钢老师是从财产减损的直接性、处分意识的必要性、财产处分的自愿性三个方面来区分的;而周老师是结合法律文义,从骗和窃相区别的角度以及共同犯罪的角度来区分的。我个人觉得王钢老师的分析理论性较强一些,实用性更广;而周老师的评判方法更为直接,而且角度非常的独特,在实际生活中使用起来更为方便,尤其是关于财产和自由的观点直击人心。从被害人的角度来讲,财产的处分是因为信息的不对称而买了不开心。对我而言,通过今天的讲座学到了知识,了解了不同观点的碰撞,非常开心。这要再次感谢王老师和周老师。

其二,通过两位老师的分享,我们可以充分感受到盗窃和诈骗绝对不像《刑法》分则条文规定得那样泾渭分明。实际上,十多年来一直存在着非常多的争议。就像王钢老师刚才所说的常辩常新,我个人认为真理是越辩越清晰。这些观点的对立、定性的争议,能够让我们更加清晰地认识盗窃罪、诈骗罪的本质,使相关犯罪行为在刑法上获得更准确的评价,从而推动刑事立法以及司法的完善与提升。

最后,感谢陪伴我们到现在的观众朋友们。本次讲座到此结束。谢谢!

第九讲
寻衅滋事罪构成要件的分化

主讲人：李世阳（浙江大学光华法学院副教授、刑法研究所所长）
与谈人：劳佳琦（北京师范大学法学院副教授）
与谈人：敬力嘉（武汉大学法学院副教授）
主持人：杜小丽（《政治与法律》编辑）

主持人·杜小丽

各位老师，各位同学，各位学界和实务界的朋友，大家晚上好！欢迎来到由北京大学刑事法治研究中心、北京大学犯罪问题研究中心与北京市盈科律师事务所共同举办的全国青年刑法学者在线讲座。我是杜小丽，来自《政治与法律》编辑部，非常荣幸担任本场讲座的主持人。今天晚上我们举行系列讲座刑法分论部分的第九讲，主题是"寻衅滋事罪构成要件的分化"。本次讲座的主讲人是李世阳老师，两位与谈人分别是劳佳琦老师和敬力嘉老师。

下面我简单地介绍一下这三位青年才俊。主讲人李世阳老师是北京大学法学博士和早稻田大学法学博士、浙江大学光华法学院副教授、刑法研究所的所长，在《中国法学》《法律科学（西北政法大学学报）》《法学》《政治与法律》等法学核心期刊上发表论文十余篇，出版个人专著两部，译著4部，主要研究领域是刑法解释学、刑法与刑事诉讼法交叉问题、网络犯罪等。

第一位与谈人劳佳琦老师是北京大学法学博士、北京师范大学法学院副教授，出版专著《累犯制度：规范与事实之间》，在《中国法学》《中外法学》等法学核心期刊上发表论文若干篇，主要研究领域为量刑、刑事执行、刑事政策、法律实证研究等。

第二位与谈人是敬力嘉老师是德国弗莱堡大学法学硕士、武汉大学的法学博士,武汉大学法学院副教授,在《法学评论》《政治与法律》《当代法学》《东方法学》等核心期刊上发表论文十余篇,出版个人专著1部,主要研究领域为预防刑法、信息网络犯罪等。

寻衅滋事罪是从流氓罪中分离出来的一个罪名,在我国的刑法理论和司法实践中争议很大,是司法实践中一个非常典型的常见罪名。近年来,随着社会的不断发展以及劳动教养制度的废除等因素的影响,在妨害社会秩序领域,新的违法犯罪类型不断出现,与该罪构成要件的模糊性、开放性,行为类型的多样性暗自契合,导致了该罪日益呈现口袋化的倾向。学界对如何限制其适用,投入了大量的研究精力。今晚3位老师将集中针对寻衅滋事罪展开一场深入探讨,让我们一起期待他们的精彩对谈。首先我们有请李世阳老师。

主讲人·李世阳

各位朋友晚上好!我是浙江大学光华法学院的李世阳,感谢全国青年刑法学者系列讲座的邀请,感谢本次活动的发起人车浩教授和赵春雨主任以及其他幕后小伙伴们的辛苦组织。感谢主持人杜小丽老师和两位与谈人劳佳琦老师和敬力嘉老师愿意抽出宝贵的时间,与我来一起"寻衅滋事"。张明楷老师认为寻衅滋事罪具有聚众性的特征,所以,无三人以上不成众。今天晚上我想和大家分享的主题是"寻衅滋事罪构成要件的分化",因为讲座时间非常有限,所以我主要把核心的观点给大家介绍一下。

现行《刑法》第293条所规定的寻衅滋事罪的构成要件,大家都非常清楚:(1)随意殴打他人,情节恶劣的;(2)追逐、拦截、辱骂、恐吓他人,情节恶劣的;(3)强拿硬要或者任意损毁、占用公私财物,情节严重的;(4)在公共场所起哄闹事,造成公共场所秩序严重混乱的。

由此可见,现行《刑法》第293条所规定的寻衅滋事罪,它的构成要件直接来源于1984年"两高"出台的《关于当前办理流程案件中具体应用法律的若干问题的解答》。在这个意义上，虽然流氓罪已经被废除，但事实上反而扩张了它在刑法领域里面的"地盘"，不仅仅表现为罪名一分为三，而且当时司法解释所确定的"流氓"这个形象直接上升到相应罪名的构成要件层面。于是问题就转变为当前刑法所规定在寻衅滋事罪上的构成要件是否已经足够清晰。那么，从法条所规定的四种罪状来看，前三种罪状的描述显然比较清晰，最后一种概括式的描述方式，其构成要件形象并不清晰，因此，最后一种罪状很容易使寻衅滋事罪成为口袋罪。

但我们将这三种罪状链接到刑法分则第四章所规定的侵犯公民人身权利犯罪，和第五章侵犯财产犯罪的话，我们就可以发现以下这些问题：

第一，随意殴打型寻衅滋事罪比故意伤害罪受到更重刑罚评价的合理性根据是什么？

第二，追逐拦截型寻衅滋事罪比非法拘禁罪基本犯更重，为什么？

第三，辱骂型寻衅滋事罪的法定刑高于侮辱罪，这是否合理？

第四，在单纯恐吓的基础上，需要添加怎样的要素才能成立恐吓型寻衅滋事罪？

第五，我国刑法没有规定强要罪，可否将强要硬拿型寻衅滋事罪分解为强要罪的构成要件？

第六，在故意毁坏财物的基础上，是什么要素升高了任意损毁型寻衅滋事罪的不法程度及可谴责程度，从而不需要达到5000元数额标准即可入罪，并且法定刑比故意毁坏财产罪更重？

第七，任意占用型寻衅滋事罪要求的数额比挪用型犯罪低，仅需达到2000元以上即可，而法定刑却比挪用型犯罪高，如何解释这一现象？

第八，如何在解释学上构建精确并具有可操作性的起哄闹事型寻衅滋事罪的下位准则？

接下来我将围绕这八个问题逐一展开。

一、随意殴打型寻衅滋事罪的基本构造

(一)基本案情

【案例1】2020年2月6日22时许,被告人唐某某酒后未戴口罩至江苏省建湖县上冈镇草堰口卫生院探望其住院的父亲。因值班医生周某某提醒其戴口罩,并制止其在正在使用的输氧病房内抽烟,唐某某心生不满,与周某某发生口角,继而殴打周某某头、面部及颈部,并致周某某衣物损坏。后唐某某又先后殴打前来劝阻的医生王某某、群众姚某某和唐某。经鉴定,被害人周某某、王某某和姚某某的损伤程度均为轻微伤。江苏省建湖县人民法院经审理认为,被告人唐某某在疫情防控期间在医院随意殴打他人,造成三人轻微伤,情节恶劣,其行为构成寻衅滋事罪,应依法惩处。

案例1是在疫情期间,被告人因不听医生的提醒佩戴口罩而引发冲突并动手打人。类似的案件在疫情期间并不少见,但这种案件定随意殴打型寻衅滋事罪是否合理,需要认真思考。

(二)什么是"随意殴打他人"

1. 核心主张

同样都是打人,是什么因素使殴打他人侵犯了超越个人法律之上的社会法益?对此首先需要从构成要件上寻找答案。殴打他人型寻衅滋事罪,除了故意伤害他人身体之外,它还多出了哪些构成要件?很显然他多了"随意"这一个限定条件,于是"随意"也就承担着将殴打他人从侵犯个人法益犯罪转向侵犯社会法益犯罪的功能。这一点应当成为构建"随意"的解释论规则的基本方针。

我认为,随意殴打他人之所以是侵犯社会法益类型的犯罪,并配置比一般的殴打更重的法定刑,是因为随意殴打这种打人方式严重挑战了信赖原则。信赖原则已经不仅仅停留于过失犯领域的适用,在故意犯的领域,它也有自己的适用空间。如果我们每个人都需要在相互预测他人行

动方向的基础上,才能实施自己的行为,那么社会就会陷入僵化的状态。因此,在交往过程当中,一般可以信赖对方会遵守交往行为规范,而不实施违法犯罪活动;除非有证据表明对方具有可认识的行为构成倾向。

2. 推论

如果将信赖原则及其例外适用于随意殴打型寻衅滋事罪的解释当中,我个人认为可以得出以下推论:第一,随意殴打他人的情形损害了社会一般人对于殴打者不会实施殴打他人的行为这一信赖利益,破坏了社会交往中的信任感与安全感,据此而升格为侵犯社会法益的犯罪;第二,随意殴打他人之所以不要求造成轻伤以上结果,并且法定刑比故意伤害罪更重,是基于个人防卫与社会防卫的需要;第三,基于殴打的随意性,从防卫人的视角出发,由于无法预测对方的侵害程度,甚至可以发动无限防卫权;第四,信赖原则的例外标准可以用来指导"随意"的解释。当行为人是基于可认识的行为构成倾向而殴打他人的时候,便不再是随意殴打他人。

3. "随意"的解释

具体来说,以下情形可以排除在随意殴打他人的范围之外:第一,基于加害人与被害人之间的交往关系,加害人殴打被害人对于包括被害人在内的平行社会一般人而言,具有预见可能性;第二,在导向行为人实施殴打行为的因果流程中,被害人的参与行为升高了行为人实施殴打行为的危险;第三,行为人在实施殴打行为的过程中,并不具有进而波及周围其他人的可能性。

(三)案例解析

基于上述解释,我对这个案例作出了以下几点分析:首先,唐某某并不是见到医生周某某就动手打人,因此并不符合最极端的随机见人就打这种随意殴打类型;其次,在导向唐某某实施殴打行为的因果流程中,显然介入了医生周某某提醒戴口罩以及制止在病房内抽烟的行为,但这种行为本身并没有创设被法所不容许的危险;最后,应将唐某某殴打医生周某某的行为与之后殴打前来劝阻的王某某、姚某某、唐某的行为做分断处理,而不能作一体化评价。

寻衅滋事罪非常完整地体现了中国传统法"失礼则入刑"的基本结构。关于"礼""刑"之间的关系,借用陈宠的经典说法,可以表述为"礼之所去,刑之所取",失礼则入刑。随意殴打型寻衅滋事与针对具体个人的伤害行为虽然都是打人,但是我个人认为他们对"礼"的违反形式及其程度显然是不一样的。

二、追逐拦截型寻衅滋事罪的构造

(一)基本案情

【案例2】黄某为逼迫林某偿还债务,带着司机即被告人李南专,与被告人段德全纠集的被告人段明阳、漆贵清、黄永燎等人,在厦门高崎国际机场拦截林某之女吴某。黄某强行要求到吴某车辆上与其商谈,经吴某报警,厦门市公安机关民警出警予以制止,吴某才得以乘坐司机韦某的车辆离开。黄某即安排被告人李南专与被告人段明阳、漆贵清、黄永燎等人驾车尾随。当晚20时许,吴某换车离开。黄某知悉韦某所驾车辆被被告人李南专等人截下后,即前往与李南专、段明阳等人汇合。随后黄某与被告人段明阳等人驾驶韦某的车辆,强行将韦某一路挟持至南安市金明酒店附近一家茶叶店,并在途中及在茶叶店内一再要求韦某打电话联系吴某。后因联系吴某未果,直至当晚22时许才放韦某驾车离开。

案例2的案情可以概括为跟踪讨债是否可以适用追逐拦截型的寻衅滋事罪。该问题的焦点在于如何解释追逐和拦截。

(二)追逐、拦截他人的解释

在刑法上应当怎样解释追逐和拦截?追逐一般是指妨碍他人停留在一定场所的行为,拦截一般是指阻止他人转移场所的行为,就像张明楷教授所说的,这两种行为都是妨碍他人行动自由的行为,但是根据《刑法》的规定,只有当这种妨碍他人行动自由的行为,破坏了社会秩序,才有可能构成寻衅滋事罪。而且我国《刑法》第238条规定了非法拘禁罪,其构成要件就是非法拘禁他人或者其他方法非法剥夺他人人身自由,于是就产生了两个问题:第一,人身自由和行动自由之间是一样的吗?有没有区分?第二,追逐拦截他人的行为,在怎样的情形下会破坏社会秩序?

1. 人身自由与行动自由的区别

人身自由和行动自由二者之间到底是什么关系?是一样的吗?我国《宪法》第37条规定,公民的人身自由不受侵犯。因此人身自由权显然是被宪法承认的公民的基本权利,是行使包括行动自由在内的其他权利与自由的基础之一。

在这个意义上,可以发现人身自由与行动自由存在以下方面的关联:第一,人身自由是指根据自己的意愿移动身体的自由,因此,对人身自由的最明显侵犯方式就是将人拘禁起来,也就是将人限制在由加害人管控的空间内,被害人无法逃离;第二,行动自由主要是指根据自己的意愿而决定是否实施为达到某种目的而进行的活动,那么,妨碍他人行动自由就表现为破坏他人预设好的行动计划,于是他人的目的就可能无法实现或延迟实现;第三,总体而言,对人身自由的侵犯侧重于对身体的控制与束缚,可以说是一种静态的约束,而对行动自由的侵犯则侧重于对人的动态约束,这种约束既是对个人主观上的制约,即使人想做而不能做,不想做而不得不做,也有可能是据此对社会系统产生的影响。

2. 追逐、拦截何以破坏社会秩序

再来看追逐拦截行为在什么情况下会破坏社会秩序。如果不破坏社会秩序的话,没有办法成立寻衅滋事罪。这一问题取决于对社会秩序的定义以及法律与社会秩序之间的关系。

我认为,在出现以下情形的时候,追逐拦截他人过程当中就会破坏社会秩序:第一,在公共场所追逐拦截特定的人的过程中,被追逐拦截的人所产生的紧张与恐慌情绪传递给周围不特定的人,从而引起连锁反应,或者在追逐与拦截过程中侵犯了周围不特定人的人身或财产,从而破坏正常的社会秩序;第二,在公共场所随意追逐或拦截他人,此时基于行为的随意性而陡然提升了他人对其反事实性期待的风险,从而破坏社会秩序;第三,多次或长期跟踪他人的行为,只要没有妨碍他人的行动自由就难以构成犯罪。

(三)案例解析

如果我们将这三点解释论适用到刚才的案例2,我个人认为可以作出这样的一个解析:黄某等人在机场拦截吴某,并非随意拦截,也没有引起周围秩序的混乱,更未对周围不特定人的人身及财产造成损害,据此不应将其认定为寻衅滋事罪。此后,韦某被拦截并被挟持到某茶叶店,该行为显然是对韦某个人人身自由的侵犯,但黄某等人在挟持韦某的过程中,并未将其作为人质向吴某索要财物。据此,本人认为黄某等人仅仅在侵犯韦某人身自由的限度内承担责任,当该行为不成立非法拘禁罪时,只能认定为无罪。

三、辱骂他人型寻衅滋事罪的构造

(一)基本案情

【案例3】郑某某与胡某某、牛某某等人到登封市委信访办反映王海瑛及其儿子抢占金中村一组门市房的事情,返回村的时候,郑某某看见被告人王波涛、王鹏辉及王朋晓在胡某某家门口对胡进行辱骂;被告人王波涛、王鹏辉及王朋晓看见郑某某后,又到郑某某家门口对郑某某进行辱骂、威胁;后来王海瑛带着三个儿子又去辱骂刘某某。法院认为,被告人王波涛、王鹏辉结伙辱骂他人,情节恶劣,构成寻衅滋事罪。

案例3是常见的辱骂他人的案件,在司法程序中一般也不会将单纯辱骂他人的行为直接入罪,因此在这个基础之上需要添加怎样的要素才构成犯罪,就成为一个问题。

(二)辱骂他人在什么情况下破坏社会秩序

在区分侮辱罪与辱骂型的寻衅滋事罪的时候,问题核心是如何区分公然侮辱他人与寻衅滋事型辱骂他人。第一，侮辱行为既可以表现为辱骂，也可以表现为暴力，如当众扇人耳光，但单纯的辱骂型寻衅滋事罪不能以暴力的形式出现，如果随意殴打他人，就变成寻衅滋事的另一种表现形式；第二，侮辱罪考虑的是被害人是否丢失面子，也就是让被害人在众人面前难堪，但辱骂型寻衅滋事罪要求因辱骂他人而导致社会秩序被破坏，这只能通过辱骂的行为样态以及当时的客观场景表现出来。

在这个意义上，侮辱罪要求"公然"这一构成要件要素，但是，辱骂型寻衅滋事罪要求因辱骂他人而导致社会秩序被破坏，这只能通过辱骂的行为样态以及当时的客观场景表现出来。

具体来说，寻衅滋事型辱骂他人有以下两种情形：(1)行为人随意辱骂他人，比如到大街上见人就骂；(2)辱骂他人的同时，导致周边本来正常的生活、生产、教学、交通等秩序无法继续进行下去。

(三)案例解析

如果把这个结论适用到案例3中，可以发现，王海瑛及其三个儿子分别到郑某某、吴某某、刘某某家门口进行辱骂，这是针对特定个人的辱骂行为，因此，进一步考察辱骂行为是否是以上两种破坏社会秩序的行为。显然王海瑛等人并不是随意辱骂他人，而是针对到市委信访办举报的人，那么该辱骂行为是否导致周边本来正常的秩序无法运行，比如说导致交通的堵塞和无法正常的生产教学，本案并没有相应的证据表明这一点，因此，我认为该辱骂行为难以认定为寻衅滋事罪。至于是否构成侮辱罪，则应当逐一检讨是否符合侮辱罪的所有构成要件要素，并考察该行为对于被害人名誉的侵犯程度。

四、恐吓他人型寻衅滋事罪的构造

(一)基本案情

【案例4】2020年2月11日9时30分左右，被告人邹某在小区门口与他人闲聊时，被正在参与新冠病毒肺炎疫情防控工作的周某发现,周某劝说邹某与他人保持距离。但邹某拒不配合,并心生怨气,扬言要对周某进行报复。随后,邹某回家拿出一根钢筋和一把单刃尖刀,再次返回现场。在钢筋被他人夺下后,邹某又捡起一块石头朝周某砸去,击中周某边上的岗亭玻璃门。邹某随即手持单刃尖刀冲向周某,周某迅速进入岗亭内躲避,并绕至岗亭内的楼某身后,邹某冲入岗亭后,企图抓扯、控制周某,被楼某阻拦,邹某持单刃尖刀多次朝周某身体部位捅刺,后被他人拖离岗亭。在岗亭门口,邹某仍持刀高声叫嚣、威胁周某后方离开现场。周某身体未受到伤害。法院经审理认为,被告人邹某为发泄情绪,无事生非,持凶器恐吓他人,情节恶劣,破坏社会秩序,其行为已构成寻衅滋事罪。

案例4也是在新冠病毒肺炎疫情期间发生的典型案例,基本案情是与疫情防控人员起冲突。本案当中行为人的行为是否可评价为恐吓,在什么样情况下可能构成寻衅滋事罪,都非常值得研究。

(二)恐吓与社会秩序的关联性

问题的关键在于怎么样解释这里的恐吓。我国《刑法》并未将单纯的恐吓行为入罪,但是国外有将其入罪的规定,比如说《日本刑法典》第220条规定了胁迫罪。

恐吓在文义上指的是以要挟的话或者手段威胁人,使人害怕。在刑法意义上通常是指以恶害相通告,而恶害的内容则与《日本刑法典》的规定相对应。据此,我将恐吓与《日本刑法典》规定的胁迫行为作相同的处理。

恐吓行为给被害人制造了精神上的紧张状态。在这种状态下,其行为自由受到妨碍。在这种状态未被解除之前,其私生活的平稳和其安全感被扰乱,但是因为我国《刑法》并没有将单纯的恐吓行为入罪,只有行为人当实施恐吓行为,进而破坏了社会秩序,才有可能纳入寻衅滋事罪的规制范围,于是,恐吓行为在侵犯被害人的意志自由及私生活平稳的基础之上,还需要附加怎样的要素才能破坏社会秩序,就成为认定恐吓他人行为的寻衅滋事罪的关键。

在这个问题上,我认为只有当恐吓行为所制造的紧张感超越了个人及家庭层面,并蔓延到周围社区的时候,才有成立恐吓他人型寻衅滋事罪的余地。

具体来说,可能存在以下几种情形:(1)随意恐吓他人,如到大街上见人就恐吓;(2)恐吓的方式扰乱了周边的正常秩序,如在小区用喇叭高声喊如果某人不还钱就灭他全家;(3)恶害的内容是侵害不特定或多数人的生命、身体、自由、财产等利益,如威胁某人如果不还钱就炸了他所在的小区;(4)威胁某一特定群体的人员,如威胁以后见到某某村的人就打。

(三)案例解析

把上述的解释论适用到案例4,应首先把被告人周某实施的值得刑法评价的行为选取出来,具体表现为以下三个方面:一是持一根钢筋和一把单刃尖刀返回现场;二是捡起一块石头朝周某砸去;三是持单刃尖刀冲向周某,并多次朝周某身体部位捅刺。但是这三个行为都是在伤害周某的行为意思支配之下实施的,而且这三个行为在时间与空间上具有密切性,针对的也是同一主体的同一法益内容的行为,因此可以认为它们是一个一体化的伤害行为。

那么这一伤害行为是否应被评价为恐吓他人型的寻衅滋事罪呢?我个人认为答案是否定的。这是因为:第一,被告人周某并非单纯停留于以恶害相通告,而是朝周某扔石头并用尖刀来捅刺,这一个行为显然不能被评价为恐吓,而是针对周某身体甚至生命法益的侵害行为,这并没有发生实害结果,而成为犯罪的未遂阶段而已。第二,被告人周某的侵害行为并未超越对周某个人法益而上升到对社会秩序的破坏。

五、强拿的法形象

(一)基本案情

【案例5】刘某与郭某某在某酒吧门前准备打车回家,过来两名男子,其中高个男子李冉对郭某某拳打脚踢,说郭某某在酒吧里骂他们了。刘某某过去劝阻,这时手机响了,刘某某接听电话,李冉说"想打电话,想叫人",然后就把手机抢走了,并将刘某某推倒在地。李冉又打了郭某某两三分钟,刘某某向李冉要手机,李冉不给,说:"今天要不是看你面子,早把他打死了。"

多数的观点认为强拿硬要这一词是指违背他人意志强行取得他人财物的行为。这种观点显然是将强拿硬要当中的强拿和硬要理解为同一个意思了。

但是我认为这显然是两个内涵与外延均有所不同的概念。具体来说,强拿指的是强行拿走他人的财物,硬要是指硬性要求他人做或者不做某一件事情。我的一个基本主张是,在强拿硬要型寻衅滋事罪里,应当区分强拿型寻衅滋事和硬要型寻衅滋事,把这两者分割开来。

(二)强拿型寻衅滋事罪的解释

"强拿"在刑法上可以解释为以某种程度的强力打破他人的占有,并建立起自己的占有。在这个意义上可以说抢劫抢夺都是强拿;但因为刑法将其作为独立的构成要件,已经从强拿的类型当中分离出去了。

这样还剩下哪些强拿的类型就是我们考察的重点。很显然,分离出去的抢劫与抢夺都是针对个人财产的犯罪,并不直接涉及社会秩序,在这个问题上抢劫抢夺虽然有争论,但也只是实现转移占有的暴力和胁迫程度不同而已,而寻衅滋事罪还需要进而破坏社会法益、社会秩序。

这一个任务显然也只能由强拿来完成。也就是说,强拿在侵犯被害人财产法律的同时,还破坏了社会秩序,才有可能构成寻衅滋事罪。但强拿所使用的暴力不能达到抑制被害人反抗的程度,否则就成立抢劫罪与寻衅滋事罪的想象竞合,择一重罪处罚。

具体来说,强拿型寻衅滋事罪主要包括以下类型:(1)强拿他人在市场中用于出售的商品,因为这种行为不仅侵犯了商家的财产利益,还给周边的消费者以及商家带来强烈的危险与恐慌,从而破坏了正常的市场交易秩序;

(2)以轻微暴力在公共场所随意强拿他人财物;(3)使用轻微暴力在公共场所强拿特定人的财物,但该强拿行为足以引发周边人员的不安全感。

(三)案例解析

将这一解释论适用到刚才例举的案例,李冉针对郭某某的殴打行为,显然是针对特定个人的侵害行为,并不波及周边不特定的人,因此,不能将该行为认为是随意殴打。至于李冉抢走刘某某的手机,必须承认这可以评价为强拿,但该占有转移与之前实施的殴打郭某某的行为之间并不存在因果关系。这是基于两个不同的行为意思实施的两个侵犯不同法律的行为,应当作分断处理,而不能作一体化的评价。

李冉并没有在对刘某某施加足以抑制对方反抗的暴力或胁迫行为之后拿走手机,因此不构成抢劫罪。由于该强盗行为是基于担心刘某某打电话叫人而实施的,因此并不符合强拿可能构成寻衅滋事罪的上述三种情况,但这并不妨碍他可能在抢夺罪的限度范围之内承担刑事责任。

六、硬要与强要罪的关联

(一)基本案情

【案例6】2016年以来,有一伙安徽籍人员长期盘踞在杭州市上城区某服装市场,控制了该市场内部货梯,强迫使用货梯的商户交付拉包费,垄断拉包业务。之前市场业主委员会与丁某成签订了货物搬运协议,约定由丁某成向市场业主委员会支付10万元承包费。合同内只注明了承包货物搬运业务,并未对市场内的货梯使用有约束。由于合同期间业委会及物业多次接到商户及业主投诉,2017年合同到期后再无续签,也组织过清退,但该伙人员还长时间盘踞在此进行货物搬运生意。其间,丁某成与其弟弟丁某飞等人,为牟取非法利益,借签订协议之名,对外宣称承包了市场内唯一货梯的使用权和所有的拉货业务,以暴力(软暴力)、威胁等手段阻拦商户、业主以及其他外来人送货人员正常使用公共货梯,强拿硬要所谓的货物"上楼费"。部分商户迫于压力、怕对方报复等心理压力,不得已支付费用,被迫购买使用该伙人的拉包服务。

(二)强要型寻衅滋事罪的构造

硬要型寻衅滋事罪显然与《日本刑法典》所规定的强要罪的构成要件存在重合的地方。因此,理清这两者之间的关系,有助于强要型寻衅滋事罪构成要件的塑造。

根据《日本刑法典》第223条的规定,强要罪的构成要件是以告知加害于他人或其亲属的生命、身体、自由、名誉或者财产之意旨,胁迫或者利用暴行使他人实施没有义务的行为,或妨碍他人权利的行使。一般认为强要罪是侵犯意思活动自由的侵害犯,具有一般法的性质,抢劫罪,敲诈勒索罪,强奸罪,强制猥亵罪,绑架罪,强制穿戴宣扬恐怖主义、极端主义服饰、标志罪,以及强制交易罪,强迫交易罪,妨碍作证罪等都是它的具体表现。因此,强要型寻衅滋事罪应当是剔除了这些构成要件之后剩下的行为类型,并且该强要行为还会破坏社会秩序。

具体包括以下几种类型:(1)随意强行要求他人履行本来在法律上不承担的义务,引起恐慌或公愤。例如,在问路时随意强行要求他人带路。(2)强行要求他人履行基于其社会生活上的地位而应实施的业务内容之外的义务,严重影响业务活动的正常进行。例如,强行要求医生给其开具非医疗必要的药物。(3)利用职务或业务上的便利,迫使他人实施违背自己自由意志的行为。

(三)案例解析

把上述解释论的结论适用到刚才例举的案例6,合同到期之后,丁某成仍然继续在原地从事做货物搬运生意,采用打压手段强行索取所谓的上楼费,该上楼费显然没有民法上的请求权基础,即使用公共货梯的人并没有义务支付丁某成相应的费用的义务,丁某成使用强力向他人收取费用,可以评价为强要或者硬要。接着应鉴定该硬要行为是否单独符合特殊的强要型犯罪,因为索取的是钱财,因此有可能符合敲诈勒索的构成要件。

此时应进而区分两种情形：一是丁某成对外宣称承包了市场内唯一获批的使用权和所有的拉货业务。如果不知情者陷入认识错误，并据此交付费用，就符合诈骗罪的构成要件。二是丁某成强迫商户购买使用拉包服务，这显然符合《刑法》第 226 条所规定强迫交易罪的构成要件。因此，我认为应鉴定丁某的行为是否符合诈骗罪，以及强迫交易罪的构成要件，而不是寻衅滋事罪。

七、任意损毁公私财物的认定

（一）基本案情

【案例 7】熊某某系电动车修理铺的店主，为了增加收入，熊某某与张某某合作，通过在非机动车道上投放钢丝钉扎破过往行人电动车和自行车轮胎的方式，增加店内补换轮胎的生意。二人约定由张某某负责制作和投放钢丝钉，熊某某在店内负责补换轮胎，每补一个轮胎收费 5 元。熊某某和张某某供述称，2014 年 3 月底至 2015 年 3 月 24 日期间，张某某每隔 3 至 4 天就在 H 市 S 区 W 路东向西沿线的非机动车道投放 1 枚钢丝钉，致使过往大量电动车和自行车轮胎被扎破，由此二人增加非法收入达到 2 万余元。案发期间，公安机关使用自制的推钉器起获了钢丝钉 15 枚。

案例 7 的基本案情就是在路面上投放黑心钉，以增加补胎收入。

（二）任意毁损的含义

我个人认为任意和随意含义相同。上文已经对随意的含义作了较为详细的一个分析，在这里不再重复。

可以将任意损毁他人财物的行为概括为以下几种表现形式：(1) 侵害行为指向不特定或多数人的财物，但不危及公共安全。例如朝停车场扔石头，砸中多辆停放的轿车，或者用尖锐物任意划伤停放在路边的轿车。(2) 破坏公共设施，但不危及公共安全。例如，将公共电话亭砸毁。(3) 虽然侵犯的是具体财物,但破坏了国民的财产安全感。例如甲见路边停放一辆自己心仪却又无力购买的轿车,就用钥匙划伤车身。

八、任意占用公私财物型寻衅滋事罪的认定

(一)基本案情

【案例8】2017年4月末,被告人孙某、岳某、孟某三人商议后,在位于内蒙古自治区呼伦贝尔市鄂伦春自治旗宜里镇小二红村由宜里镇政府管理出租的600亩耕地中的一部分播种了小麦。宜里镇政府工作人员于2017年5月12日通知三人不准继续耕种该地块,但三人不听劝阻仍继续耕种。2017年5月15日,宜里镇派出所将三人传唤到派出所询问并训诫,不允许其非法强行耕种不属于自己的地块。三人回到家后仍继续将未耕种完的地全部种植上了黄豆,并进行田间管理,于秋后收割。法院认为,被告人孙某、岳某、孟某强行耕种宜里镇政府管理的地块,在政府工作人员、公安人员劝阻下仍继续种植、经营、管理并收割,三被告人任意占用公私财物,其行为构成寻衅滋事罪。

这个案例可以说才是真正的在他人的田地上随意播撒种子的行为。该行为是否构成犯罪?

(二)任意占用公私财物的解释

占用可以解释为占有和使用。在这个意义上,包括夺取型和交付型财产犯罪在内的侵犯占有型的财产犯罪都属于广义上的占用公私财物。因此,应当在排除成立这些财产犯罪的基础上,考虑任意占用型寻衅滋事罪成立与否。

承担将任意占用公私财物行为入罪化这一功能的,只能是占用行为的任意性或者说随意性。据此,根据我们上面对于"随意"的解释,我个人认为任意占用公私财物罪主要表现为两种情形:(1)长时间占用公共财物,剥夺他人对该财物的正常使用权,扰乱正常的社会秩序;(2)多次实施使用盗窃行为,比如说配置万能钥匙,多次任意选取电动车骑走并归还。

(三)案例解析

把以上解释论结论适用到案例8中,如果有充足的证据表明,孙某等人明知其所耕种的地块不属于小二红村集体所有,将其擅自耕种行为解释为占用该土地并不存在障碍。

问题的关键在于是否可以评价为任意占用,并达到值得动用刑法加以规制的程度,本案中孙某等人的行为显然不符合我刚才所列举的这两种情形。

基于以下几点理由,我认为孙某等人不构成犯罪:第一,孙某等人并未长时间占用耕地,也就是一季小麦和黄豆的生长时间。第二,孙某等人是以耕种的方式占用政府管理出租的耕地,而不是任意占用其他村民的承包土地,基于政府主体的强势地位,本案显然不足以引起他人的效仿从而导致土地管理制度的混乱。第三,本案的纠纷运用物权法的相关制度即可解决,不值得动用刑法加以规制。孙某等人在政府管理出租的地块上种植小麦及玉米,并无法取得小麦与玉米的收益,收获的小麦与玉米仍然归政府所有,这样的话,从民事法律效果上也足以产生一般预防的效果。第四,孙某等人并未改变土地的性质和用途,也没有对土地进行破坏性耕种,可以说该行为并未造成任何财产损失,虽然该行为不值得鼓励,但也完全没有必要发动寻衅滋事罪加以规制。

九、起哄闹事型寻衅滋事罪的解释

(一)基本案情

【案例9】2016年5月以来,被告人唐玉英以怀疑其兄唐汉彬为非正常死亡为借口与其嫂子黄香金多次前往福建省公安厅、北京等地非正常上访。2019年6月24日,被告人唐玉英与黄香金结伴在北京市中南海旁音乐厅外的公共场所进行非法上访的过程中被当地民警发现,二人拒不配合民警的调查,并在抗拒调查的过程中从包内掏出稀释农药(乐果)快速饮下,试图通过以喝农药的方式引起相关领导关注,之后民警迅速将唐玉英与黄香金二人送至医院治疗。被告人唐玉英与黄香金在公共场所非正常上访,并抗拒调查、喝农药的行为严重扰乱了公共场所秩序,造成了极其恶劣的社会影响。原审法院认为,被告人唐玉英伙同他人在公共场所以喝农药的方式起哄闹事,造成公共场所秩序严重混乱,其行为已构成寻衅滋事罪。

这个案例是在司法实践中非常常见的闹访,很多被定性为寻衅滋事罪。应该如何破解?

(二)起哄闹事型寻衅滋事罪的重构

从罪刑法定的原则出发,有必要进一步明确起哄闹事型寻衅滋事罪的构成要件形象,以指导司法实践的正确适用。陈兴良教授认为,"无事生非、制造事端"这八个字还是较为准确地揭示了起哄闹事型寻衅滋事罪的客观特征。与此同时,起哄闹事型寻衅滋事罪还应当具有寻求刺激发泄情绪、逞强耍横的流氓动机与目的。

寻衅滋事这个表述本身就带有价值性否定与情绪性谴责的含义。如果在其客观构成要件与主观构成要件的刻画上,继续将其描述为诸如无理取闹、逞强耍横、求刺激等,很可能会陷入循环论证的怪圈当中。

与此相对,最高人民法院、最高人民检察院《关于办理寻衅滋事刑事案件适用法律若干问题的解释》(以下简称《寻衅滋事案件解释》)第5条规定,在车站、码头、机场、医院、商场、公园或者其他公共场所起哄闹事,应当根据公共场所的性质、公共活动的重要程度、公共场所的人数、起哄闹事的时间、公共场所所受影响的范围程度等因素,综合判断是否造成公共场所秩序严重混乱。很显然,该规定将起哄闹事情寻衅滋事的焦点放在如何认定造成公共场所秩序严重混乱,而不是起哄闹事上。这对起哄闹事型寻衅滋事罪罪质的认定具有深远的影响。

如果将焦点放在起哄闹事上,这时起哄闹事的寻衅滋事罪就变成一种危险犯,或者说一种行为犯;而如果将焦点放在公共秩序上,因为它要求造成公共秩序的严重混乱,它的罪质就会变成结果犯。

基于以上理解,我个人认为可以按照以下顺序来判断起哄闹事型寻衅滋事罪的成立与否:第一,行为人所实施的行为是否构成寻衅滋事罪之外的犯罪。第二,当在公共场所实施的起哄闹事行为不符合寻衅滋事罪之外的犯罪的时候,应鉴定它是否符合寻衅滋事罪。但首先应考察的是是否符合起哄闹事型之外的其他类型的寻衅滋事罪。第三,如果不符合所有其他类型的寻衅滋事罪的构成要件,则应直接排除寻衅滋事罪的适用,而不能将其认定为起哄闹事型的寻衅滋事罪。

起哄闹事是寻衅滋事罪的一个整体的构成要件的指导形象,因此,在公共场所起哄闹事,造成公共场所秩序严重混乱,这一个罪状的表述完全可以替换寻衅滋事。换句话说,起哄闹事是对寻衅滋事的同义反复,两者之间可以画等号。如果是这样,就可以把第四种罪状消解掉,《刑法》第293条就可以重新表述为:在公共场所起哄闹事,造成公共场所秩序严重混乱,有下列行为之一的……这在我看来是一个釜底抽薪式的解释。

最后我总结一下今晚讲座的核心内容。寻衅滋事罪是概括性的罪名,包括多种罪状,寻衅滋事这种表述本身就包含了价值性否定和道义性谴责的因素。从明确性原则出发,应理清寻衅滋事罪各个罪状与其他侵犯公民人身权利、财产权利、公共安全、经济秩序等犯罪之间的关系。从行为刑法的基本立场出发,应把寻衅滋事罪的判断重点放在客观构成要件的刻画,而不是流氓动机的认定上。从寻衅滋事罪破坏的是社会秩序法益出发,行为的随意性破坏了社会公众的信赖利益,因此应成为各个类型中最重要的构成要件要素。起哄闹事则是寻衅滋事的同义反复,对起哄闹事型寻衅滋事罪应当作一个消极化的解释。

与谈人·劳佳琦

各位同人,各位朋友,大家晚上好!我是北师大法学院的劳佳琦。

刚才世阳教授就寻衅滋事罪构成要件的分化问题,贡献了一场非常精彩的演讲,充分展示了他在刑法教义学上庖丁解牛般的精湛功力。

杜老师对于世阳教授的讲座已经作了精彩的回顾,我就直接进入到提问的环节。

首先,我想问一下关于随意认定的问题,司法适用里面在论述随意殴打型寻衅滋事罪的构造的时候,如何来判断和认定随意,这一直是一个非常大的难题。相关的判断标准有不少,比如说以行为人的主观动机作为判断随意的一个标准,即从这个行为人实施行为的时候,是不是有逞强斗狠、发泄不满、寻求刺激或者打人取乐等等流氓动机来认定随意。另外一个标准就叫作一般人或者社会公众的认知。讲座里面提到的张明楷老师的观点就属于此类。在张明楷老师的观点基础上,也有学者主张用双重置换的规则来判断随意,即一边要把犯罪人置换为一般人,看看他会不会实施殴打,如果不会,那么就可以认定为犯罪人殴打行为是随意的,另一边是把被害人置换为一般人,看看犯罪人会不会对其进行殴打,如果还是殴打,也可以认定为随意的成立。这些随意的认定标准听上去是很有道理的。但是,就如世阳教授所批评的那样,它的实际操作性其实还是蛮有问题的。

刚才在讲座里面,世阳教授在解释怎么样认定随意的时候,非常别出心裁地援引了信赖原则。信赖原则之前主要适用于交通事故与分工协作中责任分配。他认为信赖原则的例外标准——可认识的行为构成倾向可以用来指导"随意"的认定。我想请教一下世阳教授,您觉得您对于随意的判断标准和之前的观点,包括和张明楷老师的观点相比,它的优越性具体体现在哪里?特别是在可操作性方面它有哪些具体的改善,想请世阳教授具体阐释一下。

此外,关于随意,我还想提的一个问题。司法解释和理论学说里面在谈及寻衅滋事罪的时候会频频提及寻求刺激、发泄情绪、逞强耍横的流氓动机,那么,流氓动机它该不该在随意的认定上产生影响?如果应该的话,它应该产生什么样的影响?流氓动机和随意之间是一个什么样的关系?请世阳教授详细指教一下。

第二个问题是关于起哄闹事。刚才世阳教授提了一个非常有创见的一个想法,他觉得起哄闹事是寻衅滋事罪整体构成要件的指导形象。因此,在公共场所起哄闹事,造成公共场所的秩序严重混乱,这一表述是完全可以替换寻衅滋事的。他就建议可以把《刑法》第293条重构,重新表述寻衅滋事罪的法条,将其表述成在公共场所起哄闹事,造成公共场所秩序严重混乱,然后有下列行为之一的,把三条罪状列一下,列明判处什么样的刑罚。

这个观点和现在主流观点其实是非常不一样的,因为现在通说会认为说社会秩序是寻衅滋事罪的一般的客体,那么在社会秩序这一总括性的客体下,现行《刑法》对于寻衅滋事罪所列的4条罪状是并列的关系,每一项罪状又有它具体的客体,分别是健康权、自由行动权、人格权、财产权,还有公共场所秩序。比如说陈兴良教授就认为作为寻衅滋事罪的一般客体的社会秩序,和前面3条罪状的具体客体之间是并存的关系,但是与第4项起哄闹事型寻衅滋事行为的具体客体之间,是一个种属关系。他认为起哄闹事型寻衅滋事罪所要保护的公共场所秩序,包含在寻衅滋事罪总客体的社会秩序之内,也就是前者的内涵和外延均要小于后者。

那么,世阳教授您是怎么样理解现行刑法里面寻衅滋事罪4项罪状之间的关系的?您认为他们是并列关系,还是觉得第4条起哄闹事型的寻衅滋事罪的罪状其实是对前三条罪状的兜底。您认为社会秩序和公共场所秩序这两个概念是可以同义置换的吗?他们是等同关系还是种属关系?

以上就是我想在教义学方面向世阳教授请教的问题,与此同时,我作为教义学的门外汉,在准备讲座、与谈的时候会非常紧张,看了很多的文献资料,也想借此机会对寻衅滋事罪从一个教义学门外汉的角度提供一些教义学视角以外的感想。我想谈一谈对寻衅滋事罪在司法适用中"口袋"化的一些认识。

目前我国刑事法学者普遍认为,寻衅滋事罪之所以会沦为口袋罪,既有立法方面的因素,更有司法方面的因素,是先天不足、后天畸形的产物。

我国寻衅滋事罪由1979年《刑法》的一个大"口袋"罪——流氓罪分

解而来,它先天血脉就不纯,就带有"口袋"罪的基因。现行《刑法》虽然说采取了明文列举的方式,对寻衅滋事的犯罪行为进行描述,但是所列罪状之间跨度过大,类型非常繁杂,互相之间缺乏密切的关联性,与其他诸多的罪名又经常有交叉重合的情况;同时,它的法条用语多涉及价值判断,而且很生活化,由此带来的模糊性导致了寻衅滋事罪构成要件行为的定型化程度比较差。此外,现行《刑法》将情节恶劣,情节严重,造成公共场所秩序严重混乱这类没有明确标准的表述作为寻衅滋事罪的罪量要素,导致其入罪标准含混不清。上述立法方面的瑕疵就会为寻衅滋事罪的口袋化大开方便之门。

同时,相关司法解释频频出台,以解释之名行立法之实,不断地扩大寻衅滋事罪的打击半径,也是有力地助推了寻衅滋事罪的口袋化。我们可以简单梳理一下近10年来与寻衅滋事罪相关的司法解释:2013年有"两高"《寻衅滋事案件解释》和《关于办理利用信息网络实施诽谤等刑事案件适用法律若干问题的解释》;2014年有"两高"《关于依法惩处涉医违法犯罪维护正常医疗秩序的意见》;2018年有"两高两部"《关于办理黑恶势力犯罪案件若干问题的指导意见》;2019年有"两高两部"《关于办理非法放贷刑事案件若干问题的意见》;2020年有"两高两部"《关于依法惩治妨害新冠肺炎疫情防控违法犯罪的意见》。在这些司法解释的推动下,寻衅滋事罪的内涵不断扩张,构成要件所容纳的行为五花八门,几乎成为破坏社会管理秩序犯罪的兜底罪名。

规范层面的混乱也导致了司法适用上的混乱,或者说是为司法适用中乱归罪提供了掩护或者便利。据不完全统计,自2013年起,司法实践中以寻衅滋事罪定罪的判决数量显著上升,上升势头一直保持到现在。在这种情况下,有很多行为就会被错误地归类到寻衅滋事罪这个大"口袋"里面。司法适用中的混乱,进一步坐实和强化了寻衅滋事罪口袋罪的形象。

鉴于以上的这些认识,关于如何消解寻衅滋事罪"口袋"化,目前刑法学界的声音比较统一,也很明确:需要从立法和司法两个方面下手,通过立法修正和严格司法适用,来扭转寻衅滋事罪口袋罪的命运。一方面,提高立法技术,将寻衅滋事罪的构成要件清晰化,入罪标准明确化;另一方面,遵循罪刑法定原则和刑法谦抑性原则。不随便发布司法解释来扩张寻衅滋事罪的打击半径,在司法适用的时候要严守教义学对于法律解释的规则和要求,限缩寻衅滋事罪的适用范围。

以上就是目前刑法学界对于如何消解寻衅滋事罪"口袋"属性给出的一个标准答案。依我来看,它主要强调的是立法者和司法者的局限性,认为立法者的技术粗疏,或以及司法者的水平不足是症结所在。因此,可以运用教义学的知识来指导立法、规范司法,双管齐下来消解寻衅滋事罪的"口袋"属性。

这个答案我觉得在考场上考车浩老师的刑法题的时候,可能可以得高分,但是如果落实到现实世界里面,很可能会落得一个"道理都对,但是就是不能凯旋"的下场。因为现实世界不是我们的考场,而是一个博弈场,这个观点其实充满了我们知识分子一贯的优越性,而且也充分暴露了对于现实世界真实运行逻辑的忽视或者说无知。

无论是在立法层面还是司法层面,把一种行为评价为犯罪,既与评价对象这个行为本身有关,更是和评价者自身有关。在生活世界里面,犯罪定义的制作和运用,它都是非常灵活而且能动的。对于某个行为到底要不要贴上犯罪的标签,在很大程度上取决于评价者自身的处境、目的、观念、需要和利益等等因素。那么犯罪定义的确定过程,贴标签的过程,其实是各方主体博弈和各种资源再分配的过程。

我们要问一问,为什么立法者会对寻衅滋事采取这样的立法模式?为什么"两高两部"要频频地以司法解释之名行立法之实,为什么在司法实践里面法官会经常不当使用寻衅滋事罪?有没有更加符合经验更加合理的答案在这里?我觉得可能还是有的。即使延续学界一贯认为司法者和立法者亟须被教育被提高的这样一个立场,也正如苏力老师所说:"一个群体的长期愚蠢,从功能主义的视角来看,很可能就是他们在生存的具体情境中被逼出来的唯一选项,因别无选择,所以是智慧。"因此,从现实语境而不是从法律原则、教义来看待和理解寻衅滋事罪的"口袋"化,我觉得可能会更有利于逼近问题的本质。

我自己的基本观点是,寻衅滋事罪之所以会"口袋"化,立法和司法上的原因只是表象,它们确实也是原因,但是是很浅层的原因,其深层的原因在于把它"口袋"化是可以满足各种评价者自身的利益需求。

从宏观来看,寻衅滋事罪的"口袋"化能够满足国家社会治理的需要。法律是社会治理的重要手段,但是成文法有一个固有的缺陷,就是滞后性,导致它难以应对时代发展的日新月异。当一个大家都觉得很可恶,但是刑法上找不到对应罪名的行为出现的时候,寻衅滋事罪这类"口袋"罪就能够成为国家平息舆论,加强社会控制,实现有恶必罚的最好的工具。这也算是某种意义上的 governing through crime。

从中观来看,公检法作为社会治理的重要部门,作为 criminal justice system 的分支,它们频频出台司法解释,不断扩展寻衅滋事罪的打击半径,除了能够代表国家加强社会控制以外,其实它们在这个过程中也在不断延伸自身的权力触角,将更多的行为置于其管辖和打击的范围之内。也就是说,把寻衅滋事口袋化,也完全符合公检法的部门利益。

从微观来看,寻衅滋事罪的"口袋"化也符合法官的需求。现阶段我们中国的法官他除了扮演传统司法官的角色以外,更多的身份我觉得是技术官僚。他承担了很多繁重的无形的政治任务和社会职责,法官的司法判决除了要追求良好的法律效果之外,还必须要兼具良好的社会效果。他们判决案件的时候,不是简单地落实规则,而是需要把事情办好。那么,当实践中出现一些具有一定社会危害性,或者说道德上可谴责性的行为,但是立法上没有特别契合的罪名对其进行处罚的时候;当有些行为符合其他罪名的构成要件,可以用其他罪名定罪,但是其他罪名的法定刑比较轻,难以满足群众重判的呼声的时候,为了应对舆论的压力,为了安抚被害人的情绪,不要让他们上访,为了取得良好的社会的效果,这个时候法官就非常需要把寻衅滋事这类罪名"口袋"化,把上述的行为犯罪化,而不会恪守学校里面学的法律原则、教义学的知识来限缩寻衅滋事罪的适用范围,我觉得这是一个趋利避害理性人的必然选择。

基于上述分析,我认为,运用教义学的知识重构立法和规范司法,对于消解寻衅滋事罪的"口袋"属性,当然是有很重要的意义的,但是这个意义我觉得可能比较难穿透到现实层面。正如我们经常说,你叫不醒一个装睡的人。因为是我们的立法者、司法者自身的处境、目的、观念、利益、需要,而不是他们的认知局限,导致了寻衅滋事罪在我们司法适用里面的"口袋"化。去"口袋"化会触动很多的既得利益,因而会困难重重。那么在这一方面,我觉得教义学基本上可能是无能为力的。

这就是我自己的一点粗浅看法,供各位批评拍砖,谢谢。

与谈人·敬力嘉

世阳教授今天的讲座选择了寻衅滋事罪,这一我国司法实践中常见多发、适用标准争议巨大的一个代表性"口袋"罪作为主题,具备鲜明的实务导向。通过今天整场讲座的学习,世阳教授对本罪构成要件行为进行了细致分解,进而和关联犯罪构成要件进行区分,寻求罪刑均衡的问题意识,以我国实定法为依据,紧密结合具体案例进行分析的论证思路,以及关于起哄闹事型寻衅滋事罪应该被消解,行为的随意性是寻衅滋事罪公因数的基本结论这三点,给我留下了非常深刻的印象。

世阳教授的研究兼具比较视野、理论深度与实务关照,相信大家和我一样,都感到受益匪浅;但是对于具体的观点,我主要有以下的三点体会,供大家批评探讨。

第一,如何理解本罪保护的法益?对于寻衅滋事罪的探讨,要解决的核心问题是处罚边界如何明确。明确处罚边界的前提,是发现法益并且进行基于法益的构成要件解释。长久以来,如何在直接侵害具体个人法益的本罪构成要件行为,和本罪保护的社会秩序这一集体法益之间构建规范联系,成为明确本罪适用范围的核心障碍,这个障碍也直接导致了本罪和保护相应个人法益犯罪的构成要件之间区分困难。关于这一点,世阳教授提出了非常有新意的见解。他认为,行为的随意性导致其侵害了社会交往中的信赖利益,提升了他人对该行为的反事实性期待风险,应成为构建这一规范联系的核心媒介。基于这样的认识,对于直接侵害具体个人法益的行为,他在本罪保护法益中添加了安全感(包括人身安全感、财产安全感等)。对于侵害不特定多数个人法益的行为,他在本罪保护的法益中添加了公共安全(比如说随意殴打型寻衅滋事罪要求不具备波及周围其他人的可能,追逐拦截型寻衅滋事罪要求侵犯周围不特定人的人身财产安全,辱骂型寻衅滋事要求见人就骂,恐吓他人型的寻衅滋事的恶害内容,是侵害不特定或者多数人的生命、身体、自由、财产等利益)。

在我看来,世阳教授实际上是试图在教义学层面通过寻找一个中间法益,在个人法益和集体法益之间搭建起"桥梁",通过证成行为侵犯中间法益,间接证成行为侵犯集体法益。关于这一点,我个人的看法是,集体法益的确应该为了保护个人权利而存在,但在刑法规范层面,个人法益和集体法益应受到同等保护。对于集体法益的侵害只能是间接的,无法是直接的。因此,保护集体法益的构成要件类型应该是抽象危险犯。对于具体个人法益的侵害,以及行为具备侵害不特定多数人个人法益的抽象危险,事实上是社会秩序受到侵害的实质体现。也就是说,对于集体法益的侵害,无须借助内涵同样抽象的中间法益来进行间接评价。有关这一点,我比较赞同东南大学李川教授关于本罪属于拟制抽象危险犯的分析思路,时间所限,我就不再进一步展开。

第二,如何确定"随意性"的规范定位。正如刚刚几位老师都提到的,传统刑法理论中,根据《寻衅滋事案件解释》第1条的规定,行为随意性的内涵通常被理解为"无事生非,借故生非",作为行为人"流氓动机"的客观体现。这一理解也催生了"流氓动机"是否应为本罪主观责任要素的争议。

我认为,理解"随意性"在本罪中的规范定位,首先应当具备这样一个认知前提,那就是,刑法教义学的功能不是建构事实,而是基于事实进行妥当的归责评价。关于这一点,刚刚劳佳琦老师对于刑法教义学功能边界的认识,我本人是非常赞同的。刑法规定的构成要件行为,本身已是经过刑法归责评价之后的结果,而不是刑法评价的对象,所以寻衅滋事罪评价的对象不是"寻衅滋事"行为,而是殴打、追逐、拦截、辱骂等具体行为。

基于这样的认识,我认为世阳教授对本罪构成要件行为的分化考察有着充分的事实和规范基础。他试图从有关流氓动机的传统争议中抽离,为分解出的8类构成要件行为的具体行为样态,构建了比较精细的判断规则,充分体现了他规范论和行为论的研究特色。但是在我看来,世阳教授视野当中行为的随意性,与其说是构成要件要素,不如说是行为要素,因为首先需要判断这个行为是不是随意的,然后才能在随意行为的基础之上,去评价相关行为是不是侵害了社会秩序。

但是,不论是否将流氓动机理解为主观责任要素,刑法之所以会禁止随意性的行为,都是因为它可能造成具备随意性的后果。我们在刑事归责中不能将这种后果的随意性无限延伸,而应该将它限定在行为人主观意图支配范围内,限定在其希望造成的危害后果或者形成的危险状态范围内。那么所谓的"随意性"就不是作为归责对象的行为要素,也就是说,我们不需要在行为层面去判断一个行为是不是随意的,因为随意性本身就是评价具体行为是不是寻衅滋事的评价标准,也就是构成要件要素。《寻衅滋事案件解释》第1条有关"矛盾系由被害人故意引发或者被害人对矛盾激化负有主要责任的除外",对认定行为随意性作出的限制性规定,事实上也体现了它作为归责标准的本质属性。

以随意殴打型寻衅滋事罪为例,世阳教授认为礼是行为规范,刑是制裁规范,"随意殴打型寻衅滋事与针对具体个人的伤害行为虽然都是打人,但对于'礼'的违反形式及其程度显然不同""失礼则入刑",分析得非常精彩。但是我认为行为规范本身是有层次的。刑法创设的行为规范,和我们日常生活中所讲的行为规范,它的层次是不同的。对于刑法创设的行为规范而言,行为违反行为规范的程度,即是否造成了法益侵害结果,或者具备造成法益侵害结果的危险,而不是行为的具体样态,决定其是否以及如何入刑。因此,我们不能绝对地认为造成轻微伤的殴打行为,只能够以随意殴打型寻衅滋事罪定罪处罚,造成轻伤及以上的殴打行为,则只能以故意伤害罪定罪处罚。对于故意伤害和随意殴打型寻衅滋事的区分,核心还是要判断综合判断行为是不是有侵害不特定多数人身体健康法律的危险。所谓的具备侵害不特定多数人身体健康的危险,我们具体怎么来判断?事实上这个就是我们要判断的行为随意性本身的内容所在,包括对于之后的其他几类寻衅滋事罪,我的分析思路都是一样的。

需要特别说明的是起哄闹事型寻衅滋事罪。世阳教授认为如果将焦点放在起哄闹事上,其罪质是危险犯;如果将焦点放在公共秩序上,其罪质是结果犯。基于这样的认识,他主张起哄闹事是寻衅滋事罪的整体构成要件指导形象,所以"在公共场所起哄闹事,造成公共场所秩序严重混乱"这样的表述,完全可以替换寻衅滋事。通过重新表述本罪罪名,可以将这样一个大家通常视作"口袋"罪的构成要件行为类型完全消解。

首先我必须要声明的,是我对于世阳教授有关先判断是否构成其他犯罪,再判断是否构成其他类型寻衅滋事罪,不能随意用起哄闹事型的寻衅滋事罪来兜底的分析思路非常赞同。但是我不太赞同他将这一构成要件行为类型完全消解的主张。《寻衅滋事案件解释》第5条的规定,的确厘定了"造成公共场所秩序严重混乱"的综合评价标准,但不等于将起哄闹事型寻衅滋事罪界定为结果犯,这是公共场所秩序作为集体法益的性质决定的。若能贯彻造成现实公共场所秩序严重混乱的判断标准,案例9中唐玉英和黄金香的行为,以及上访时在敏感区域静坐引发关注等行为,本就不应作为寻衅滋事罪进行处罚。

我认为,所谓"起哄闹事",将其他几类寻衅滋事罪的构成要件行为分解掉以后,还剩下的独特行为内涵,应当是利用信息网络编造、故意传播虚假信息、造成现实公共场所秩序严重混乱的行为。《刑法修正案(九)》增设编造、故意传播虚假信息罪之后,很多观点主张,这意味着司法解释创设的"网络型寻衅滋事罪"的废止。但对于编造、故意传播该罪所规制的4类信息之外其他信息的行为,司法实践中仍普遍适用起哄闹事型寻衅滋事罪处罚,是否可以一概认为此类做法违反罪刑法定呢?我认为恐怕不能。现实生活中,此类行为的刑事可罚性基本为大众认可,问题在于处罚边界的明确。在利用信息网络实施编造、故意传播虚假恐怖信息罪,编造、故意传播虚假信息罪以及起哄闹事型寻衅滋事罪的场合,遵循最高人民法院《关于审理编造、故意传播虚假恐怖信息刑事案件适用法律若干问题的解释》第2条与第4条所确定的侵害现实公共场所秩序为基本犯、造成严重后果为结果加重犯的入罪标准,是可行的选择。

如果此类行为所侵害的具体个人法益被立法独立保护,则可进行进一步分解。例如利用信息网络传播侮辱、诽谤英雄烈士言论的,在司法实践中多有适用起哄闹事型寻衅滋事罪进行处罚的判例。《刑法修正案(十一)》(草案)将此类行为独立犯罪化之后,就不能再适用寻衅滋事罪规制此类行为。关于《刑法修正案(十一)》(草案)就第246条之一作出的规定,我比较赞同人民大学谢望原教授提出的修正建议,应修正为普遍保护死者人格利益更为妥当。

第三,如何明确本罪的入罪标准。对于侵害秩序法益不法程度的判断,历来是一个难题。对于集体法益行为不法程度的判断,需要遵循的基本原则是要依赖具体的侵害事实,而非对其进行精神化与抽象化。因此,对于世阳教授构建的行为"随意性"的判断规则,我认为它们虽然不是寻衅滋事罪构成件行为的类型化标准,却可以指导本罪情节标准的规范化、系统化。具体的判断路径,我就不再赘述。

主讲人·李世阳

我非常感谢两位的精彩的分享,尤其是指出我其中的不足。

我有好几个观点可能之前没有被学界看到,第一个就是对"随意"的解释,我引入了信赖原则,对于信赖利益到底应当怎么认定,以及信赖原则的例外如何界定,我需要作出说明。

在寻衅滋事罪里,"随意"这个词不仅仅出现在随意殴打他人的情形,还出现于任意索要公私财物等情形。与故意伤害罪或者故意毁坏财物罪相比,它们首先直接表现为对人身法益或财产法益的损害。那么,到底是什么使寻衅滋事罪成为另外一个犯罪,而且对它的评价比对一般的打人或故意毁坏财物罪更重?我觉得应当从"随意"这一点入手。

关于"随意"的解释,刚才劳佳琦教授提出了一个问题,就是我的解释跟传统的观点相比优越性在哪里。传统的关于"随意"的解释,我把它概括为主观说和客观说:主观说认为应该有流氓动机,客观说认为基于社会公众的认知,或者说社会一般人的判断即可。而我引入"随意"的解释,某种程度上是为了照顾"随意"应当承担的功能,把它从纯粹的个人法益上升到对社会秩序的破坏,这个功能应当由"随意"来承担。

在这一点上,我引入了信赖原则,我的报告就是引入信赖原则的一个解释论的基础。在此基础之上,我得出了前述四点推论,在这四点推论里,其实已经包含了"随意"功能以及"随意"的构建,基于信赖原则的例外而去构建"随意"的认定。

关于流氓动机的认定,如果认为"随意"就是流氓动机,具有流氓动机就是"随意"的话,很容易在这两者之间造成循环论证。

另外,刚才劳佳琦教授也从犯罪学的视角出发展开了论述,这是她研究的一个强项。她还从立法、司法等层面去探讨寻衅滋事罪。她首先认为本罪"口袋"化已经是一个事实,然后对它为什么会被"口袋"化作了犯罪学上的解读,最后也指出了解释学的局限性。

当然,这里也有一个前提性的问题,那就是到底什么是解释学或者什么是教义学。在我看来,解释学的思维其实是一种罪刑法定的思维,也就是说,解释的前提在于法律到底是怎样规定的,然后再通过解释把比如说刑法所主张的一些核心精神贯穿到法条表达的含义中。

从这个意义上讲,我们也在思考刑法跟刑事诉讼法,二者的功能归根结底都是为了给公权力带上枷锁,这就要求在不同要件上必须得到一个清晰化的表述,冲突刑法的原则的处罚要求它必须具备明确性。但是,从寻衅滋事罪字里行间的表达来看,就像我说的,它带有主观情绪的宣泄性和道义的非难性,它本身就是一个带有否定性价值评判的犯罪,所以我们应当尽量对它作一个清晰化的处理。

在我看来，寻衅滋事罪有点类似于《刑法》第八章或者第九章所规定的贿赂罪，它其实并不是一个犯罪，而是一个类型的犯罪。

这种情况之下，怎样把这些犯罪中本来看起来不太明确的构成要件尽量明确化，就是解释学所要达到的一个基本目标，这跟刑法最核心的限制公权力的价值主张是相呼应的。在刑法规定的寻衅滋事罪的后面也有一些具体的行为类型的划定，但是这些行为类型与像故意伤害等犯罪之间有什么样的关联，也是解释学应当完成的一个任务。

与谈人·敬力嘉

刚刚我最核心的是想请教您，您对于"随意性"的定位，到底是作为归责对象的行为要素，还是作为归责标准的构成要件要素。关于这一点，我在您的整体论证中还是没有看得太清楚，希望您可以再阐述一下。

主讲人·李世阳

也就是说你的问题是我这里的随意的认定过于随意，对不对？

比如说随意殴打他人，这里就出现了随意了，但是有些类型它并不要求这里所谓的随意，也没有出现随意的字眼，比如说强拿硬要，比如说追逐拦截，它的这些行为类型里面，我又认为属于辱骂恐吓侮辱他人的追逐拦截他人的行为，也有可能会成立这里的寻衅滋事。在这个意义上，我才认为这里行为的随意性可能是共同与寻衅滋事罪里面的共通性的构成要件。

就像我说的，它里面这些构成要件的类型其实很不一样，如果说要提出一个最大的一个公因数的话，我觉得随意性可以成为其中之一。随意性的判断在司法实践当中又很模糊，我就尽量地想对自己的随意性的判断标准的做进一步的细化跟明确化，所以，它其实主要指的是行为的性质方面或者说行为的随意性。这个问题如果深入细究的话，不仅仅是涉及行为规范和制裁违法者两者之间的一个对应问题，还会关系到纯粹的结果无价值论,它可能是没有办法去站住脚。因为行为本身它的样态不一样,比如说就像殴打他人与随意殴打他人,这其实只是行为的样态不一样而已。这时候这个行为所侵犯的法益可能就会不一样,在刑法上不管是定罪还是量刑上的评价也都会不一样。

主持人·杜小丽

寻衅滋事罪是我国司法实务中一个常见多发的罪名,它是一个概括性罪名,包括多种罪状,先天性地带有一种模糊性和不确定性,和很多罪名存在交叉竞合,所以特别需要我们学术界提供明确的解释和限制适用的规则,这种罪名也确实更加考验学者的理论创新能力。对于这种罪名有不同的观点,运用不同的理论工具都是比较正常的,不同观点的切磋客观上也非常有利于对这个问题研究的深入推进。

今天两位与谈人对自己的观点进行了比较多的阐述,也对李世阳老师的观点有很多不同的见解,提出了很多针对性的问题。从大的方面,比如法教义学和法社会学的不同主张;到小的方面,比如对"随意"和"流氓"动机如何认定及取舍,都有涉及,可能基本上涵括了我们的听众想听的很多问题。

今天的讲座,主讲人和与谈人都紧紧围绕着如何限缩适用寻衅滋事罪的问题意识,从不同的角度切入,援引了很多理论,包括社会交往理论、信赖原则理论,包括中国古代的刑与礼的关系理论、卢曼的系统论等等,还运用了法益说和规范论、法教义学与法社会学的解释工具,提出了各自的真知灼见,很有启发性,令人受益匪浅。

总体上看,由于三位老师对寻衅滋事罪的深入研究与充分准备,今天晚上的讲座我觉得是华彩绽放,让人意犹未尽。我们此次讲座也真正契合了主办方的期待,做到了把青年与务实两个关键词联结在了一起,把最前沿的刑法理论和最迫切的实践需求对接了起来,回答了一个十分具有代表性的中国本土问题,我想这也会让司法实践在一定程度上得到理论的启发。

本次讲座就到此结束,大家晚安!再见

第十讲
中国刑法中的医疗过失

主讲人:梁云宝(东南大学法学院副教授)
与谈人:曹　斐(北京大学国际法学院助理教授)
主持人:廖　行[北京盈科(成都)律师事务所刑事部主任]

主持人·廖行

各位朋友晚上好！欢迎来到全国青年刑法学者在线讲座的课堂。我是本期的主持人,北京市盈科律师事务所全国刑事法律专业委员会副主任、北京盈科(成都)律师事务所刑事部主任廖行律师。今天是刑法分论部分的第十讲,主题是"中国刑法中的医疗过失"。

今晚的主讲人是东南大学法学院副教授、硕士生导师梁云宝。梁云宝副教授是法学博士,东南大学法学院刑法教研室主任,江苏省社区矫正损害修复项目研究基地执行主任。近年来,梁云宝副教授在《中国法学》《法学》《法学评论》《政法论坛》《政治与法律》《当代法学》《法律科学(西北政法大学学报)》等核心期刊上发表了学术论文30余篇,参编(著)著作5部,主持国家社科基金项目2项、省部级课题5项,曾获江苏省第十四届哲学社会科学优秀成果奖、二等奖等荣誉。可以看得出梁云宝副教授是专业理论深厚、学术成果丰硕的青年学者。

与谈人是北京大学国际法学院助理教授曹斐,北京大学法学博士,德国维尔茨堡大学博士候选人。主要的研究领域为刑法和医事法,主要教授课程为中国刑法、医事法学和刑法案例研习。可以看得出,曹斐助理教授也是学识渊博,而且是在医事法学方面具有很深功底的青年学者。

各位朋友,我们从出生到老去这一生中都会跟医院和医生打交道,而且在疫情过后,我们对医生职业可能又有更多的理解和思考。我国刑法中的医疗过失是怎么规定的？在实践中有哪些争议？在理论与实务中，在学界与实务界中有哪些争议？这都是我们关注的问题。今天晚上听听两位老师对这些问题的详细讲解。

现在有请梁云宝副教授主讲"中国刑法中的医疗过失"。

主讲人·梁云宝

尊敬的各位老师、各位朋友，大家晚上好！

我今天讲座的题目是《中国刑法中的医疗过失》。严格地说，医疗过失称不上是一个大众化的议题，但近年来杀医、伤医等恶性案件不时发生，特别是今年突如其来的新冠病毒肺炎疫情，在让社会面临危机的同时，也提供了一次重新审视我国刑法中医疗过失规定及其背后特别保护医务人员立场的机会。

围绕这一主题，我将讲五个方面的内容：医疗过失刑法惩处的分歧、医疗过失加重处罚根据缺乏正当性、医疗过失加重处罚司法适应性不足、我国目前的医疗过失刑罚配置并无不当和未来我国医疗过失刑法惩处的基本立场。同时，我也想借助"全国青年刑法学者在线讲座"这个平台，为"医疗过失"这一议题聚集更多的关注。

一、医疗过失刑法惩处的分歧

在如今的社会，再怎么内向、孤僻的人都几乎不可能一辈子不与医务人员打交道，从出生到死亡都要跟与医务人员打交道。如果是这样，那么，医务人员既是迎接你到来的"天使"，也是送你离去的"无常"。当然，"无常"们大多数时候不是"无偿"——不花钱的。而现代医疗行业又是一个包含着大量风险的行业，一旦"风险现实化"，那么，技术、管理等原因引发的医疗纠纷中就可能存在医疗过失的问题。实际上，随着我国改革开放带来巨大的红利，磨骨美颜、缩胃减肥、接骨增高、切肋（骨）瘦腰……"医美"这一传统医事刑法领域内的"婴儿"正成长为该领域内的

"角儿"。有人为了嫁入豪门,听信命相学"颧骨高,杀夫不用刀"的鬼话,不惜把自己的颧骨磨低,成为"旺夫相",而早年那些医务人员可能之前根本想不到,有一天他们这一行业的从业人员遭受的牢狱之灾会与别人长得丑、长得胖、长得矮等有关系。是不是这个社会太疯狂了?但是,这样的情形早已不是个案,可见的将来它们仍将大量发生。

在传统刑法中,医疗过失是典型的业务过失。域外的一些刑法学者甚至将医疗过失排在业务过失各种具体类型的首位,如日本的前田雅英教授。针对业务过失的刑法惩处,在理论上和实务中一直以来都有一条耳熟能详的规则,那就是"业务过失的刑法惩处重于普通过失",或者说"业务过失加重处罚"。但是,如果仔细比较一下我国刑法关于医疗过失和普通过失的处罚规定就会发现,我国《刑法》为医疗事故罪(第335条)配置的刑罚是"三年以下有期徒刑或者拘役",为过失致人死亡罪(第233条)配置的刑罚是"三年以上七年以下有期徒刑",情节较轻的是"三年以下有期徒刑",为过失致人重伤罪(第235条)配置的刑罚是"三年以下有期徒刑或者拘役",很明显,我国刑法对医疗过失的处罚并不重于普通过失。

从历史沿革的角度来看,1979年《刑法》没有规定医疗事故罪,其原因"主要是当时对这种行为是否犯罪化尚无足够把握"。此后,最高人民检察院在1987年发布了《关于正确认定和处理玩忽职守罪的若干意见(试行)》,该意见第3条将严重的医疗事故定性为玩忽职守犯罪行为。而玩忽职守罪在1979年《刑法》中的最高法定刑是5年有期徒刑,修订后的《刑法》将这一最高法定刑提升为10年有期徒刑。因此,医疗事故罪的刑罚配置并没有随着玩忽职守罪刑罚的变动而变动。

由此产生的疑问是:这一现象到底是我国立法者的疏忽所致,还是有意为之所致?

德国1940年就删除了刑法中业务过失的惩处重于普通过失的规定,但日本等国至今仍然在过失犯领域坚持着这一规则。受此影响,我国刑法理论和实务中主张业务过失的刑法惩处重于普通过失的观点一直较为醒目,甚至可以说有力。并且,在我国晚近以来的医疗改革中,这一观点获得了不少关注和支持。甚至有人认为我国面向市场化的医疗改革过程就是一个加重医务人员和医疗机构责任的过程,在刑法领域本质上就是走向和贯彻医疗过失的刑法惩处重于普通过失的过程。

不同地,有人认为,从我国刑法对业务过失刑罚的总体配置上看,医疗过失的刑罚配置更可能是立法者有意为之的举措而非立法疏失所导致的结果。同时,这一刑罚配置能够满足我国刑法对医疗过失评价时要考虑的诸多因素的要求。以业务过失的惩处重于普通过失为标准来评判我国医疗事故罪的规定并不妥当,单纯以医疗过失这种业务过失应加重处罚为由,来提升我国医疗事故罪的法定刑不能成立。

二、医疗过失加重处罚根据缺乏正当性

查阅文献可以发现,能力优势说、特别注意义务说、法益(危险)重大说、一般预防说等学说都曾作为医疗过失刑罚重于普通过失的正当化根据。但是,随着法益(危险)重大说、一般预防说等学说自身缺陷的暴露,它们逐渐无力独立成为医疗过失刑罚重于普通过失的根据。所以,从整体上看,能力优势说和特别注意义务说构成了医疗过失刑罚重于普通过失的传统根据。不过,随着这些学说的缺陷的持续暴露,其如今作为医疗过失加重处罚根据的地位早已不如以往,甚至可以说"朝不保夕"。下面作简要说明。

1. 能力优势说

能力优势说主张,从事医疗业务的行为人,基于医疗业务的反复继续实施,对于可能产生的危险,具有相对于社会一般人而言更高的注意能力,据此,对其因医疗过失而发生的事故应科处比普通过失更重的刑罚。这一学说内部又存在不法重大说和罪责重大说的分歧。

依据能力优势说,在我国,"医务人员"由于存在医疗过失而构成医疗事故罪这一业务过失犯罪的,即便这一行为"造成就诊人死亡",其法定刑最高也只是3年有期徒刑,这远低于过失致人死亡罪这种普通过失犯罪法

定最高刑7年有期徒刑,这被认为是极不妥当的。

能力优势说的缺陷是明显的。

不法重大说的主要缺陷有:

第一,在区分不法和罪责的犯罪论体系下,行为人的责任能力一般属于罪责阶层的审查内容,如果将医务人员的能力放在不法阶层来审查,会对这一体系形成冲击。

这里需要补充一下,不法和罪责的区分对定罪来说是有重大价值的。比如,同样是对使用药物的建言(这在久治不愈的疑难杂症和绝症的晚期比较常见),如果患者采纳了建言,服用了药物后导致出现了人身重大损害结果,是医务人员作出的建言,还是精神病人作出的建言,对于受害患者的人身重大损害来说没有区别,这是不法层面的问题。但是,如果这样的用药建言是由医务人员作出的或者间歇性精神病人在发病期间作出的,那么,对定罪来说是有重大区别的。间歇性精神病人在发病期间作出这样的建言不构成犯罪,不需要承担刑事责任。

定罪一般先是考虑不法问题,再考虑罪责问题。对于间歇性精神病人的行为,如果没有先考虑被害人的人身重大损害,就先考虑罪责问题,往往就搞不清楚这样的损害是否存在、是否发生在间歇性精神病人发病期间,这会造成定罪上的不经济甚至紊乱。将医务人员的能力放在不法阶层来审查,恰恰存在这样的问题。

第二,就预见行为或回避行为而言,医务人员未必比社会一般人做得更好。如果从事医疗业务的人对结果预见的可能性或回避的可能性更大这一假设成立的话,那么,医疗过失这一典型的业务过失中"业务"的成立,仅仅具有反复继续实施的意思是不够的,必须以已经发生的反复继续行为的存在为必要。毕竟,无论行为人是否具有反复继续实施的意思,仅实施一次的行为,谈不上医务人员比一般人做得更好。比如,取得了医生执业资格第一天上班的医生对幼儿急病突发风险的预见和管控,往往远不如因幼儿久病而自学成材的母亲在这一方面的能力强。俗话说"久病成医",不是没有道理。更不要说那些取得医生执业资格后因故(如担任领导职务等)早已不从事一线医务行为的医务人员在预见能力和回避能力上一律要比不具有医生执业资格但长期在"黑诊所"里非法行医的人员能力强。中国裁判文书网的统计数据显示,未取得医生执业资格的人擅自为他人进行选择性别的终止妊娠手术5次以上(其中次数最多的案例中是68次)或者获利累计超过5000元,构成非法进行节育手术罪的情况并不少见。此时,就诊人并没有发生严重损害身体健康等实害结果。在美国,有一个比较有名的"海因里希法则",说1起严重事故的背后有29起轻微事故,有300起事故未遂先兆。如果这一法则成立,这背后的数据是庞大的。实践中,堕胎往往是这些"黑诊所"及其工作人员的主要业务甚至是"饭碗",不能一律说人家的业务能力差,否则它将否定医疗过失的成立,但这显然与后面所讲的业务过失中的业务概念相违背。

第三,将不法与行为人的能力联系起来还会与接下来要说的罪责重大说的缺陷产生关联。

罪责重大说的主要缺陷:

第一,对医务人员普遍性地预设较一般人更高的能力并不恰当。在欠缺从事医疗业务相关经验时,医务人员并不一定拥有比普通人更高的注意能力。例如,"久病成医"的老病患对特定疾病的症状、治疗、防范等的了解,远甚于初执业的医务人员的情形,在现实中并不少见。例如,我的父亲之前因喝酒导致患有"前庭神经元炎",前庭神经元是控制身体平衡的,病一旦发作不要说走路,坐都坐不稳,整个人感觉天旋地转。这个病普通的社区医院的医生很难诊治出来,就连很多三甲医院的神经科医生也没接触过。所以,在对这个病风险的预见和回避上,现在我的父亲比一般的医务人员能力要高。像最近南京地区正处在梅雨季节,他之前就感觉脑袋有点昏沉,饮食上就很清淡,一般不出门,怕突然间发作后果不堪设想。另外,在刑法领域,一般认为责任判断是具体的、个别的判断,罪责重大说的一般性的预设与责任的本质不相符合。

第二,罪责重大说立论逻辑的合理性有问题。依据该说,从事医疗业务的人能力越高,越容易预见或避免结果的发生,也越容易肯定医疗过失这一业务过失的成立。由此会导致极为怪异的现象，即"平时尽心竭力保持注意的业务人员，反倒会得到不利的对待"。换句话说，作为医务人员你越是好好学习、工作，能力越强，越容易有牢狱之灾。古话说，学而优则仕。在医疗行业，一旦彻底贯彻罪责重大说，那么，就可能变成学而优则"囚"——变成罪犯。这是哪门子道理嘛！

第三，立足于医务人员的能力加重刑罚会导致业务过失中业务范围的不当扩张。着眼于能力高低而不是医疗业务本身，判断的重心难免会转向医疗行为反复实施所累积的能力，是否为医疗业务甚至都不是关键所在。比如，在日本，福冈地区的判例显示不具有医师执照的人所进行的无执照行医致患者死亡的，也成立业务过失致死罪。

2. 特别注意义务说

特别注意义务说认为，从事一定业务的人，由于反复继续实施该业务，对业务本身的危险性比一般人有着更为丰富的知识和经验，为防止因为不注意而造成侵害法益的结果发生，应当承担特别高度的注意义务。依据该说，医疗过失加重处罚的根据不在于医务人员具有较高的能力，而在于他们具有较高的注意义务。

特别注意义务说被批评的缺陷主要有：

第一，针对特别注意义务，医务人员承担的注意义务，也可能是并非医务人员的其他一般人要遵守的注意义务。如果对医疗过失这种业务过失加重处罚，则会造成违反平等原则的不当现象。

第二，将处罚依据与医疗行为的危险性程度、医疗行为的反复继续实施挂钩，不仅忽略了医务人员所造成的法益侵害已经是医疗事故罪刑法条文已经考虑了的因素，也混淆了法益侵害的概率是一个和医疗事故罪评价无关的因素。其实，对医务人员过失致死伤进行刑法惩处的理由，是医务人员在有回避可能性的情况下造成了死伤结果，而不是其医疗行为的反复继续实施，也不是医疗本身包含的危险性。

第三，至于有学者将特别注意义务与医务人员的能力挂钩，这无疑会出现前面所讲的能力优势说的缺陷。

3. 社会依赖说

需要注意的是,在医疗过失加重处罚的根据上,除能力优势说和特别注意义务说外,晚近在域外还出现了一种较为引人注目的学说——社会信赖说。

社会信赖说认为,业务过失加重处罚的根据在于违反了社会的期待信赖。其中,因业务期待和业务人(能力)期待的不同,又可区分为业务信赖说和业务人(能力)信赖说。业务信赖说主张,业务即义务,社会对从事某种业务之人的业务有所信赖,信任其不会有所疏失而置他人生命或身体于危险之中。据此,医务人员加重处罚的根据在于社会对其从事的医疗行业有所期待。例如,对于患者来说,同样是对使用药物给出建言,医务人员通常不会受到怀疑,一般人(即便是病友)在多数场合也只属于参考,而不会是言听计从。因此,即使二者造成了相同的人身损害结果,也应对医务人员加重处罚。这就是说,在整个社会分工越来越精细化、专业化和复杂化的背景下,为保障患者不会因信赖反受其害,应保证社会对医疗行业的合理期待,并使医务人员恪尽职守。这样看来,"上次的药,今天你吃了吗?"同样一句话,出自一般人或医务人员之口,效果是不一样的。

不同地,业务人(能力)信赖说则主张,作为业务过失加重处罚依据的社会信赖,不是业务,而是业务人(能力)。目前,将医疗过失的加重处罚根据单纯建立在业务人(能力)信赖说基础之上的支持者很少。

就社会信赖说而言,一方面,如果将社会信赖与医疗业务挂钩,那么它会产生如下缺陷:

第一,社会信赖难以合理说明医疗过失加重处罚根据。在历史上,过失犯领域里的信赖原则起源于德国,它在传统的交通事故领域、数人共同实施(容许的)风险性的行为等领域发挥着重要作用。日本引入该理论后,其适用范围由机动车交通事故领域逐步扩张到医疗、企业监督等领域。"现在,不仅在交通事故领域,而且在企业活动与医疗活动及其他活动中,也适用信赖原则。"问题是,信赖原则的扩张是客观的事实,但它不是以业务的类型化为扩张标准。因此,区分业务过失与普通过失,并对业务过失以违背社会信赖为由加重处罚,就难以作出合理的说明,毕竟普通过失也完全可能违背社会信赖。例如,患者对于同一种病病友推荐药物的使用,也完全可能出于信赖,且立足于社会一般人的立场来看该信赖并非不成立。

第二,该说所持的标准十分模糊。信赖是一种社会心理状态,在不同的医疗事故场合不同人员的感受不尽一致,且受诸多主客观因素的影响医务人员之间的感受往往差异明显。因此,它难以界定。这在团队医疗责任分配的场合更为明显。例如,医院的耳鼻喉科的年轻主治医生 A,在实施没有经历的抗癌剂治疗(VAC 疗法)的时候,因误读文献,制定了一个将原本应该 1 周注射 1 次的抗癌剂每天注射 1 次的计划,给患者连续注射 7 天后致其死亡。最终,不仅是主治医生 A,包括医疗团队的指导医生 B 和耳鼻喉科科长 C 在内也被以业务过失致人死亡罪起诉。对此,怎样的条件才能确立起医务人员之间实质的信赖关系是存在疑问和争议的。另外,一个个别的、具体的医疗事故案件,通常情况下并不足以损害公众对医疗活动的信赖。以全国的三甲医院为例,每年都会发生医疗事故,但在南京地区你去看看鼓楼医院、中大医院、儿童医院等,看病都要早早预约,也因此它们至今还养活着一众倒卖票号的"黄牛"。

第三,在业务即义务的逻辑下,社会分工朝着精细化、复杂化这一方向发展,业务范围的扩张将在所避免,这会引发医疗业务范围的难以捉摸,社会信赖无力解决这一问题。因此,有人主张通过规范的目的,即"适当防止业务执行上之懈怠散漫,致他人有身体、生命之危",试图限缩业务范围来为该说解困,即当医务人员在工作时间内与医疗业务无关或属性不同的行为,以及医务人员"卸下职务"时的同种类行为,都不是医疗业务行为。但是,这一解释因"弹性太大"在现实中并未对医疗业务范围的限缩发挥多少实质性的作用。因此,它始终未能得到理论和实务的普遍认可。

另一方面,如果将社会信赖与医务人员(能力)挂钩,又会出现一些能力优势说的缺陷。

三、医疗过失加重处罚司法适应性不足

在业务过失的成立要件上,《日本刑法典》中的这一规定源于 1851 年的普鲁士刑法,但德国在 1940 年就删除了刑法中业务过失的惩处重于普通过失的规定,这使《日本刑法典》中业务概念的界定备受关注。迄今为止,日本刑事审判实践在业务概念上的基本立场采取的是三要件说,即基于社会生活上的地位、反复继续性和对身体或生命具有危险性。但是,业务概念的成立要件所存在的缺陷造成了医疗过失与普通过失边界的不清晰,这大大削弱了医疗过失加重处罚这一规则的司法适应性。

1. 基于社会生活上地位的业务要件所引发的模糊问题

在业务概念的界定上,基于社会生活上地位的要件,虽然早就受到了团藤重光等学者的质疑,但质疑的观点所存在的主要问题是它会将个人生活和家庭生活中的家务、育儿等行为不当地纳入业务过失犯罪的打击范围。因此,迄今为止,该要件在日本大体得到了维持。但是,社会生活上的地位到底如何界定仍然是一个难题。对此,西田典之教授曾感慨道:"实际上,这一要件几乎可以说已失去了限定的作用。"

就医疗过失而言,对于偏僻地区医生开车出门出诊的情形,有学者主张其实施的医疗行为是业务行为,但开车的行为并不是附随业务行为。有学者进一步指出,所谓业务行为是指"以此为业的行为",如出租车司机的驾驶行为、医务人员的医疗行为等,当行为人不实行这类行为时,将不存在有没有业务行为的问题。不同地,在业务过失理论的发展过程中,肯定医疗过失成立的司法判例并不少见。在我国,这种情况下开车出车祸一般是以交通肇事罪来处理的,而不是扩张医疗事故罪这一业务过失犯罪的适用范围来处理。比较而言,我国刑法的立场似乎更倾向于前者。

但是,这并不意味着问题得到了根本性解决。2008 年之前我国审判实践在医务人员的界定上就较为狭窄。例如,在丁洁医疗事故案中,对患者唐蕴璐的上呼吸道感染,被告人丁洁下医嘱,双黄连、青霉素、维持液各一组静滴,由于当班护士不负责任,静滴青霉素后未在治疗卡上注明,导

致接班护士重新给唐蕴璐静滴青霉素,最终引发患者死亡,最终法院判处被告人有期徒刑2年,缓刑3年,当班护士未承担法律责任。

如今,根据我国《医疗机构从业人员行为规范》,作为我国医疗事故罪业务主体的"医务人员"在范围上包括管理人员、执业医师、执业助理医师、护士、药学技术人员、医技人员等,但在我国的司法实践中它的范围并不明确。例如,除执业医师外的麻醉师、配药师、影像技术人员或管理人员等基于过失而发生了医疗事故的,应不应当纳入医疗过失的范畴,就一直存在争议,此时,对"社会生活(地位)"的不同解释会得出不同的结论。又如,医疗组在实施幼儿动脉导管未闭手术中,被用于该手术的电动手术刀的刀片一侧电线与配极板那侧的电线被医疗组中的护士A接反了,从而形成一个新的电路回路,医生B在做手术过程中导致幼儿的右下腿重度烧伤。在此,对"社会生活(地位)"的不同理解就会影响对"接反了电线"这一行为的定性及医生B是否存在医疗过失的认定。受此影响,医疗过失的边界也会趋于弹性化,这会影响医疗过失加重处罚的司法适应性。

2. 反复继续实施的业务要件所引发的模糊问题

一般认为,为了将那种只实施一次的行为排除在外,业务概念要求反复继续实施的要件。并且,行为的反复继续实施能够增加对业务的熟悉程度,这样行为人对行为危险性的认知和回避,较一般人来说可能更高。如果这一立论是成立的,那么,针对下列医疗过失的惩处就是合理的,即实习医生或者刚取得医师执照的医生,因不熟悉业务工作而发生医疗事故的,可以根据业务过失加重处罚建构在业务具有反复继续实施的性质进而能够提高行为人认识和回避危险的基础之上,对其仅能处以普通过失而不能以医疗(业务)过失加重处罚。这就是说,实习医生、刚取得医师执照的医生等显然很难满足反复继续实施的业务要件,以业务过失加重处罚处理他们并不妥当。

比如,前面所举的耳鼻喉科的年轻主治医生A,在实施没有经历的抗癌剂治疗(VAC疗法)的时候,因误读文献而超量使用抗癌剂致患者死亡的案例。因为主治医生A不符合"反复继续实施"的业务要件,所以理应不能以业务过失并加重处罚对他进行处理。但是,日本的司法判例肯定了此种情况下医疗过失的成立,并加重处罚。可见,将反复继续实施作为业务的要件,进而主张业务过失的惩处重于普通过失,这一立论缺乏正当性。

事实上,"业务是经过从事业务之人选择而来的,但并不是选择某一业务的人都先有长久的相关经验,而有长久的相关经验的人也不一定都要以此为业"。换句话说,业务行为人并非一概具有较高的认识和回避危险的能力。为解决这一问题,日本刑法学者提出业务过失犯罪中业务的反复继续实施更多地指向反复继续实施的意思,即"只要具有反复继续实施的意思,即便实施了一次行为,也成为业务"。这种解释的背后,难以否认的事实是医疗过失与普通过失的边界趋于模糊。因此,认为医疗过失加重处罚的司法适应性不受影响是缺乏说服力的。

3. 对身体或生命具有危险性的业务要件所引发的模糊问题

一般认为,过失犯是实害犯,构成要件实害结果没有发生的过失行为不会被刑法所评价。在同样的构成要件结果下,同样的过失行为并不必然因有无业务这一要素的存在而在结果上产生实质性的差别,业务行为的危险性甚至常常只是一种实害结果发生后的推测。例如,在 2019 年我国《药品管理法》修订前,医务人员擅自对患者开列未经我国监管部门批准进口的境外合法药品,患者服用后身体严重受损的,根据我国刑法规定医务人员是成立医疗过失的。《药品管理法》修订后,未经我国监管部门批准进口的境外合法药品不再按假药论处,医务人员开列该类药物,可能因其非法入境时存储条件不达标,药物对患者人身法益造成损害,符合"严重不负责任"的条件,成立医疗过失。但是,同一病情的患友因感觉药效不错而"开列"我国监管部门未批准的药品,患者服用后身体严重受损的,在我国通常并不会以医疗过失处罚。可见,将对身体或生命具有危险性与业务行为结合,更多的是在构成要件结果发生后的一种"入罪"性推定。无视业务行为的多样性和复杂性,对业务行为作具有危险性的一般性设定,欠缺合理性。在日本,曾根威彦教授持类似的观点,他认为对身体或生命具有危险性并非业务的要件。在此意义上,医疗过失与普通过失的边界难以区分,医疗过失加重处罚的司法适应性会受到冲击。

此外,在医疗过失上,附随业务的扩张会造成医疗过失边界的模糊,进而影响医疗过失加重处罚的司法适应性。在历史上,附随业务对业务范围的扩展集中体现在机动车(动力交通工具)过失肇事方面,但德国帝国法院和下级法院对"职业动力交通工具驾驶人"在范围上存在认定不一致的问题,这造成了业务过失与普通过失的区分难题,进而影响了法的安定性和业务过失的历史命运。同样,医疗过失也存在这一问题,即倘若真要防堵医疗上的危险,那么,应该将所有的医疗行为参与者一并纳入规范对象,包括广义医疗行为意义上患友的医疗行为,甚至包括"未取得医师执照之密医所从事的医疗行为",这样才能全面地避免医疗危险的发生。而我国法律仅将职业医务人员作为医疗事故罪的规范对象,显然无法与这一要求相符。

四、我国目前的医疗过失刑罚配置并无不当

1. 业务过失加重处罚已是一个陈旧的规则

在业务过失加重处罚与医疗过失加重处罚之间,二者存在一般与特殊的关系,如果业务过失的刑罚重于普通过失这一规则被否定,那么,建立在这一基础上的医疗过失加重处罚的合理性就会受到根本性冲击。不幸的是,现实情况恰恰如此。

在欧陆,在批判业务过失加重处罚的基础上,废除业务过失加重处罚的否定说逐步成型。总体上看,在德国支持业务过失加重处罚之否定说的主要理由,以及德国刑法最终删除业务过失规定的主要理由可以归纳为:一是关于业务过失加重处罚根据的见解始终不同,尤其明显的是基于义务与能力而加重处罚的分歧,这样的难题促使改革的建议不断出现。二是业务概念涵盖范围的扩张,造成了理论上有关业务过失加重处罚的分歧很大却达不成相对一致的意见,也造成了实务中该规定在适用上的混乱。三是业务过失加重处罚在当时的德国主要适用于交通事故类案件的职业驾驶人,但要真正防止交通上的危险,就应该将所有的交通参与人一并列入规范对象中,即必须包括行人、赶牲口的人、骑自行车的人、机动车驾驶人员等,而刑法却只将职业驾驶人作为规范对象,这与该要求不相符合。四是业务过失加重处罚具有"保安处分"的意义,即让不适合从事危险业务活动的过失行为人不能从事该活动。因而,如果从事与业务无关的危险活动,仅对业务过失作特别处理而进行加重处罚规定,就不再有存在的意义。

在我国台湾地区,2019年也废除了业务过失加重处罚的规定。他们的理由主要有:第一,业务过失未必造成较大的法益损害,对从事业务的人课以较高的注意义务违反平等原则,且从事业务的人也未必有较强的危险认识能力。第二,司法实务扩张业务范围,已超出了人们的理解范围。因此,在提高普通过失致人死伤罪的法定刑后,法官可以依据具体个案违反注意义务程度和情节进行充分的刑罚裁量,没有维持业务过失致死伤罪的必要性。

在日本,理论上否定业务过失加重处罚的理由也值得关注。真锅毅教授认为,业务过失与重大过失是行为危险性的问题,但这会造成其在责任阶段欠缺内涵而违反责任主义,基于此,业务过失与普通过失之间并无根本上的区别,且业务概念并不适合于危险之定型。因此,在立法论上应对业务过失采否定的见解。松宫孝明教授认为,业务人从事与业务无关的危险活动,仅对业务过失作特别规定意义不大,且日本在增设重大过失致死伤罪后,业务过失致死伤罪便丧失了存在的价值,应早日废除。

另外,在否定业务过失加重处罚和支持删除业务过失规定的理由上不同学者之间的观点不尽一致。并且,他们各自的侧重点也不一样。实践中,否定业务过失加重处罚和删除业务过失加重处罚规定的理由,大体上是对理论和实务观点的综合。

此外,在我国台湾地区"刑法"删除业务过失加重处罚的相关规定前,在否定医疗过失加重处罚这一点上,有学者另辟蹊径,即在回避传统业务过失加重处罚的前提下,通过对构成要件的精确化解释达到否定医疗过失的刑罚应加重处罚的目的。例如,郑逸哲教授主张,侵入性外科手术医疗行为不可能具有"业务过失罪名"、未履行医疗义务并非仅有可能适用"业务过失构成要件"、病患或其一定范围内的亲属有医疗法上的"同意"都不可能针对"(业务)过失构成要件该当行为"等,这些基本都着力于构成要件的精确化解释来达到否定医疗过失的惩处应加重处罚的。当然,随着业务过失加重处罚相关规定被我国台湾地区"刑法"删除,类似于上述郑逸哲教授的观点将迎来更大的生存空间。

2. 我国医疗过失未加重处罚并非立法上的疏失

前面说了,我国医疗事故罪的刑罚并不重于普通过失犯罪的刑罚。这意味着我国医疗过失这种业务过失的刑法惩处,没有遵循业务过失的刑法惩处重于普通过失这一传统规则,甚至可以认为这一配置并非立法疏失,而是我国立法者的有意之举。

长期以来,我国不少刑法学者都提出批评,他们认为1997年《刑法》没有贯彻业务过失的刑罚重于普通过失这一规则是新刑法的一大缺陷。其中,医疗过失就是极为典型的一例。事实上,结合我国刑法对于业务过失的总体规定来看,我国刑法自始没有遵循这一规则。例如,在我国,过失危害公共交通安全犯罪基本集中在"危害公共安全罪"章节中,包括过失损坏交通工具罪、过失损坏交通设施罪、重大飞行事故罪、铁路运营安全事故罪、交通肇事罪等罪名。很明显,重大飞行事故罪、铁路运营安全事故罪等都属于典型的业务过失犯罪范畴。相较于过失致人重伤罪和过失致人死亡罪的法定最高刑,重大飞行事故罪和铁路运营安全事故罪的法定最高刑并不比它们重。与此不同,交通肇事罪在我国早已不是典型的业务过失犯罪。究其原因,我国1979年《刑法》第113条对交通肇事罪作出了详细的规定,其第1款和第2款分别针对"从事交通运输的人员"和"非交通运输人员"主体的交通肇事行为进行规范,这表明该罪的主体不限于业务主体,也包括非业务主体。显然,这是为适应我国在交通运输领域社会分工专业化、精细化和复杂化的发展需要而作出的切合实际的规定。相应地,该罪在主观上包括了业务过失(《刑法》第113条第1款)和普通过失(《刑法》第113条第2款)两种形态。由于"非交通运输人员"的法定刑配置为"依照前款规定处罚"。因而,这违背了交通肇事业务过失的刑罚重于普通过失这一规则。此后,1997年《刑法》第133条延续了这一立场,并取消了业务交通肇事主体与普通交通肇事主体的形式区分,以同一条款对业务过失与普通过失作出规定,并配置了同一法定刑。类似地,过失损坏交通工具罪、过失损坏交通设施罪等罪名都是业务过失与普通过失规定在同一刑法法条中,并且配置了同一法定刑。这就是说,在我国,业务过失的刑罚配置重于普通过失的结论并不成立。

目前,主张提高我国医疗过失犯罪法定刑幅度的观点依旧是醒目而有力的见解。与此不同,我认为,业务过失的刑罚配置重于普通过失的结论不适用于医疗事故罪这一业务过失犯罪。对业务过失的惩处配置重于普通过失的刑罚是过失犯发展过程中特定时期的规则,它已经因时代的变迁沦为了不合时宜的陈规旧俗。我国刑法自始未遵守这一规则,而是根据现代业务过失犯罪的特点,进行了带有自身特色的类型化立法,并配置了轻重有度的法定刑。例如,与过失致人死亡罪的法定最高刑比较,过失损坏电力设备罪(危害公共安全罪),签订、履行合同失职被骗罪(破坏社会主义市场经济秩序罪),过失提供不合格武器装备、军事设施罪(危害国防利益罪)等的法定最高刑并不会更高;相反,出具证明文件重大失实罪(破坏社会主义市场经济秩序罪)、过失损毁文物罪(妨害社会管理秩序罪)的法定最高刑为3年有期徒刑,其明显轻于普通过失的法定最高刑。在医疗过失的刑罚配置上,它并不符合业务过失的刑罚重于普通过失这一规则。究其原因,这一结果既有可能是在当时的立法背景下根本性地欠缺理论上(充分)的论证所致,也有可能是立法者有意为之的举措而非立法疏失所致。但是,结合我国刑法对业务过失刑罚的总体配置来看,后者的可能性更大一些;并且,从这一配置的客观效果上看,它完全符合了业务过失犯罪的惩处不必重于普通过失犯罪的发展潮流。因此,即便是前者,那也是我国立法者的意外收获。

从客观效果上看,我国医疗过失的这一刑罚配置能够满足我国刑法对医疗过失评价时要考虑的诸多因素的要求。这些因素包括医疗过失不法行为的性质、被侵害法益的状况、医务人员的能力和经验、涉案的情节、犯罪的预防等。比如,在判断医疗过失时,除了依据明确的法律、法规、规章、明确规定的诊疗规范外,在对行为人的可预见能力、防范能力评估时,需要考虑医学临床知识,需要综合考虑不同地区的医疗水平差异、不同科别专业医师的知识结构(如内、外、妇、儿等科别)、不同级别医疗机构与医务人员专业技能和经验水平(如区分几级几等医院,高、中、初级医师等),甚至需要考虑误诊率。我国的审判实践也支持了这一立场。比如,在张兆明医疗事故案中,被告人张兆明"从事医务工作多年",却在明知对患者注射青、链霉素应先做皮试的情况下,违背医疗常规,未经皮试就直接给就诊人刘德丽肌注青、链霉素,造成就诊人速发过敏性休克死亡的严重后果。对于被告人张兆明这种严重的医疗过失,法院判决被告人成立医疗事故罪,并判处2年有期徒刑。这就是说,被告人张兆明"从事医务工作多年"这一反复继续事实医疗行为的业务要件,并没有成为我国法院主张加重刑罚的理由。

当然,在我国,并非没有学者为医疗过失的刑罚配置轻于普通过失的合理性进行辩护,如有学者认为,对于我国医疗事故犯罪的量刑应采取"宜轻不宜重"的原则。其理由是:第一,在目的上,我国刑罚遵循惩罚与教育相结合的原则,既要有效地打击犯罪,惩罚罪犯,也要有效地教育和改造罪犯。第二,现代医疗和护理的对象是"活的肌体",不同患者和病症的特点不尽一致,且病症时时发生着变化。第三,与现代科技伴生的危险源在医疗业务和其他业务中发挥的作用大体上并不相同。第四,医疗事故是医务人员在救死扶伤工作中发生的,救死扶伤是一种高尚的、人道的工作,对于在这一工作中因失误造成患者生命、健康受损而构成医疗事故的,刑法已经将造成严重后果的医疗事故规定为犯罪并给予刑事惩罚,这已经表明了法律对医疗事故的否定性态度。其五,相对于公共安全领域的过失犯罪,医疗事故这一业务过失犯罪的特殊性在于医疗行为是一种探索未知领域的活动,不可避免地带有一定的危险性。因此,医务人员的心理负荷往往过重,精神过于紧张,产生事故的概率也就相应高一些。这样的解释无疑包含了一定的合理成分,但其粗糙性显而易见。

五、未来我国医疗过失刑法惩处的基本立场

如果说,业务过失加重处罚规则是过失犯理论发展过程中形成的规则,它也因时代的向前发展沦为了不合时宜的旧俗,那么,在我国对医疗过失的刑罚配置可能产生变革性动力的是面向市场化的医疗改革。但是,我认为,在医疗过失刑罚配置的走向上,医疗过失的刑罚即便进行修正,单纯以医疗过失这种业务过失应加重处罚为由来提升我国医疗事故罪的法定刑也是不可取的。

医疗行为的基础是人格尊严还是患者的自我决定,是传统医事法领域聚焦的问题,也是左右我国医疗改革发展方向的重要价值选择问题,更是可能影响我国医疗过失刑法惩处基本立场未来变动的根本性问题。在历史上,以人格尊严为基础一般被认为是德国医事法所确立和遵循的立场。在这一立场下,刑法更倾向于保护医务人员和医院。与此不同的是,以患者的自我决定为基础的医事法架构,一般认为是美国医事法确立和遵循的立场。在这一立场下,刑法更倾向于保护患者。

在美国,一直以来医疗机构对医疗过失所承担的法律责任都限于民事责任,这与我国目前的情形是相同的。但是,从20世纪70年代后半期开始,法院松动了法人不能成为杀人罪的犯罪主体这一立场。此后不久,医疗机构可以对医疗过失承担刑事责任被法院认可。例如,受威斯康星州医疗机构雇佣的细胞检查师误读了患者的怪氏涂片,没有发现宫颈癌,导致2名患者没有得到及时治疗而死亡。事后查明,该医疗机构采用的薪酬标准是计件工资,在这种情况下细胞检查师每年检查涂片约2万到4万件,大大超过了专业领域内推行的每年12000件的标准。法院认为,该医疗机构没有对检查涂片标本的工作质量进行充分管理,进而肯定对所提供的医疗行为存在过失,并作出有罪判决。

在人格尊严还是患者的自我决定上,我国传统医疗法与刑法尊崇的

"救死扶伤"早已给出了答案,即在涉及生命法益、重大身体法益的处分时,通常人格尊严高于一切,患者及其关系人对患者生命法益、重大身体法益作出的处分是无效的。与此相适应,我国刑法在医疗事故罪的刑罚配置上有着明显倾向于保护医务人员和医院的立场,即对这种业务过失的刑罚配置不重于普通过失,且没有规定单位犯罪。

可是,随着我国社会主义市场经济的持续深入发展,医院开始被作为独立的市场主体对待。相应地,患者及其家属的知情同意权从无到有、从选择性到必然性、从形式到实质的发展,医务人员的告知义务也经历了从无到有,从选择性到必然性、从形式到实质的发展。客观上,这一过程与患者自我决定在我国的发展是吻合的。由此引发的疑问是,我国刑法对医务人员业务过失犯罪保护的立场是否需要松动甚至逆转?因为一旦将患者的自我决定纳入医疗行为的基础,或者将医疗行为架构在患者的自我决定之上,我国刑法对医疗过失现有的惩处确实有重新审视的空间。实际上,面向市场化的医疗改革不可避免地带来患者的自我决定权导出的话语权的增加。"我是花钱看病的,不是花钱要命的"。面对这样的声音,我国立法者很难充耳不闻。在私立医院的场合,这一问题更为突出。

更令人头疼的是,"医美"带来的冲击,尤其是患者对自己重大人身法益的处分是有效的。在域外,有人主张将"医美"踢出医事刑法领域。因为"医美"并没有遵循传统医事刑法的问责结构,医疗行为的启动不是从传统的"病害"开始,如交通肇事把腿弄伤了,而是这个人本来健康,如女孩子对自己的国字脸不满意要变成瓜子脸,对美的追求引发了医疗行为。在我国,将"医美"踢出医事刑法领域几乎不可能。2009年我国卫生部发布了《医疗美容项目分级管理目录》(已撤销),依据手术难度和复杂程度以及可能出现的医疗意外和风险大小,对美容外科项目进行了分级管理。其中规定,对于操作过程较复杂,技术难度和风险较大,因创伤大需术前备血,并需要气管插管全麻的美容外科项目(三级)和操作过程复杂,难度高、风险大的美容外科项目(四级),只能由三级整形外科医院和设有医疗美容科或整形外科的三级综合医院实施。客观上,美容外科三级与四级项目基本达到了传统刑法上重伤的级别。例如,属于三级项目的全颜面皮肤磨削术、吸脂量大于 2000 毫升小于 5000 毫升的脂肪抽吸术,属于四级项目的颧骨降低术、下颌角肥大矫正术、巨乳缩小术、腹壁成形术,达到了故意伤害罪中的"重伤"级别。据此,传统刑法上的重伤成为了医疗刑法意义上的被允许的风险,自然人获得了一定范围内对自身重大身体法益的处分权。在传统刑法未赋予自然人对重大身体法益的处分权的条件下,三级和四级项目的医疗美容基本会构成犯罪。因此,除非存在病害的场合,否则医院不会对重伤级别的人身法法益进行治疗,这极大地减少了该领域内的医疗纠纷。一旦自然人获得了一定范围内对自身重大身体法益的处分权后,该领域内发生医疗事故罪就不可避免。例如,张全禄医疗事故罪案就是适例。2008 年 9 月 28 日,受害人王占英到沈阳市皇姑区宝岩医疗美容门诊部做双下颌角肥大整形手术。第二天,家属接到王占英死亡的噩耗。2009 年 6 月 4 日,沈阳医学会作出医疗事故技术鉴定,其《医疗事故技术鉴定书》中的鉴定意见是,该病例属于一级甲等医疗事故,医方承担完全责任。一审开庭时检察院以医疗事故罪对主刀医生张全禄提起公诉,同时受害人王占英的家属向主刀医生张全禄、宝岩医疗美容门诊部、张全禄的执业医院辽宁电力中心医院提出了 382 万元的民事索赔要求。法院最终判决,被告人张全禄犯医疗事故罪,判处有期徒刑 1 年。附带民事诉讼被告沈阳皇姑宝岩医疗美容门诊部赔偿人民币 304260 元、丧葬费人民币 17529 元。

  但是,迄今为止以患者的自我决定来完全替代人格尊严作为医疗行为的基础,在我国是不现实的,完全私有化之路在我国部分地区(江苏的宿迁等)是有探索的,但并未走通。突如其来的新冠病毒肺炎疫情让人们对此有了更深的理解,在完全私有化背景下,分散在全国的医疗资源绝难做到短时间内能如此有力而高效的配置,从而迅速遏制住疫情。结合前面所讲的医疗行为这种业务行为在过失处罚根据和刑事司法适用性上的问题来看,对医务人员和医疗机构进行倾斜性保护,仍然是未来相当长时间内我国刑法应坚持的基本立场。这预示着,在医疗过失刑罚配置的历史走向上,医疗过失的刑罚即便进行修正,单纯以医疗过失这种业务过失应加重处罚为由来提升我国医疗事故罪的法定刑也不可取。

当然,在医疗过失领域回避义务的内涵、到底如何把握回避义务等问题近年来聚集了不少学术资源,但尚不能说他们达成了多少共识性的成果。因此,迄今为止都是一笔"糊涂账",我也将在后续的研究中投入更多的精力。

至此,我本次讲座的主要观点可以概括为:医疗过失是典型的业务过失,业务过失的刑罚惩处重于普通过失是过失犯理论发展过程中形成的规则。随着时代的发展,处罚根据缺乏合理性等缺陷使这一规则已经沦为陈规旧俗,我国刑法自始未遵守这一规则。我国医疗过失的刑罚配置更可能是立法者有意为之的举措而非立法疏失所导致的结果。并且,这一刑罚配置能够满足我国刑法对医疗过失评价时要考虑的诸多因素的要求。以业务过失的惩处重于普通过失为标尺来评判我国医疗事故罪并不妥当,而单纯以医疗过失这种业务过失应加重处罚为由来提升该罪的法定刑既不能成立,也不是发展方向。

我国的法律一直守护着我们的医务人员,刑法更是给予了医务人员倾斜性的保护。针对医疗过失案件,不论是刑案还是刑事附带民事诉讼案件等,在这样的立场下发挥律师的才智和辩护技巧能,才更有利于实现"当事人满意"。

以上就是今晚我这一部分所要讲的全部内容,谢谢各位!

主持人·廖行

通过刚才梁云宝副教授1个小时的讲座和分析,我们对医疗过失领域有了更深入的了解,而且也看得出来,梁云宝副教授在这个领域倾注了大量的心血,进行了深入的研究。

刚才这1个小时的分享,梁教授主要是从五个方面进行的:第一个方面,医疗过失刑法惩处的分歧,主要是从德国和日本立法的历史沿革和现有立法的比较来进行分析和阐述的。第二个方面,医疗过失加重处罚的根据缺乏正当性,主要是对能力优势说、特别注意义务说这两种学说的不同的侧面和理论进行了解读。第三个方面,医疗过失加重处罚的司法适应性不足,主要是从三大模糊性的方面进行了分析和论证,非常全面,而且很富有说服力。第四个方面,我国目前医疗过失的刑法配置,认为目前刑法对这一领域的立法配置和约束调整是建立在我们目前所处的历史时期,根据目前社会资源和各个方面的刑法调整的需要来进行的,符合我们国家的国情,并无不当。第五个方面,未来我国医疗过失惩处的基本立场,他特别讲到,我们现在正在逐步进行医疗的市场化改革,医美行业对这一领域的立法带来了冲击和影响。这个我们确实是深有感触。最后梁教授得出的一个结论,在未来相当长的一段时间,从刑法的司法适应性角度来看,对医务人员和医疗机构进行倾斜性保护,仍然是刑事立法坚持的基本立场。

今天晚上我们的与谈人是曹斐博士,曹斐博士是致力于刑法和医事法学研究的青年刑法学者。有请曹斐博士与谈她的研究和她对梁教授所讲的感想和意见。

与谈人·曹斐

尊敬的各位老师、各位朋友,晚上好!

梁老师在报告中非常明确地表示,对医疗过失的刑事处罚不应加重,并从业务过失惩罚不必重于普通过失的角度进行了充分详尽的论证,对业务过失重罚的主张各个击破,十分过瘾。并且也设身处地地理解医务人员群体,通过统计和实例证明刑法对医疗过失的惩罚应秉持谦抑立场。报告在疫情的大背景下,既有理性支撑,又兼具人文情怀。

有梁老师报告的珠玉在前,实在不敢画蛇添足再作发挥。但梁老师提出的这个议题,即中国刑法对医疗过失的处罚,是否还合乎时宜,是否需要突破,也就是加重处罚,非常值得我们深思。一转眼,我国现行《刑法》已经是20多岁的"青年"了,连叛逆的"青春期"都已度过。近些年,社交媒体的发达,案件检索的便利,让很多有关刑法罪名构成和处罚的讨论时常见诸舆论,一时间形成许多《刑法》规定都已经"过时"或者亟待调整的氛围。刑法上追究医疗过失的医疗事故罪也是其中一个例子。

我想起 2017 年浙江卫计委通报的一个案例,这个案例中的被告人赵某是浙江省某医院检验科的主管技师,具体负责该院为降低妇女流产概率而提供的"封闭抗体治疗"服务项目中淋巴细胞的分离、培养、收集、提纯操作。

【案例1】2016 年 12 月 30 日,赵某在"封闭抗体治疗"服务项目培养室独自收集、提纯培养后的整批共 34 份男性淋巴细胞,但她当时未认真做操作前的检查、准备工作,在操作开始后发现备用的一次性吸管不够,她抱持侥幸心理,就违反相关法规制度关于"一人一管一抛弃"的规定,重复使用同一根吸管交叉吸取、搅拌、提取上述培养后的淋巴细胞,致使该批次淋巴细胞被交叉污染。随后,赵某将受污染的淋巴细胞交由护理部医护人员对该 34 名男性的妻子实施了皮内注射。

2017 年 1 月 24 日,接受该批次"封闭抗体治疗"的一名女性向医院反映,称其丈夫在被抽取血样前因个人原因已感染 HIV 病毒。赵某得知此情况后自知问题严重,因为她的违规操作,该批次接受皮内注射的其他女性都面临交叉感染 HIV 病毒危险,她将情况向医院领导作了汇报。经紧急排查,到 2017 年 2 月先后确认 5 名参加该批次皮内注射的女性感染了 HIV 病毒,其中两人已怀孕。同年 2 月 8 日下午,被告人赵某投案。相关部门在调查后进行了处理,并对赵某提出刑事追诉。

这个案例当时引起了很大的轰动,感染 HIV 病毒显然是一件让人感觉恐惧的事,属于严重的失误,带来了严重的结果。更引发舆论关注的是,本案被告人可能构成的医疗事故罪,其法定刑上限居然只有有期徒刑 3 年。再度引发了一轮现行刑法规定的量刑是否还合乎时宜的讨论,甚至也有业内人士开始寻求是否能定其他罪名以绕过3年法定刑期上限的限制。本案件最终裁判结果是,被告人因医疗事故罪获刑有期徒刑2年6个月。医疗系统对患者后续的检查和治疗做了很好的善后工作,案件裁判之时,舆论已经平息。

但该案件及相关讨论引发了我的思考:第一个问题,当然是梁老师讲座里提到的现行刑法对医疗事故罪的刑期配置是否合理,对医疗过失的处罚是否应对加重。第二个问题,事实上梁老师的讲座里有所涉及,因为本案里的医疗活动和传统医疗活动也有很大的区别,属于改善生育的一种尖端治疗。这类治疗活动,包括医美项目中的医疗过失的认定,是否应和传统医疗活动相区别。

一、现行《刑法》对医疗事故罪的刑期配置是否合理

对于第一个问题,我非常同意梁老师的观点,即对医疗过失加重处罚不具有正当性。业务过失惩罚重于普通过失,常见的理由就是梁老师在报告中提到的两个方面,即个人能力和业务性质的角度。

首先,专业人士受到多年的训练,在认知上能够识别更多的危险,在能力上也更能够避免危险。从这一点来说,应当让专业人士承担更重的注意义务。梁老师从几个角度反驳了这一主张,我觉得相当精彩。承担更重的注意义务和受到更重的惩罚之间并无必然关系。我个人认为,特殊能力说只能支持在相同处境下,具备特殊认知和特殊能力的具体人如果没有做出回避危害结果的措施,是存在过失的。但并不能用以论证某个具有特殊认知的群体应受到更重的处罚,即个体和群体是有区别的。

其次,业务过失所在的领域,一方面,往往本身就伴有较高的风险,并且这种风险在现有科学技术水平下并不能完全被认识或控制;另一方面,因为社会发展或个人生活的需要,又不得不容忍这类风险。可想而知,这类风险一旦出现,影响广大,后果严重,也就是梁老师在报告中提到日本实践中对业务行为从社会生活上的地位、反复继续性和对身体或生命具有危险性这三个方面的认定。

事实上,基于这类业务对社会发展的重要性和不可或缺性以及技术的尚不成熟性和延展性,公共政策通常都会对这类业务从事者给予相应的轻缓处理。如果比较我国《刑法》第335条医疗事故罪和第336条第1款非法行医罪的规定,非法行医致使就诊人重伤或死亡的,分别配置了3至10年有期徒刑和10年以上有期徒刑。这就能明显看出《刑法》对医疗专业人士的保护,而非法行医的主体未受过专业训练,对其重罚同时也是对患者的保护。

并且,综观我国《刑法》规定,几乎所有的特殊事故类犯罪,也就是业务过失类的犯罪,相对普通过失犯罪都并没有加重处罚。对此,我们可以参考《刑法》第233条过失致人死亡罪和事故类犯罪的规定,该条第2句是"本法另有规定的,依照规定"。这是非常典型的补充关系的法条竞合的措辞,即如果一个行为构成过失致人死亡罪和其他包括致死结果的过失犯罪,如医疗事故罪等事故类犯罪,那么过失致人死亡罪就退居次位,不予适用。

的确如梁老师报告所言,我国《刑法》第131条重大飞行事故罪、第132条铁路运营安全事故罪、第133条交通肇事罪、134第1款重大责任事故罪、第135条重大劳动安全事故罪、第135条之一大型群众性活动重大安全事故罪、第136条危险物品肇事罪、第138条重大安全事故罪以及第139条消防责任事故罪都没有超出第233条过失致人死亡罪的法定刑上限。但是,这些事故类犯罪也像过失致人死亡罪一样,规定了两档法定刑期,即3年以下和3至7年。

而医疗事故罪完全没有加重的刑期,它的最高刑期就只是有期徒刑3年。为什么唯独对医疗事故罪作了这样的限定呢?我觉得不能仅从医疗活动的常见性、反复性,或者医务人员伦理性的角度去解释,更重要的是,传统的医疗活动图景是医务人员或医务团队面对单个患者,出现行为过失的概率虽大,但波及范围有限。而可能影响更大范围的药品、血液、传染病病原等以物为载体的过错,《刑法》还有其他对应的规范去规制。比如,《刑法》第334条第2款非法采集、供应血液,制作、供应血液制品事故罪就规定了最高5年的刑期,比普通的医疗事故罪还要更高;而上述很多有3至7年加重刑期的事故类犯罪,都处于危害公共安全罪的大类别之下,本身就对多数人的健康和生命具有危险。

由此就可以理解,为什么在浙江省某医院这个案件里,舆论会有更大的反弹。因为本案的过错在人的行为而不是有缺陷的产品,但同时又波及了多个受害者,虽然没有造成死亡的后果,但在没有特效药去治愈的情况下,感染HIV病毒确实是对身体带来的极大伤害。对于这种由医务人员个体行为引起的、可能对多人造成的损害,甚至可能造成多个受害者死亡的情形,将来的刑法立法者是否需要将其考虑在内,也给医疗事故罪增加一档更重的刑期呢?

对这个问题,我个人也是持反对立场的。但我的理由是出于直觉,仍然是从《刑法》在卫生健康秩序的体系性规定出发,认为如果对医疗事故罪加重处罚,将会破坏整个卫生健康类罪名的系统性。如果真的出现了医疗过失行为影响了大范围的受害者,造成危害和刑期严重不适配,我认为可以寻求其他罪名构成要件的途径,甚至通过挖掘针对多个人身性法益侵害的同种数罪并罚的理论资源,去解决这个问题。

这里我也想就这个问题向梁老师请教,即如果单次医疗过失会危及多人的生命健康,是不是可以成为加重处罚医疗过失的理由。期待从梁老师这里得到启发。

二、医疗过失的认定标准及其在不同医疗活动中的体现

上述案例启发我思考的第二个问题,即医疗过失的认定标准,以及在不同医疗活动中的体现。我想回归到刑法教义学的角度,对医疗过失提出几点讨论。

第一,医疗过失如何定位。我们知道,医疗过失在我国刑法上是在医疗事故罪中体现的。但现行《刑法》条文中并没有明文提到"医疗过失"这个术语,它用的措辞是"严重不负责任"。通过对医疗事故罪的构成要件进行分析,我们可以解释,严重不负责任,就是医务人员违反注意义务,就

是在医疗活动中存在过失。所以,医疗过失这个概念,是对刑法上医疗事故罪构成要件进行解析得来的,而这也是近些年来随着刑法教义学研究深入,逐渐达成的共识。早期,医疗事故罪是从行政法上的医疗事故演化而来。当时对医务群体在医疗活动中疏失责任的追究,依据的是国务院《医疗事故处理条例》这一规范。医疗事故最首要会引发行政责任。后来随着医疗侵权案件在实践中的增多,曾经还存在《民法通则》和《医疗事故处理条例》的规范冲突时期,直到《侵权责任法》的出台,以及相关司法解释的完备,使医疗损害侵权成为一个固定的案件类型,也逐渐完善了医疗损害侵权的构成要件。《侵权责任法》第54条、现在是《民法典》"侵权编"第1218条规定,患者在诊疗活动中受到损害,医疗机构及其医务人员有过错的,由医疗机构承担赔偿责任。这里的过错,虽然最主要的作用是提示责任形式,究竟是过错责任还是无过错责任,但显然内容上和我们刑法上医疗事故罪讲的医疗过失具有相同的内核,可以说是医疗过失在侵权法上的侧影。

实践中,医疗过失的民事案件远多于刑事案件,在向民法学者学习的过程中,我发现民法上对过错的认定,核心在于是否尽到应尽的谨慎义务。这一点,不同于刑法上严格尊重《刑法》第14条和第15条故意或过失的罪过形式,却更接近于普通人对事实现象的理解。在分工高度发达的现代社会里,行为人是否预见并避免危害结果的发生似乎难以判断,但行为人是否按照他所处行业的行为准则、安全指南等去做,却是非常明显的。这就是当代社会中过失的客观化,侵权法上过错认定标准已经充分体现了过失的客观化。

实际上,刑法上也有过失客观化的趋势。德国刑法教义学经过长期的发展,目前在主流的犯罪阶层体系中,早已承认故意犯罪和过失犯罪是两种不同的犯罪类型,不能共享同一套犯罪结构。故意犯罪的核心是对规范的故意敌对和违反,而过失犯罪的行为人承认规范效力,只是在有能力遵守规范的前提下未能遵守规范。所以,故意犯罪的犯罪结构,才是我们熟悉的"构成要件—违法性—罪责"的阶层结构,并且会在构成要件层面区分客观构成要件和主观构成要件。但对于过失犯罪,就是完全不同的犯罪结构体系。在构成要件层面,除了结果、行为、因果关系,就是客观注意义务违反以及注意义务违反的客观可归责性,已经看不到主观的要素。相应的主观要素全部移入罪责层面,以个体注意义务的违反以及个体可归责性的内容出现。虽然德国刑法学界目前仍存在如何优化过失犯罪结构的讨论,但从主流观点,尤其是针对法学基础教育的授课要求中,可以明显看出过失客观化的大势。

我国很多刑法学者也已经观察到了这一现象,学界亦不乏有关过失双层结构、客观过失以及主观过失的讨论。但要在某一个或某一类具体的分则罪名及其犯罪构成要件下推广适用,还离得比较远。我在医疗事故罪,以及广义医疗侵权案件的学习过程中,一方面觉得实践资源极其丰富,实务工作者付出巨大的努力帮助实现个案的公平处理。另一方面又感受到理论供给不足。医疗事故罪是过失类犯罪,如果仅以《刑法》第15条关于过失的规定去提供医疗过失这一构成要件要素的解析,显然就会和现实存在巨大的差距。

从众多医疗事故罪的裁判文书中可以发现,现有医疗过失的要件解释,不足以承载实务中对案件复杂情况的解析,法官也很难在现有理论框架中找到说理的支点。换言之,医疗活动的事实因果很复杂,具体到医疗过失认定的理论也很复杂,但是,怎么从医疗过失连接到医疗事故罪的成立,存在相当大的理论缺失。比如前文提到的浙江省某医院的案例,裁判文书中仅提及了被告人在批量处理他人血样时严重不负责任,违规操作,但没有展开说明为什么违反"一人一管一抛弃"的操作规程就是严重不负责任,已经构成医疗过失,以及危害结果和该违规之间是否具有可归责性。

因此,我个人希望可以从事故类犯罪着手,尝试将过失客观化的理论应用于该类犯罪构成要件的精细化解释。受实务经验和侵权法上的启发,如此更贴近医疗过失在具体现象中的表现。此外,也会和传统发展刑法教义学的大陆法系刑法有着更好的接洽,如《日本刑法典》和我国台湾地区"医事刑法"中经常出现的以医疗水准作为医务人员注意义务的标准,都是建立在过失客观化的基础之上。

第二,医疗过失的标准如何认定。如果我们接受过失客观化的基本立场,医疗过失是医务人员对其客观注意义务的违反。又因为我国对医疗事故罪的主体有严格的限定,仅限于在取得许可的医疗机构中执业的医务人员,包括医师、护理人员和其他医疗技术人员。所以,医疗事故罪中所涉的医疗过失就只是一个理性医务人员对其所处交往环境下应尽到的谨慎义务的违反。

过失客观化之后,一个重大特征就是在高度分工和高度细致的领域,可以通过成文的行为准则体现出来。这些行为准则已经考虑到可能出现的后果,和行为人能够采取的避免结果发生的措施。国家和地方卫生行政主管部门、各医师行业协会、科研组织制定的指南,各医院内部的操作规程,都是客观注意义务的实体化内容。如果个人的行为偏离了这些指南,就可能成立客观过失。

问题在于,不同的指南和规程可能存在冲突,不同级别的医院可能因其客观条件无法达到指南的要求。那么,如何设定一个较为合适的注意义务标准,也是一个非常困难的问题。目前存在很多理论,如循证医学标准、医疗水准说、地方平均医疗水准等。对于我国而言,医疗资源分配不均衡,有的医院能达到国际顶尖水平,有的地区只能提供最基本的医疗服务,显然只能尝试分层的注意义务标准。

此外,不同种类的医疗活动中,如已经非常成熟的治疗活动和试验性的、风险较高的、不存在适应证的医疗活动,如梁老师提到的医美活动,还有前述浙江案例中的封闭抗体疗法,是否需要设定不一样的注意义务标准。并且,医美活动通常除了医疗过失,还可能存在是否满足取得相应资格的医疗机构以及是否有相应资格的医务人员做出的问题。

第三,医疗过失是不是医疗事故罪的唯一要件。成立医疗过失并不等于就成立医疗事故罪了。除了认定医务人员存在对其客观注意义务的违反之外,还需要认定注意义务违反和危害结果之间是否具有关联性,也有文献称为过失和结果间的因果关系。

这当然又是一个很艰难的问题。在医疗实务中,医疗鉴定显然走在了我们的前列。无论是医疗事故鉴定中的事故参与度等级,分为完全责任、主要责任、次要责任、轻微责任,还是医疗损害鉴定中的医疗过错参与度等级,事实上解决的都是这一问题。然而,医学会的医疗事故鉴定,来源于行政管理上的规定,司法鉴定机构的医疗损害鉴定更主要和民事侵权相关,而无论是行政责任还是民事责任,和刑事责任都有本质的差别。行政责任和民事责任存在责任分配,而刑事责任只有全或无的可能。并且,行政责任和民事责任的承担者都是医疗机构,而刑事责任的承担者在于医务人员本人。因此,如何建立刑法上义务违反关联性的标准,是亟待深入研究的话题。不止在医疗过失领域,交通过失同样也面临类似的问题。

以上就是我针对中国刑法中医疗过失的评议内容,在医疗过失定位、认定标准和医疗事故罪要件完善等方面有一些不成熟的看法,请大家批评指正。

主持人 · 廖行

感谢曹斐博士的精彩与谈!通过刚才与谈的三个方面,我们能够深刻感受到曹斐博士在这一领域的深入研究,特别是对医疗实践的研究,对一些典型的案例进行了准确的分析。我的感受是,其实曹斐博士和刚才梁教授的观点有些相同,但也提出了新的意见。

第一,曹斐博士提到我们现行的《刑法》已经实施了很长时间,按照梁教授的观点,现行的医疗过失配置并无不当,但是我们又面对一些新的案件和新的领域产生的问题,应该思考我们对医疗过失的司法配置是否不足,是不是该进行调整。

第二,虽然曹斐博士也同意梁教授的观点——对医疗过失进行加重处罚不具有正当性,但是在一些特殊案例中,如浙江某医院案件,有多个受害者,在和其他事故相比的过程中,显然危害后果、处刑结果和处刑幅度有一些不相适应,特别是医疗事故罪只有一档刑,没有加重处罚的情形。曹斐博士提出了一个新的观点,即可不可以在医疗事故罪产生了多个受害者或者更加严重后果的情况下,设置一个加重处罚的情节。当然她也提到可不可以用其他一些罪名来调整,这是一个很好的观点。

第三,曹斐博士提到,在医疗事故罪中,其实现在过失的判断主观化。这是一个比较明显的现实状况,我们对过失不好评判。她提出了一个比较新颖的方法,即可不可以把过失更客观化一些。因为整个医疗行为和诊疗过程的注意义务的标准是非常详细的,也是成文的。过失是一种很客观化的行为,能不能用一些更为详细的和成文的标准来展示、来论证、来体现、来区分?我认为这点给人很深的启发。

主讲人·梁云宝

首先非常感谢曹斐博士非常专业和精彩的与谈,对于曹斐博士在与谈中提出的两个问题,我接下来作简要的回应。

针对曹斐博士所讲的第一个问题,我的看法是,包括改善生育这种尖端医疗行为,近年来逐渐在我国引起了关注,当然在日本等国,理论和实务对尖端医疗行为的关注比我们国家要早得多。但是,我国《刑法》第335条所讲的医疗事故罪,包括1997年《刑法》修订时增设这个罪的时候,主要针对的还是一个传统的医疗行为,尽管此后实质上有一定的扩张,但这种扩张还是有限的。传统的医疗行为,不论是中医还是西医,因为它都是一个实践性非常强的学科,历史地看,它们在每一个领域内的每次进步,或者哪怕是一点点进步,都有很强的探索性,甚至很多时候有着浓厚的试错性质。对于基因编辑、改善生育等为主要内容的尖端医疗行为来说,它是探索的结果,是有价值的,但从保护医务人员的角度来看,我们国家刑法的基本立场是一贯的,没有实质性的变化。例如,最近正在征求意见的《中华人民共和国刑法修正案(十一)(草案)》第23条中涉及编辑基因的内容。不过,它是被放在《刑法》第336条后面,作为第336条之一,而不是放在第335条后面,现在的第336条包括的两个罪名,非法行医罪和非法进行节育手术罪,它们针对的都是"未取得医生执业资格的人",所以,这样的行为放在这个位置是合适的。即使将医务人员纳入进来,由于是一般主体,也不存在医务人员这种业务主体的惩处重于非业务主体的问题,我国刑法对义务人员的保护仍然得到了坚持。

至于更广意义上的尖端医疗行为,我认为当前我国《刑法》还是应当持谨慎的入罪化立场。因为尖端医疗行为的范围在域内外理论和实务中争议很大,可以说到目前为止还没有达成一个相对共识性的意见。所以,相关内容还是应该交给理论和实务进一步探索,等到相对成熟时,再跟进进行犯罪化的立法。当然,到这里大家会发现这个内容其实已经明显超出了我国《刑法》第335条的范围,也因此超出了本次讲座的主题。

对于第二个问题,就是在医疗事故罪现有条款之外增加更重的刑期。

我个人非常赞成曹斐博士与谈中在这一块所讲的观点,因为我们国家《刑法》在第335条明确规定了医务人员在医疗过程中的过失责任,像第336条等基本上都是针对没有医师执业资格的人在"医疗行为"中发生的刑事责任。所以,如果不看行为主体资格,那么,在"黑诊所"中进行"选择性别的终止妊娠手术"等场合,特别是当这些人将它作为自己的"饭碗"时,你能说人家不是实质上的"医疗行为"?所以,在日本,审判实践中有不少业务过失犯罪的判例就是不具有医师执业资格的人犯的。但是,我们国家《刑法》对医务人员采取了倾斜性的保护立场,所以,光看行为还不行,还要看主体,且《刑法》第335条对医务人员的特别保护主要是从主体这个角度出发的。至于医务人员之外的人实施"医疗行为",并因此出现了人身伤亡等实害结果,《刑法》第336条等会予以处罚,且在造成死亡结果时惩处非常重。如果是医务人员出现了其他破坏或危及卫生健康类等罪名,则是交由其他罪名来处理,此时竞合理论也可能发挥重要作用,这包括法条竞合、想象竞合和实质竞合,最后一个就是一般所讲的数罪并罚,而不是放弃现在对医务人员的倾斜性保护立场,在《刑法》第335条中硬性提高或变相提高法定刑来处理。

以上就是我针对曹斐博士与谈中两个问题的简要回应。谢谢!

Q1:《刑法修正案(十一)(草案)》新增禁止将基因编辑的胚胎克隆胚胎植入人类或者动物体内,请问该罪是自然犯还是法定犯?针对人类和针对动物保护的法益相同吗?法益是什么?

实际上,这位朋友的问题我刚刚在简要回应曹斐博士时有所涉及。针对《刑法修正案(十一)(草案)》新增的涉及基因编辑犯罪到底是自然犯还是法定犯的问题,我个人倾向于它是属于法定犯。现在一般认为基因编辑涉及的是尖端医疗行为的范畴,如果从人类普遍的情感或者说伦理道德的角度来看,似乎这种行为有违这种情感的嫌疑。但是,如果撇开基因编辑技术不谈,由于一些行为导致产生不伦不类的动物或者物种,在历史和现实中不是没有,甚至可以说常见,如让驴和马杂交生下骡子。当然,基因编辑更进一步,介入了更多人为的干涉因素,也因此可能有了实质性的不同,这在涉及人类胚胎的时候更为明显。另外,在虐待动物致伤、致死上,也存在这一问题,正因为如此一些国家和地区将虐待动物规定为犯罪。当然,其立法理由不尽相同了。在我国,从保护这类动物的角度来看,至少目前争议是很大的。现实中,像江苏沛县的狗肉节、广西玉林的狗肉节等,都不是一个短时间内存在的现象,甚至有着悠久的历史。所以,在我国当前的环境背景下,把这种行为界定为犯罪,并认为是自然犯,恐怕是有问题的。不过,如果是从人类的角度来看,基因编辑行为一旦成功创造出了"半兽人"是不是有违伦理道德,这似乎更为明显,那是不是就意味着这种基因编辑涉及的犯罪是自然犯,我不倾向于这种结论。基因编辑是一个新事物,这种高科技手段是时代的产物,与这类尖端医疗行为相伴的不利后果,明显有着不同于传统的杀人罪、强奸罪等自然犯的内容。实际上,我国刑法将这种行为放在《刑法》第336条这个位置,也可以说是对它进行法定犯的定位,因为无论是非法行医罪还是非法进行节育手术罪都是法定犯。

对这位朋友提问中的第二个部分，即保护法益的问题，我的看法是，这个条文现在被放在《刑法》第 336 条，这对它的保护法益有重要的价值。我国《刑法》第 336 条包括两个罪名，一个是非法行医罪，一个是非法进行节育手术罪，结合这两个罪名的保护法益，我认为这一规定的保护的法益至少有两个方面，都是超个人法益方面的。第一，这主要是我国的医疗管理秩序，非法行医罪和非法进行节育手术罪都有保护我国医疗管理秩序这一法益的内容，而国内、外对于基因编辑人类胚胎都有严格的管控，尤其是伦理审查，在我国这是有违医疗管理秩序的。第二，在超个人法益方面，我认为它还可能存在侵犯我国国民优生优育的这么一个涵盖健康内容的法益。结合非法进行节育手术罪来看，这个罪名晚近以来受到了批判，尤其是随着国家调整计划生育国策而开放二胎后，这种批判开始引人注目，但我觉得就算将来限制人口的计划生育国策再次调整放开生育，甚至非法进行节育手术罪被废除了，也不意味着我国《刑法》不再保护国民优生优育这一涵盖健康内容的法益了；相反，随着我国社会的发展，国民优生优育这一涵盖健康内容的法益更加需要保护，增设的编辑基因涉及的犯罪恰恰在这一块有重大价值。

值得思考的是，它有没有针对个人法益的内容？针对胚胎，个人法益不是说侵权，把人的胚胎跟动物的胚胎搞在一起搞出来个"半兽人"，说侵犯了别人的什么隐私，我个人觉得可能不是这个样子。我们国家的《刑法》，因为实行计划生育政策，因而没有规定堕胎罪。但是，我们国家《刑法》对于胎儿是有一定限度保护的，典型的是怀孕的妇女不适用死刑，其背后的考量，我个人倾向于有保护胎儿的内容。不过，即使在规定了堕胎罪的国家和地区，由于对妇女权益、夫妻生育权等保护，很多也在限缩堕胎罪的成立范围，如区分胚胎和胎儿，胚胎不纳入堕胎罪的保护范围。但是，随着社会的发展科技的进步，问题出现了，处分胚胎没有问题，但处分之后向着"怪胎"方向发展，那要认真考虑了，否则胚胎的直接提供者，不管是不是自愿、知不知道，都可能与他（她）的名誉、身体等法益发生关联。至于伦理道德上，那瑕疵更多、问题更大。所以，个人法益这一块可能也有值得思考的内容。当然,我在这一块的思考不一定称得上完善甚至可能称不上正确,这也是我接下来应该进一步投入精力思考和研究的地方。

与谈人·曹斐

Q2:请问在医疗过失犯罪中,应该怎么认定医疗人员是否存在着过失?

我也来回答一下医疗过失如何认定的问题。这个问题就属于我们经常所说那种"字数越少,问题越大、越严重",因为限定特别少,所以就很难面面俱到地回答。我就简单从医疗过失在实践中的认定情况来回答吧,不知道提问者是一个同学还是一个实务工作者,如果是实务工作者的话,可能对医疗过失的认定非常了解和熟悉。因为在实务里医疗过失的认定,通常是以医疗鉴定去体现的,不管是医疗事故鉴定还是医疗损害鉴定,不管是找医学会去鉴定还是找相关的司法鉴定中心去鉴定,很多时候法官都需要靠医疗鉴定意见来认定医务人员在这里是否存在医疗过失。当然,如果回到我刚才评议里也提到的,我们也希望能从理论上对医疗过失的内容作出更细致的梳理,那么,理论上对医疗过失的定义就是医务人员对于他在其所处的环境之下应尽的注意义务的违反。至于如何去认定注意义务的内容,那首先就要从一些成文的行为规范里去寻找和定位。

其实在医疗鉴定以及在实务中认定是否存在医疗过失的时候,第一步也是这样的,去找有没有行为指南,有没有循证规范等类似的一些指引,以及医院内部有没有相关的规程。鉴定意见在看医务人员有没有违反这些指南或者规程的时候,也会看义务违反对最终结果的作用力程度,如会给出主要责任次要责任这样的一些认定,或者是100%、75%、50%的参与度等。这类认定在现行的医疗鉴定书里面会提到的,但实际上它的作用和性质,我认为回归到刑法理论上就是注意义务违反和结果之间的关联性。如果回到广义的刑法总论的教义学里面来讲,其实就是客观上的可归责性。

好的,总结一下我的回答,医疗过失的认定目前在实践中主要是参考医疗鉴定意见。如果回归到刑法理论上的话,可以认为第一步应认定对注意义务有无违反,第二步是认定注意义务违反和结果之间是否具有可归责性。

主持人·廖行

今天的讲座的两个小时很快就过去了,再次感谢今天晚上主讲的梁云宝副教授和与谈的曹斐博士。两位学者学识渊博,在医事法学领域都有很深的造诣,我们感受到两位教授在理论与实践方面充分的结合,而且与实践的结合非常接地气,紧贴了现在的热点问题和有争议的问题,特别是典型案例,让我们受益匪浅。

后　记

把"青年"和"实务"连接在一起

2020年6月1日晚,"全国青年刑法学者在线讲座"开讲了。

自新冠疫情以来,可能每天都有各种讲座信息出现在微信朋友圈,也许很多人都感到审美疲劳了。在这样的情况下,再举办这样一个系列讲座意义何在?我认为主要有两个关键词。

第一个关键词是"青年"。在学术领域,青年时期往往是一个人最有锐气和激情的学术创造期,很多学者一生当中最有想象力、创造力甚至最重要的作品,可能就是在青年阶段出现的,这样的例子不胜枚举。我们常常能从一个学者青年时候的作品中,想象未来这个学者的学术特色和巅峰状态。而且,青年学者的探索,往往是在推动学科边界不断地扩大,可以说一个学科的希望,也承载在青年学者这个群体的身上。

晚近20年来,中国刑法学取得了很大进步,这主要得益于新一轮学术开放的红利,国外累积的刑法知识不断输入;而青年刑法学者,正是输送各国理论判例、扩宽国内学界视野、促进国际学术交流、承载中国刑法学希望的重要力量。遗憾的是,相对于资深前辈和学术大咖,整体来说,青年学者发声的机会是比较少的。因此,尽管各种线上的活动已经铺天盖地,我们仍然要推出一个全国青年刑法学者的在线讲座,就是希望搭建一个传播青年学者声音的平台,让他们那些富有锐气和个人创见的学术研究被更多人知晓和传播。

第二个关键词是"实务"。中国社会每年有大量的刑事案件,疑难复杂问题层出不穷,不仅媒体舆论高度关注,司法实务前线也急切需要理论驰援。传统的刑法理论有时候难免捉襟见肘,无力应战。时代和社会的需求,历史地把探索最前沿的刑法理论的青年学者们推向前台。

所以,我们发起这个系列讲座活动,就是想要把"青年"和"实务"这两个关键词连接在一起,将最前沿的刑法理论的开拓者与最迫切的司法实践需求对接起来,回答中国本土的刑法问题。这一代青年学者要承担的不仅是学术责任,还有社会责任。基于这样的考虑,这两年来我们发起和组织的一些学术活动,都是围绕着青年和实务的主题。比如 2019 年 9 月,在浙江大学举办了首届"全国青年刑法学者实务论坛",2020 年则是以线上讲座的方式,推出"全国青年刑法学者在线讲座"活动。希望能够让青年学者有更大的学术舞台,让实务界更多倾听青年学者的声音,让实践得到更新鲜的理论滋养。

特别要感谢合作方北京市盈科律师事务所,尤其感谢该所刑委会主任赵春雨律师。赵律师在其中积极协调,鼎力相助,付出了很多,2019 年我们的实务论坛也是在盈科律师事务所和赵律师的支持下举办的。

2020 年的系列讲座,共邀请了全国近 30 所高校的 20 位"80 后"学者作为主讲人,20 位"80 后"学者作为与谈人,他们结合自身研究特色,选定了 20 个面向实务的主题,我们又邀请了 20 位期刊编辑和律师作为主持人来给活动加持,同时运用盈科和北大法宝学堂两个直播平台,共同打造一个高频次(每周两讲,总论、分论各一讲)、长周期(自 6 月 1 日起持续两个月)、大规模(总计 40 人 20 讲)的系列学术活动。

还要说明的是,按照现在的广义理解,"青年"这个概念的范围,可以一直扩展到 45 岁。如果这样的话,一些"70 后"学者,甚至优秀的"90 后"学者,也应当纳入,包括还有很多非常出色的"80 后"学者,这次还没有亮相登台,但是好在我们的论坛、讲座等学术活动会持续办下去,各位优秀的青年学者都会有发表高见的学术舞台和机会。因此,尽管很多人认为,这次活动是国内"80 后"青年刑法学者的一次集体亮相,但是它确实还不是一次完整的亮相,所以我说,无排榜之意,有遗珠之憾。未来希望有更多的青年学者通过这些平台,向学界和实务界展现他们的学术风采。

再次衷心感谢参加这次活动的各位青年学者,感谢各位编辑老师和律师朋友,感谢北大法宝学堂的协办,感谢和盈科所的愉快合作。

此次讲座主题原无特别的安排,我们形成文字实录后,经过编辑加工,打乱了原来的顺序,参照通行的刑法理论体系和现行刑事立法体系,按总论和分论分为两册,总论已经于2021年出版,现在推出分论,以飨读者。

车　浩
2022年4月4日
于京西见山居

图书在版编目(CIP)数据

刑法之声：全国青年刑法学者在线讲座. 二／车浩主编. —北京：北京大学出版社，2022.9

ISBN 978-7-301-33141-5

Ⅰ．①刑… Ⅱ．①车… Ⅲ．①刑法—中国—文集 Ⅳ．①D924.04-53

中国版本图书馆 CIP 数据核字（2022）第 114866 号

书　　名	刑法之声：全国青年刑法学者在线讲座（二） XINGFA ZHI SHENG：QUANGUO QINGNIAN XINGFA XUEZHE ZAIXIAN JIANGZUO(ER)
著作责任者	车　浩　主编
责 任 编 辑	杨玉洁　靳振国
标 准 书 号	ISBN 978-7-301-33141-5
出 版 发 行	北京大学出版社
地　　址	北京市海淀区成府路 205 号　100871
网　　址	http://www.pup.cn　http://www.yandayuanzhao.com
电 子 信 箱	yandayuanzhao@163.com
新 浪 微 博	@北京大学出版社　@北大出版社燕大元照法律图书
电　　话	邮购部 010-62752015　发行部 010-62750672 编辑部 010-62117788
印 刷 者	三河市北燕印装有限公司
经 销 者	新华书店
	650 毫米×980 毫米　16 开本　20.25 印张　288 千字 2022 年 9 月第 1 版　2022 年 9 月第 1 次印刷
定　　价	69.00 元

未经许可，不得以任何方式复制或抄袭本书之部分或全部内容。

版权所有，侵权必究

举报电话：010-62752024　电子信箱：fd@pup.pku.edu.cn

图书如有印装质量问题，请与出版部联系，电话：010-62756370